Konzepte sozialer Bildung an der Schule

AF280416

Michael Fricke, Lothar Kuld & Anne Sliwka (Hrsg.)

Konzepte sozialer Bildung an der Schule

Compassion –
Diakonisches Lernen –
Service Learning

Waxmann 2018
Münster • New York

Wir danken dem Diakonischen Werk der Evangelisch-Lutherischen Kirche in Bayern und der Schulstiftung der Erzdiözese Freiburg für namhafte Druckkostenzuschüsse.

Das dem Buch zugrundeliegende Symposium wurde von der Vielberth-Stiftung der Universität Regensburg gefördert.

 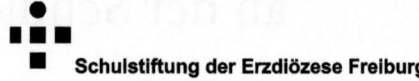

Schulstiftung der Erzdiözese Freiburg

Bibliografische Informationen der Deutschen Nationalbibliothek
Die Deutsche Nationalbibliothek verzeichnet diese Publikation in der Deutschen Nationalbibliografie; detaillierte bibliografische Daten sind im Internet über http://dnb.dnb.de abrufbar.

Print-ISBN 978-3-8309-3884–2
E-Book-ISBN 978-3-8309-8884–7

© Waxmann Verlag GmbH, Münster 2018
Steinfurter Straße 555, 48159 Münster

www.waxmann.com
info@waxmann.com

Umschlaggestaltung: Pleßmann Design, Ascheberg
Umschlagabbildung: © Frank Fiedler – shutterstock.com
Satz: Magnus Tintrup gen. Suntrup, Münster

Gedruckt auf alterungsbeständigem Papier,
säurefrei gemäß ISO 9706

Printed in Germany

Alle Rechte vorbehalten. Nachdruck, auch auszugsweise, verboten. Kein Teil dieses Werkes darf ohne schriftliche Genehmigung des Verlages in irgendeiner Form reproduziert oder unter Verwendung elektronischer Systeme verarbeitet, vervielfältigt oder verbreitet werden.

Inhalt

Einleitung

1. Anlass

Seit gut zwei Jahrzehnten wird schulische Bildung durch Formen sozialen Lernens bereichert, die in Kooperation mit außerschulischen Partnern durchgeführt werden und bei denen Schülerinnen und Schüler durch praktische Erfahrungen fachliche und soziale Kompetenzen erwerben können. „Compassion", „Diakonisches Lernen" und „Service Learning" sind drei wichtige Repräsentanten dieser neuen Formen sozialen Lernens, die sowohl von den Schülerinnen und Schülern selbst als auch von der Öffentlichkeit mit Interesse wahrgenommen werden. Hinter den Angeboten selbst stehen unterschiedliche pädagogische, anthropologische, philosophische und theologische Konzepte und Traditionen. Mit dem vorliegenden Band möchten wir die drei Konzepte Compassion, Diakonisches Lernen und Service Learning einer breiteren Öffentlichkeit zugänglich machen. Mit dem vorliegenden Band möchten wir die drei Konzepte Compassion, Diakonisches Lernen und Service Learning einer breiten Öffentlichkeit zugänglich machen.

Das Symposium „Compassion – Diakonisches Lernen – Service Learning. Konzepte Sozialer Bildung an der Schule" fand im Juli 2016 an der Universität Regensburg statt und brachte erstmalig die drei Formate sozialer Bildung in eine gegenseitige Wahrnehmung und in einen fachlichen Austausch miteinander. Beteiligt waren sowohl Repräsentanten aus der Praxis als auch Wissenschaftlerinnen und Wissenschaftler, die über die Programmatiken und Wirkweisen sozialer Bildung forschen. Die Beteiligten reflektierten und diskutierten, aus welchen Motiven heraus soziales Lernen jeweils angeboten und durchgeführt wird, worin die „Erfolge", aber auch „Hürden" sozialen Lernens liegen, und inwieweit die verschiedenen Ansätze einander gegenüber anschlussfähig sind.

Die Referenten und Referentinnen des Symposiums waren sich am Ende einig, dass eine Publikation der Beiträge lohnenswert sein würde. Gleichzeitig gab es den Wunsch, die vorhandenen Beiträge durch weitere anzureichern. So wurden für das Buchprojekt zu den sieben vorhandenen Vorträgen sechs weitere Beiträge hinzugewonnen, die die Thematik verbreiterten und vertieften.

2. Struktur und Inhalt des Buches

Das Buch folgt der Grundstruktur der Tagung, indem es zunächst die Praxis sozialer Bildung fokussiert. Es kommt zur Darstellung, was Compassion, Diakonisches Lernen und Service Learning jeweils konkret sind. Beispiele, Curricula, Schüleräußerungen veranschaulichen die dahinterstehenden Programmatiken. Anschließend wird der Blick auf die wissenschaftliche Auseinandersetzung gerichtet, hier findet eine Analyse der Theorien und der empirischen Daten statt. Im Folgenden stellen wir die Inhalte der Beiträge kurz vor:

Die Beiträge auf der Ebene der Praxis:

Daniel Mark und *Dietfried Scherer*, Stiftungsdirektor der Schulstiftung der Erzdiözese Freiburg, stellen in ihrem Beitrag das Compassion-Projekt vor, das Anfang der neunziger Jahre von der Initiativgruppe der Katholischen Freien Schulen in Deutschland entwickelt und wenig später auch von staatlichen Schulen und Schulen im europäischen Ausland adaptiert wurde. Angesichts der Individualisierungs- und Entsolidarisierungstendenzen, welche die Zukunftsfähigkeit der Gesellschaft unmittelbar berühren, sei die Schule in der Pflicht, sozialverpflichtete Haltungen wie Kommunikation und Engagement für Menschen, die Hilfe und Unterstützung brauchen, zum Lerngegenstand zu machen. Dies geschieht im Compassion-Projekt durch die enge Verzahnung von Sozialpraktikum und Unterricht, Erleben in sozialen Realsituationen und Reflexion. Ziel des Projekts sei nicht Berufsorientierung, sondern Solidaritätsschöpfung. Am Beispiel des St. Ursula Gymnasiums in Freiburg beschreiben Mark und Scherer die Praxis des Compassion-Projekts. Sie berichten, welche Erlebnisse Schülerinnen und Schüler in der Begegnung mit Menschen machen, und sie erläutern, wie Lehrkräfte und Schülerinnen und Schüler ihre Erlebnisse im Praktikum in anthropologischer, soziologischer, politischer, pädagogischer und theologischer Perspektive reflektieren. Die religiöse Deutung sozialen Engagements könne man auch an katholischen Schulen Schülerinnen und Schülern nicht abverlangen, aber das Projekt biete die Chance, religiöse Deutungen ‚geerdet‘ einzuspielen und anzuschauen. Auch in dieser Hinsicht, so zeigt sich, ist die Reflexion des im Praktikum Erlebten für die bildende Wirkung des Projekts unerlässlich.

Martin Dorner und *Roland Deinzer* führen unter dem Titel „Eine Brücke zwischen Schule und Lebenswirklichkeit" in das Konzept und die Praxis des Diakonischen Lernens ein. Sie stellen Diakonisches Lernen aus der Perspektive sowohl der Initiatoren als auch der Schulleitung dar. Das Anliegen Diakonischen Lernens wird illustriert durch das Beispiel der Mitarbeit von Schülerinnen und Schülern einer 9. Klasse im Rahmen eines diakonischen Aktionstags bei einer „Vesperkirche", das ist ein für die Dauer von mehreren Wochen im Jahr zu einem „Gast-Haus" umfunktioniertes Kirchengebäude, in dem zufällig aufeinander treffende Menschen an einem Tisch essen. Wichtig sind dabei thematische Vorbereitung im Klassenzimmer, die praktische Mitarbeit und Begegnung und die anschließende Weiterarbeit und Reflexion. Schülerinnen und Schüler berichten davon, wie sie durch die Aktion angeregt wurden, über „Randgruppen" nachzudenken und die „Wertschätzung der Dinge, die für uns sonst so ganz normal erscheinen" zu lernen. Der Aufsatz stellt anschließend wichtige konzeptionelle Merkmale und die

Entwicklung des Diakonischen Lernens, besonders im Flächenstaat Bayern dar. Er unterstreicht, dass Diakonisches Lernen Zugänge zu persönlichen Lernerfahrungen ermöglicht. Aus Sicht von Schulleitungen ist Diakonisches Lernen nicht nur für kirchliche, sondern für alle Schulen wertvoll, weil es „Schule mit Welt vernetzt".

Die *agentur mehrwert* wurde Ende der neunziger Jahre aufgrund der Erfahrung mit Diakonieprojekten gegründet und fungiert als Support für Projekte Sozialen Lernens in Schulen, Lehrlingsausbildung, Vereinen und Betrieben. *Gabriele Bartsch, Kathrin Vogelbacher* und *Tanja Zöllner* beschreiben in ihrem Beitrag die Arbeit der Agentur mehrwert am Beispiel ihres Vorgehens an Schulen. An vielen Schulen gebe es Initiativen sozialen Lernens. Meist seien sie personengebunden und hören auf, wenn die Lehrkraft die Schule verlässt. Soll soziales Lernen nachhaltig Bestandteil einer Schule und ihrer Schulkultur sein, brauche es aber einen festen Ort im Schulcurriculum. Die Autorinnen erläutern die Schritte, in denen die Agentur mehrwert die Implementierung eines Curriculums ‚Soziale Kompetenzen' an Schulen begleitet. Entscheidend sei, dass ein Projekt sozialen Lernens an bereits vorhandene Initiativen anschließt und nicht einfach als weitere neue Initiative ohne Bezug zum Gesamtcurriculum der Schule hinzutritt. Der Mehraufwand lohne sich für die Schulen nach innen wie nach außen. Soziales Lernen verbessere die Kommunikation der Schülerinnen und Schüler untereinander und damit das Klima an der Schule. Ein gemeinsam entwickeltes Schulcurriculum schaffe Transparenz und nehme die Lehrkräfte mit, ohne die soziales Lernen nicht geht. Nach außen schärfe soziales Lernen das Profil einer Schule und dieses wiederum erleichtere Eltern die Schulwahl für ihr Kind. Das gleiche gelte für mögliche Kooperationspartner und Sponsoren, die auf der Suche nach der für sie ‚richtigen' Schule sind.

Unter der Überschrift „Die haben mir richtig was zugetraut!" führt *Franziska Nagy*, Leiterin der Bereiche Politik, Wissenschaft, Kooperationen der Berliner Stiftung „Lernen durch Engagement – Service-Learning in Deutschland" in Konzept und Praxis von Service-Learning ein.[1] Anhand kurzer Beispiele zeigt sie konkret, in welchen Feldern Service-Learning geschieht und stellt dann dar, auf welchen philosophischen und pädagogischen Traditionen es beruht. Wichtig sind Erlernen von „demokratischer Verantwortungsübernahme" und die Förderung der „Wertebildung" bei den Schülerinnen und Schülern. Das Lernen durch Erfahrung und

---

[1]   Nagy schreibt ihren Beitrag aus der Perspektive der Stiftung und verwendet den Namen „Service-Learning". Der Bindestrich zeigt dabei die enge Verbindung zwischen „Service" und „Learning" an. In allen anderen Beiträgen ist von „Service Learning" ohne Bindestrich die Rede. Damit ist eine Angleichung an die deutsche Rechtschreibung vorgenommen, aber auch ausgedrückt, dass die Verbindung von Lernen und sozialem Engagement von vielen Personen und Institutionen vertreten werden kann.

die Projektarbeit verbessert „Lernmotivation" insgesamt und wirkt auf „Persönlichkeitseigenschaften", in dem Sinn, dass die Schülerinnen und Schüler danach
„höheres demokratisches und soziales Verantwortungsbewusstsein" zeigen. Die
thematischen Felder für eine Projektarbeit sind vielfältig. Denkbar sind soziale,
ökologische, politische oder kulturelle Engagements im Stadtteil oder der Gemeinde. Mittlerweile hat sich ein bundesweites Netzwerk gebildet, das aus Schulen
und den außerschulischen Partnern besteht. Die Arbeitseinsätze werden mit dem
jeweiligen Fach, von dem die Projektarbeit ausgeht, im wöchentlich wiederkehren-
den Rhythmus geleistet und haben das Ziel, Schulwissen am Lernort anzuwenden
und zugleich eine neue Sicht auf die gelernten Inhalte zu erhalten, so etwa im Fach
Physik beim Thema „Ein bewusster Umgang mit Energie".

Caroline Treier, Schulleiterin an der Evangelischen Schule Berlin, stellt unter
der Überschrift „Konsum- versus Verantwortungslernen" das Schulfach „Projekt
Verantwortung" vor. Ein wesentlicher pädagogischer und inhaltlicher Pfeiler der
Evangelischen Schule Berlin ist die Förderung der Verantwortung, gemäß dem Leit-
satz „Wir wollen, dass alle Kinder an unserer Schule Mut und Freude entwickeln,
verantwortliches Handeln zu lernen. Verantwortung für Kinder – Verantwortung
für die Erde. Verantwortung für sich, Verantwortung für andere, Verantwortung
in der Welt". Im „Projekt Verantwortung" engagieren sich alle Jugendlichen in den
Jahrgangsstufen 7 bis 10 im Umfeld ihrer Schule einmal in der Woche über einen
Zeitraum von zwei Schulstunden sozial oder ökologisch in einem selbst ausgewählten Projekt oder einem bereits bestehenden Projekt. Dabei lernen die Schülerinnen und Schüler nicht nur, sich für andere zu engagieren, sondern sich selbst zu
organisieren, etwa in der Arbeit im Seniorenheim oder im Kindergarten. Treier illustriert die möglichen Lernerfahrungen durch verschiedene Schüleräußerungen,
etwa: „Als die Kinder vom Flüchtlingsheim lachend auf uns zurannten und uns
umarmten, da hat mir das Projekt Verantwortung etwas gegeben, das kein anderes Fach einem geben kann." Treier berichtet über die Organisation, die Rolle der
Lehrkräfte und die Weiterentwicklung und reflektiert schließlich die schulischen
„Gelingensbedingungen", die für das „Projekt Verantwortung" notwendig sind. Sie
betont, dass das „Projekt Verantwortung" zunehmend als ein den anderen Fächern
gleichgestelltes Fach erlebt wird.

David Toaspern berichtet in seinem Beitrag ebenfalls aus dem Kosmos evangelischer Schulen, jedoch im Hinblick auf die Lehrkräfte, die das Fach „Soziale
Diakonie" unterrichten. Er fragt, wie Lehrkräfte, die zunächst fachfremd sind,
sich entsprechend professionalisieren können. Mittel dazu ist der Zertifikatskurs
„Fachunterricht Soziale Diakonie", der in Sachsen angeboten wird. Hintergrund
ist, dass evangelische Schulen weithin das Fach „(soziale) Diakonie" anbieten, ein
einstündiges Fach in den Klassenstufen 7 bis 9. Es befasst sich mit diakonischen
Fragen, aber auch Themen aus den Fächern Religion und Wirtschaft/Arbeit/Tech-

nik. Das Besondere: Eine grundständige Fachlehrerausbildung gibt es nicht. Der Kurs ist berufsbegleitend angelegt und befähigt die Absolventen, ihre im Kurs erworbenen Kenntnisse im diakoniewissenschaftlichen Themenfeld fachdidaktisch und pädagogisch umzusetzen. Neben Präsenz- und Selbststudium sind Zeiten kooperativer Unterrichtspraxis abzuleisten. Beachtenswert ist, dass sich die Kursteilnehmer auch mit den Prinzipien des Service Learning vertraut machen. Sie vollziehen „Übertragungen auf das Fach Soziale Diakonie" und machen sich dabei „die Analysewerkzeuge des Service Learning für das Diakonische Lernen nutzbar".

Die Beiträge auf der Ebene der Theorie:

Lothar Kuld stellt in seinem Beitrag ausgewählte Ergebnisse empirischer Studien zu Wirkungen des Compassion-Projekts vor. Sie lassen sich so zusammenfassen: Soziale Realerfahrungen führen zu messbar veränderten Wahrnehmungen und Verhaltensbereitschaften im Bereich des Sozialen, wenn sie in Verbindung mit Unterricht stehen, der informierend, reflektierend und schließlich auch wertend auf Erlebnisse der Schülerinnen und Schüler in den Praktika eingeht. Ein Vergleich mit Vergleichsschulen ohne Sozialpraktikum bestätigt diesen Befund. Dort sinkt auch die rein hypothetische Lust sich sozial zu engagieren kontinuierlich innerhalb des Schuljahrs, während sie in Compassionklassen nach dem Praktikum ansteigt und auf diesem Niveau auch ein halbes Jahr später noch bleibt. Feine Unterschiede ergeben sich beim Vergleich zwischen kirchlich engagierten und kirchenfernen Jugendlichen. Die kirchlich Engagierten melden sich eher für aus Schüler/innensicht schwierige Behinderteneinrichtungen als kirchenferne Jugendliche. Weibliche Jugendliche scheinen sich vom Praktikum eher in Druck bringen zu lassen als männliche. Aber nicht das Geschlecht, sondern familienbiographische Erfahrungen mit sozialem Engagement beeinflussen neben der Begleitqualität des Sozialpraktikums in Schule und Sozialeinrichtungen die Akzeptanz des Projekts unter Schülerinnen und Schülern.

Anne Sliwka und *Britta Klopsch* behandeln in ihrem Beitrag „Jugend – Engagement – Schule: ein Mehrgewinnerspiel?" das Lernen „im und für das Gemeinwesen". Sie stellen dazu zunächst den Ansatz des service learning im Hinblick auf seine bildungswissenschaftliche Fundierung dar. Die Stichworte reality, reciprocity und reflection besagen, dass das Lernen außerhalb des Klassenzimmers an realen Bedürfnissen orientiert ist, ein wechselseitiges Lernen aller Beteiligten stattfindet und die Reflexion überfachliche Kompetenzen und das Nachdenken über gesellschaftliche Herausforderungen fördert. Ein solches Lernen umfasst kognitive, metakognitive, emotionale und motivationale Prozesse. Ein deeper learning ist intendiert, das dem Bedürfnis der Lernenden nach Kompetenzerleben, Selbstbestimmung und sozialer Eingebundenheit entspricht. In zweiten Teil reflektieren Sliwka und Klopsch die Gelingensbedingungen sowie die Effekte des Lernens durch

Engagement. Bedingungen sind das Herausholen der Lernenden aus der eigenen „Komfortzone", das durch das selbstbestimme Wählen des Themas gestützt wird, und die Professionalität des pädagogischen Rahmens, die durch Unterstützung, aber auch sich-Zurückhalten seitens der Lehrenden realisiert wird. Die empirisch untersuchten Effekte betreffen das Lernen selbst, Aspekten, die Lernen unterstützen und das gesellschaftliche Leben der Lernenden. Der Beitrag stellt schließlich heraus, wie sich die Rollen der Lehrkraft ausdifferenzieren, und resümiert, dass ein solches Lernen zum „Kern schulischer Bildung" gehört.

Michael Fricke geht der Frage nach, was Diakonisches Lernen „bewirkt". Nachdem sich Diakonisches Lernen vom Unterricht im Klassenzimmer unterscheidet und ein „anderes" Lernen anstrebt, sind dadurch bestimmte Vorstellungen über die Wirkungen impliziert, die es bei den beteiligten Akteuren entfaltet. Zunächst stellt Fricke wichtige konzeptionelle Merkmale Diakonischen Lernens sowie Berührungspunkte mit Compassion und Service Learning dar. Hier ist besonders der Gedanke der Begegnung mit dem „Anderen" von Bedeutung. Er lässt sich auf den Ansatz von E. Lévinas zurückbeziehen: „Der Mensch als Anderer kommt von Außen auf uns zu – als Antlitz. Seine Exteriorität ist seine Wahrheit." Fricke systematisiert die Wirkungen des Diakonischen Lernens im religionspädagogischen Diskurs und fasst dann zusammen, welche empirischen Untersuchungen es zur Frage gibt, welche Wirkungen Diakonisches Lernen auf Schülerinnen und Schüler hat. Das Ergebnis ist: Wirkungen lassen sich erheben als Selbstzuschreibungen der Beteiligten (Interviews, Berichte) und Beobachtungen bzw. Überprüfungen (Fragebogen) von außen. Die Ergebnisse der Beobachtungen von außen waren, was „Persönlichkeitsbildung" oder „Empathielernen" angeht, nicht eindeutig. Es ist zu diskutieren, inwiefern im Diskurs relevante Begriffe wie Persönlichkeitslernen, Empathielernen oder Werteentwicklung im Zusammenhang mit den vergleichsweise kurzen Aktions- sowie Beobachtungszeiträumen wirklich sachgerecht sind. Gleichzeitig geben die Selbstzuschreibungen der Lernenden eindrücklich Auskunft, welche Vertiefungen und Konkretisierungen bei Einzelnen möglich sind, wenn die intensive Beschäftigung einer entsprechenden Reflexion unterzogen wird. Fricke fordert bei den Formaten sozialer Bildung ein, die Ebene der Reflexion des Erlebten noch stärker zu beachten.

Sabine Ahrens und *Ingrid König* stellen in ihrem Beitrag die Frage, welche Verbindungslinien es zwischen dem weiten Feld der Inklusion und dem Diakonischen Lernen geben kann. Sie beginnen ihre Überlegungen mit Jane Gardams Erzählung „Die Rettung" (in: „Die Leute von Privilege Hill"), in der es um die literarische Verarbeitung eines „Sozialprojektes" zwischen einem „helfenden" und einem „hilfsbedürftigen" Jungen geht. Sie nutzen das langsame, aber stetige Aufeinander-zu-Bewegen der beiden als Sinnbild für die Unterschiede und die Schnittmengen zwischen den Inklusionsdiskursen und den Diskursen des Diakonischen Lernens.

Auch wenn Diakonisches Lernen ursprünglich eher mit Integration und wenig mit Inklusion zu tun hat, kann es zu „inklusiven Momenten" kommen, die „radikale Anliegen des Begriffs „Inklusion" in konkreter Wirklichkeit und Wirksamkeit aufzeigen". Ein anderer wichtiger Gedanke, den die beiden Autorinnen stark machen, ist der „Spaß", den Schülerinnen und Schüler beim Diakonischen Lernen erleben: „Die Jugendlichen zeigen sich überrascht von der eigenen Freude, aber auch von der Lebensfreude der betroffenen Menschen. Das ist ein Schritt in Richtung Normalisierung." Ahrens und König zeigen auf, wo es beim Diakonischen Lernen noch Potenzial zur Weiterentwicklung gibt, etwa wenn in die sozialräumliche Perspektive der Bezug zur Inklusion aufgenommen würde. Das weite Verständnis von „Diakonie" wie es im Werkbuch Diakonisches Lernens bei Fricke/Dorner anklingt, verhelfe zu einer „Entdiakonisierung", was auch auf die Normalität von Hilfebedarf hinweise. Die Autorinnen bündeln ihre Überlegungen schließlich in einem gut dokumentierten Praxisbeispiel: Im Meckenheimer Modell besuchen gemäß dem Motto „un-behindert miteinander leben" Schüler/innen der gymnasialen Oberstufe im Fach Evangelische Religion für einen begrenzten Zeitraum inklusive Gruppenangebote der Kirchengemeinde und setzen sich im Unterricht mit dem Thema Behinderung und Inklusion auseinander.

Mit der Notwendigkeit, soziales Lernen auch politisch zu denken, befassen sich die Beiträge von Bernhard Grümme und Alexander Wohnig. Soziales Lernen, schreibt *Bernhard Grümme* in seinem Beitrag, ist ethisch ausgerichtet und ereignet sich in menschlichen Begegnungen. Politisches Lernen zielt auf politische Mündigkeit und bezieht sich auf gesellschaftliche Kontexte. Wenn Compassion vermeiden wolle, affirmativ einer individualistischen Helfermoral Vorschub zu leisten, müsse Religionsunterricht als ‚natürliches' Bezugsfach des Projekts in seiner Deutung sozialer Erfahrungen die politische Dimension des christlichen Glaubens stark machen und in politisch sensiblen Kategorien denken, also den biblischen Gottesglauben nicht nur intersubjektiv und individuell, sondern auch in gesellschaftlichen Kontexten reflektieren. Dieser Glaube rufe zu einer freiheitsstiftenden, universalen solidarischen Praxis, in welcher die Partner sich gegenseitig in ihrer Andersheit jene unverfügbare Freiheit zumuten und zugestehen, die theologisch betrachtet der Wirklichkeit Gottes selbst innewohnt. Insofern Bildungsprozesse ohne ihre sozialen, kulturellen und politischen Kontexte nicht zu denken seien, ist in allem Politik, aber nicht alles ist Politik. Religionsunterricht ist politisch, insofern er zu den Handlungsgrundlagen der politischen Kultur beiträgt und das Proprium religiöser Traditionen in Politik und Bildungsprozesse einspielt. Die Art schließlich, wie Wahrheitsansprüche in diesem Unterricht verhandelt werden, mache Religionsunterricht zu einem eminent politischen Lernfeld.

Alexander Wohnig stellt die Frage, „wie aus sozialen Erfahrungen politisches Lernen entstehen kann." Soziale Erfahrungen, so seine These, würden nicht schon

von sich aus zu politischen Einsichten und politischem Verstehen führen, es sei
denn, sie werden dezidiert reflektiert. Auf der Basis einer empirischen Studie
zur Begleitung von schulisch organisierten Compassion- und Service Learning-
Projekten in außerschulischen Seminaren weist Wohnig nach, dass soziale Realerfahrungen ohne reflektierende Begleitung leicht dazu führen, problematische
Stereotype etwa gegenüber armen Menschen zu verfestigen und einem individualistischen Helfersyndrom als Mittel zur Lösung sozialer Fragen Vorschub zu
leisten. Demgegenüber schärfe politische Bildung im Kontext von Sozialprojekten
die Wahrnehmung sozialer Konflikte als politische Konflikte, die auf der Ebene des
Politischen gelöst werden müssen. Soziale Realerfahrungen werden so zu Lernan-
lässen für politische Bildung, die dem naiven Eindruck der scheinbaren Alternativlosigkeit sozialer Zustände aufklärend entgegentritt. Das aber sei nur möglich,
wenn Sozialprojekte nicht nur als Chance zur Förderung sozialer Kompetenzen
und der Bereitschaft zu sozialem Engagement verstanden würden, sondern auch
als Anlass zur politischen Reflexion und Kritik.

Tobias Braune-Krickau befasst sich in seinem Beitrag mit der für Diakoniepro-
jekte wichtigen Frage der theologischen Begründung sozialen Engagements. Dieses Engagement sei in der Geschichte des Christentums immer religiös und von
biblischen Vorbildern motiviert gewesen, habe sich aber in der Säkularität der Gesellschaft von seiner einst selbstverständlichen religiösen Verortung und Rahmung
heute gelöst. Selbst in der Diakonie und in kirchlichen Hilfswerken beruflich tätige Menschen verstünden ihr professionelles Handeln nicht als primär religiös
motiviert. Dennoch, so die These von Braune-Krickau, sei Religion im Feld des
Sozialen nach wie vor derart präsent, dass sich die Frage, was es heißt, auf religiöse
Weise zu helfen, geradezu aufdränge. Die Antwort auf diese Frage sei allerdings
nicht mehr aus der klassischen Theologie zu holen, mit der man auf die diakonische Praxis schaue. Es brauche vielmehr einen Ansatz bei den Akteuren und ihren
Erfahrungen, eine Art „Diakonietheologie von unten". Dann zeige sich, dass in der
Praxis des Helfens religiöse wie nicht religiöse Menschen gleichermaßen Erfahrungen von Selbsttranszendenz machen können, die Hans Joas als ‚Ergriffensein'
von etwas, das jenseits meiner selbst liegt, beschrieben hat. Diese Erfahrungen
seien nicht zwingend, aber potenziell religionsaffin und damit ein Weg zu möglicherweise auch religiösen und theologischen Deutungen des Helfens.

3.   Bilanz

Wenn man Bilanz zieht, welche Bedeutung dieses Gemeinschaftsprojekt hat und
welche weitergehenden Impulse es in sich trägt, lässt sich festhalten:

Die Beiträge, die nahezu aus allen Regionen Deutschlands stammen, unterstrei-
chen zunächst, wie verbreitet mittlerweile Formate sozialer Bildung an Schulen
sind und welche erstaunlichen Entwicklungen es in den vergangenen Jahrzehnten

auf diesem Feld gegeben hat. Die Beiträge sind ein eindrückliches Zeugnis dafür, mit welchem großen Engagement Einzelpersonen und Institutionen zum einen Schulkultur weiterentwickeln und zum anderen die Kommunikation und Interaktion zwischen Menschen unterschiedlicher Welten in Gang setzen und dadurch Erfahrungen besonderer, ja fast einzigartiger Qualität ermöglichen.

Sodann sind die Berührungspunkte zwischen Compassion, Diakonischem Lernen und Service Learning hervorgetreten. Sie liegen in der Bedeutung außerschulischer Lernorte für den schulischen Unterricht, der Verantwortlichkeit, die die Schülerinnen und Schüler darin erfahren können, der damit korrespondierenden reduzierten „Kontrollmöglichkeit" der Schülerinnen und Schüler durch die Lehrkräfte. Es wird eine andere Art des Wissens erworben. Und schließlich spielt die Idee der Alterität ein wichtige Rolle: Am außerschulischen Lernort, kommt „Der Andere" in seiner Andersheit von außen auf mich zu. Er hat mir etwas zu sagen, was ich mir selbst nicht sagen kann. Seine Wahrheit hat Bedeutung für mich. Freilich wird gerade der letzte Aspekt unterschiedlich stark in den Ansätzen reflektiert. Während bei Compassion und Diakonischem Lernen aufgrund der zugrundliegenden religiösen Motivation dieser Gedanke stark gemacht wird, scheint das Service Learning eher pragmatisch von der Idee der mutuellen Vorteile, der Win-win-Situationen, die entstehen können, geleitet zu sein. Es schließt freilich diese Erfahrungen, auf die das Compassion-Projekt und das Diakonische Lernen fokussieren, nicht aus.

Durch die Gegenüberstellung ist jedoch deutlich geworden, dass Compassion und Diakonisches Lernen in der motivationalen und inhaltlichen Prägung vergleichbar sind, indem die Zuwendung zum Anderen durch ein theologisches Motiv, das Verhalten Jesu und seine Hinwendung zu den Leidenden und Ausgegrenzten, präfiguriert ist. Zugleich steht das Compassion-Projekt in seinem Selbstverständnis als Beitrag zum bürgerschaftlichen Engagement der Schulen in einer gewissen Nähe zum Ansatz des Service Learning. Auf der Ebene der Ausgestaltung berühren sich Compassion-Projekte und Service Learning im Hinblick darauf, dass unterschiedliche Schulfächer beteiligt sind. Demgegenüber ist Diakonisches Lernen eher durch den evangelischen Religionsunterricht und dessen Inhalte determiniert, allerdings ist Diakonisches Lernen auch in anderen Fächern denkbar und wird dort immer wieder praktiziert.

Der Vergleich der Formate regt die Selbstexploration und -reflexion des jeweils eigenen Ansatzes bzw. eigenen Forschungsfeldes an. So lässt sich aufgrund der Lektüre der Beiträge fragen: Welche Schwerpunkte sind bisher im jeweils eigenem Ansatz wichtig gewesen? Welche Gründe und Hintergründe gibt es dafür? Gibt es Desiderate im eigenen Ansatz? Sind Änderungen in Konzept und Ausrichtung denkbar? Gibt es an den anderen Ansätzen Gesichtspunkte, die den eigenen inspirieren? Bieten sich womöglich Formen der Vernetzung und Kooperation an?

Schließlich zeigt der Vergleich der empirischen Daten zur Wirksamkeit der Formate sozialer Bildung zum einen die Komplexität von Lernprozessen, die es schwierig macht, „Effekte" durch Betrachtung von außen zweifelsfrei festzustellen und zu identifizieren. Es spricht viel dafür, gleichzeitig auch die Effekte, die die Beteiligten an sich selbst wahrnehmen, zu berücksichtigen und mit den von außen gemessenen in Beziehung zu setzen. Gleichzeitig scheint es ein gewisses Maß an Unergründbarkeit zu geben, die sich der Komplexität von Lernprozessen allgemein schuldet und die sich in der Interaktion zweier Systeme, Schule und außerschulischen Lernorten, im Besonderen noch steigert. Die Betrachtung der empirischen Daten nötigt auch dazu, in eine vertiefte Reflexion einzusteigen, was die Verwendung bestimmter anspruchsgeladener Bezeichnungen betrifft, beispielsweise „Persönlichkeitslernen" und „Wertebildung": Ist es angesichts der meist kurzen Projekt- und Untersuchungszeiträume wirklich zweckmäßig, diese Begriffe zu verwenden? Falls ja, lassen sich die angestrebten Effekte noch konkreter benennen? Hier ist noch Raum für weitere konzeptionelle Überlegungen und entsprechende empirische Studien.

Wir danken den Autorinnen und Autoren sehr herzlich für die Mühe und Zeit, die sie in ihre Beiträge investiert haben. Jeder Beitrag trägt dazu bei, die Facetten sozialer Bildung besser wahrzunehmen und tiefer zu verstehen.

Dem Waxmann-Verlag gebührt großer Dank für die professionelle Begleitung bei der Drucklegung und die Aufnahme des Werkes in das Verlagsprogramm.

Michael Fricke, Regensburg
Lothar Kuld, Weingarten
Anne Sliwka, Heidelberg

Teil 1
Praxis

Mensch werden. Lernen durch Begegnung

Einführung in Konzept, Geschichte und Praxis von Compassion an Schulen der Schulstiftung der Erzdiözese Freiburg[1]

Daniel Mark & Dietfried Scherer

1. Compassion – soziale Sensibilität ist lernbar

Individualisierung und Entsolidarisierung sind Tendenzen unserer Gegenwart. Diese Tendenzen haben Auswirkungen auch auf den Bereich von Familie und Schule. Aufgrund der soziologischen Veränderungen entfallen vermehrt Lernfelder für soziale Sensibilisierung, die noch vor einer Generation selbstverständlich zur Verfügung gestanden sind. Viele Kinder wachsen ohne Geschwister und zum Teil in unvollständigen Familien auf. Das Freizeitverhalten ist durch eine Dominanz von virtuellen Welten geprägt, die anstelle des realen gemeinsamen Spiels in einer Gruppe getreten sind. Verbindliches Engagement über einen längeren Zeitraum tritt zurück zugunsten einer spontanen und kurzfristigen Entscheidung in größerer Unverbindlichkeit. In den in großem Umfang konsumierten medialen Inhalten wird Gewalt als ein probates Mittel zur Lösung von Problemen vorgestellt. Das Lachen auf Kosten anderer löst den Humor ab.

Auch wenn diese Beschreibung zugegebenermaßen plakativ ist, lassen sich vielfach Belege für diese Beobachtungen finden. Wenn diese Tendenzen das Miteinander von Menschen in einer Gesellschaft bestimmen, droht der soziale Kältetod dieser Gesellschaft.

Das Compassion-Projekt der Schulstiftung der Erzdiözese Freiburg als Projekt sozialen Lernens eröffnet die Möglichkeit, sozialverpflichtete Haltungen wie Solidarität, Kooperation, Kommunikation und Engagement zu erlernen. Bei dem aus dem Amerikanischen übernommenen Wort, das dem Projekt den Namen gegeben hat, geht es nicht um Mitleid, sondern um Weggenossenschaft, um Mitleidenschaft mit denen, die, aus welchen Gründen auch immer, auf die Hilfe anderer Menschen angewiesen sind.

Ist soziale Sensibilität wirklich lernbar? Mit dieser Ausgangsfrage befasste sich eine Arbeitsgruppe der Deutschen Bischofskonferenz unter der Leitung des Gründungsdirektors der Schulstiftung Dr. Adolf Weisbrod und konzipierte das Compassion-Projekt als ein Projekt zur Profilierung der katholischen Schulen. Die

---

1   Bei Teilen dieses Artikels handelt es sich um eine Überarbeitung und Erweiterung von: Mark, Daniel, Die Erfahrung von Sinn. Compassion am St. Ursula Gymnasium in Freiburg, in: Institut für Religionspädagogik der Erzdiözese Freiburg 2014, 12–23.

Pilotphase fand maßgeblich im Bereich der Schulen der Schulstiftung der Erzdiözese Freiburg statt und wurde wissenschaftlich begleitet.

Sozialpraktika hat es seinerzeit auch schon an anderen Schulen gegeben. Neu war hingegen die möglichst intensive Verzahnung mit dem Unterricht verschiedener Fächer sowohl in der Vor- als auch in der Nachbereitung des Projekts. Deutlich wurde: Je breiter dieses Projekt in einer fächerübergreifenden Thematisierung rückgebunden ist, desto nachhaltiger und vielfältiger ist die positive Wirkung, nicht nur auf die Schülerinnen und Schüler, sondern auch auf die Lehrkräfte, auf den Unterricht, auf die gesamte Schulatmosphäre und nicht zuletzt auf die Gespräche im Elternhaus.

Compassion ist kein berufsorientierendes Praktikum. Der Fokus liegt vielmehr auf der Ermöglichung fundamentaler existentieller Erfahrungen und auf einer sozialen Sensibilisierung. Dessen ungeachtet können Schülerinnen und Schüler natürlich auch im Compassion-Praktikum durch die konkrete Begegnung an ihrem Einsatzort ein für sie ansprechendes Berufsfeld entdecken. Aber selbst dann, wenn durch das Praktikum klar wird, dass dieser soziale Beruf für einen nicht in Frage kommt, werden Schülerinnen und Schüler auch als Erwachsene durch diese selbst gemachte Erfahrung mit anderer Wertschätzung der Arbeit in den sozialen Einsatzfeldern begegnen. Auch dies ist für den Zusammenhalt in der Gesellschaft von hoher Wichtigkeit.

Vor diesem Hintergrund wird verständlich, dass Compassion nach der Pilotphase in der Schulstiftung der Erzdiözese Freiburg an einer großen Anzahl katholischer Schulen in der Bundesrepublik Deutschland selbstverständlicher und verpflichtender Bestandteil geworden ist. Darüber hinaus haben viele staatliche Schulen dieses Projekt, manchmal in leicht modifizierter Form, übernommen. Auch in anderen europäischen Staaten wie z.B. in Spanien, in den Niederlanden, in Polen, Tschechien, der Slowakei, Österreich und den baltischen Staaten wurde dieses Projekt eingeführt. 2002 hat die European Parents Association (EPA), die größte säkulare Elternorganisation Europas, das Compassion-Projekt mit dem Alcuin Award ausgezeichnet als ein beispielhaftes pädagogisches Projekt, das die besten Voraussetzungen hat, auch in anderen europäischen Ländern eingeführt zu werden.

Nun sind in den letzten zwei Jahrzehnten die Anforderungen und Erwartungen an Schule signifikant gewachsen. Die Verkürzung der Schulzeit im allgemein bildenden Gymnasium, neue Bildungsplaninhalte wie berufliche Orientierung, neue Lernfelder wie Prävention und Gesundheitsförderung führen Schulen an die Grenzen ihrer personellen, zeitlichen und räumlichen Ressourcen. Zunehmender Leistungs- und Notendruck sowohl von Seiten der Erziehungsberechtigten als auch von Seiten der Schülerinnen und Schüler können es durchaus fragwürdig erscheinen lassen, dass Compassion mehr als zwei Wochen wertvoller Unterrichtszeit kostet, vor allem, wenn das Praktikum in der Kursstufe stattfindet.

Für diejenigen, die an den Schulen für Koordination und Durchführung verantwortlich sind, bedeutet das, dass Compassion kontinuierlich reflektiert, laufend neu durchdacht und vor dem Kollegium, den Schülerinnen und Schülern und den Eltern immer wieder neu legitimiert werden muss. Mithin ist die Tatsache, dass das Praktikum innerhalb der Lehrerkollegien durchaus auch umstritten sein kann, eine ausgezeichnete Möglichkeit, es weiterzuentwickeln. Dabei sollte man sich aber bewusst sein, dass jede Entscheidung, Compassion betreffend, auch Leitbild und Selbstverständnis der Schule betrifft. Wenn Schulen aus schulorganisatorischen Gründen das Sozialpraktikum verkürzen, teilweise in die Ferien verlegen oder nur fakultativ anbieten, ist das immer auch eine Aussage darüber, welche Schwerpunkte gesetzt werden und welche Idee von Bildung handlungsleitend ist.

2.   Compassion – integraler Bestandteil der Schule

Den Kern von Compassion bildet die eigentliche Praktikumszeit von zwei Wochen. Ziel ist es, diesen Zeitraum als intensive und nachhaltig wirkende Unterbrechung des Schulalltags zu gestalten und für die Schülerinnen und Schüler zu einer Erfahrung von etwas *anderem* zu machen. Über diese zwei Wochen hinaus wird das Praktikum für die einzelne Schülerin und den einzelnen Schüler ebenso wie für Kollegium und Elternschaft immer wieder punktuell gegenwärtig.[2] Wenn Compassion während des Schuljahrs ein Schattendasein führt und sich vor allem dadurch bemerkbar macht, dass Schülerinnen und Schüler irgendwann einmal für zwei Wochen *weg* sind, kann es schwerlich selbstverständlicher Bestandteil des Schulprofils werden. Schülerinnen und Schüler wissen seit Beginn ihrer Zeit an der Schule, dass sie dieses Praktikum machen werden. Konkret begegnen können sie Compassion zum Beispiel schon Ende der zehnten Klasse – angenommen, das Praktikum findet in der Kursstufe 1 statt: Diejenigen, die es bereits absolviert haben, erzählen von ihren Begegnungen und Erfahrungen und geben Hinweise zu geeigneten Praktikumsstellen. Auf Elternabenden, wenn Kolleginnen und Kollegen Praktikantinnen und Praktikanten in den jeweiligen Einrichtungen besuchen, am Reflexionstag, anlässlich der Gottesdienste, in der Gesamtkonferenz oder während des Tags der Offenen Tür bekommt Compassion immer wieder Öffentlichkeit und dadurch Legitimation.

Durch die Schulzeitverkürzung sind die Schülerinnen und Schüler im allgemein bildenden Gymnasium nun in der Regel ein Jahr jünger, wenn sie in das Praktikum gehen. Die Erfahrung zeigt aber, dass der damit verbundene andere Persönlichkeitsreifegrad das Projekt nicht in Frage stellt; in der Realschule findet es seit vielen Jahren ja oft schon – etwas modifiziert – erfolgreich in Klasse 9 statt.

---

2   Vgl. Abb. 1.

Zeitraum	Aktivität
am Ende von Klasse 10	*Schüler/innen beraten Schüler/innen:* Schüler/innen der K 1 geben Hinweise zu geeigneten Praktikumsstellen.
nach Schuljahresbeginn von K1	*die Eltern in Kenntnis setzen:* Die Compassion-Verantwortlichen informieren die Eltern auf dem ersten Elternabend.
bis zu den Herbstferien	*die Schüler/innen bei der Suche beraten:* Die Compassion-Verantwortlichen beraten Schüler/innen bei der Stellen-suche.
nach den Herbstferien	*zusammen mit Schüler/inne/n planen:* Eine Vorbereitungsgruppe erhebt Er-wartungen der Mitschüler/innen, konzi-piert die Gottesdienste.
bis vor den Weihnachtsferien	*die betreuenden Kolleg/inn/en motivie-ren:* Listen werden erstellt, die Besuche durch die betreuenden Lehrer/innen werden organisiert.
nach den Weihnachtsferien	*interessierte Kolleg/inn/en gewinnen:* Kolleg/inn/en erklären sich bereit, den Compassion-Reflexionstag mitzugestal-ten.
am Freitag vor Praktikumsbeginn	*ins Praktikum aufbrechen:* Die Schüler/innen feiern einen Gottes-dienst zum Beginn von Compassion und brechen auf.
um den Halbjahreswechsel	*die Praktikant/inn/en im Praktikum besuchen:* Betreuende Lehrer/innen besuchen die Schüler/innen in den Praktikumsstellen.
am ersten Schultag nach Compassion	*zurückkehren und wieder ankommen:* Die Schüler/innen reflektieren ihre Er-fahrungen, halten Ergebnisse fest.

Zeitraum	Aktivität
während der Gesamtkonferenz	*den Lehrer/inn/en berichten:* Schüler/innen berichten von ihren Tätigkeiten und ihren Erfahrungen.
am Tag der Offenen Tür	*von sich erzählen:* Schüler/innen berichten von ihren Compassion-Erfahrungen.

Abb. 1:   Compassion am St. Ursula Gymnasium in Freiburg, Ablauf im Schuljahr (Kursstufe 1)

3.   Compassion am St. Ursula Gymnasium in Freiburg

> „Da brachte man Kinder zu ihm, damit er sie berührte. Die Jünger aber wiesen die Leute schroff ab. Als Jesus das sah, wurde er unwillig und sagte zu ihnen: Lasst die Kinder zu mir kommen, hindert sie nicht daran! Denn Menschen wie ihnen gehört das Reich Gottes."
> *(Mk 10,13–14)*

Die Praktikantin in der Eduard-Spranger-Schule für Menschen mit geistiger Behinderung in Emmendingen-Wasser hat die Pausenaufsicht und ist umgeben von einer Schar Kinder. Neugierig, unbefangen, fordernd, um Aufmerksamkeit konkurrierend bedrängen sie die Schülerin. „Wer bist du?", „Weißt du, wie ich heiße?", „Schau mal, was ich kann!" Als Besucher stellt man sich die Situation durchaus nervenaufreibend vor. Plötzlich ist spürbar, was es heißt, Kind zu sein: die Geduld anderer strapazieren. Liebe brauchen. Anfällig sein für Ablenkungen. Aber auch offen sein, direkt, distanzlos, hemmungslos vertrauend. Jesus sagt, für solche sei das Reich Gottes. Nicht die Frommen, Gebildeten, nicht diejenigen, die irgendeine Form von *Exzellenz* erreicht haben, stellt er ins Zentrum seiner Botschaft, sondern diejenigen, die das Reich Gottes annehmen „wie ein Kind" (Mk 10,15).

3.1 Anthropologische Perspektive:
Compassion – eine menschliche Erfahrung

> *„Ich bin jeden Mittag glücklich nach Hause gegangen."*
> *Carla (17), Praktikantin im Pflegeheim[3]*

Hat religiöse Bildung an öffentlichen Schulen überhaupt noch Zukunft? Die Ergebnisse der Sinus Milieustudie U 27 lassen daran zweifeln.[4] Kirche erreicht nur ein knappes Viertel aller Jugendlichen. Kirchliche Verbände und Organisationen rekrutieren ihren Nachwuchs fast ausschließlich aus den Milieus der traditionellen, der bürgerlichen und der postmateriellen Jugendlichen. Diese Milieus werden zu Minderheitenmilieus; das bedeutet, die Gruppe derjenigen, die durch konfessionell verfasste Religion überhaupt ansprechbar sind, schrumpft. Die Distinktionslinien zu den wachsenden postmodernen Milieus ebenso wie zu den Milieus der Bildungsbenachteiligten erscheinen dagegen unüberwindlich.

Es gibt aber auch etwas, das alle Jugendlichen verbindet, so unterschiedlich ihre Milieus auch sein mögen. Alle Jugendlichen, deren Daten der Sinus-Studie zugrundeliegen, suchen und fragen nach etwas, was man *das Schöne, das Richtige* und *das Wahre* nennen könnte, etwas, das anders ist, das befreit, dass erfüllt und-

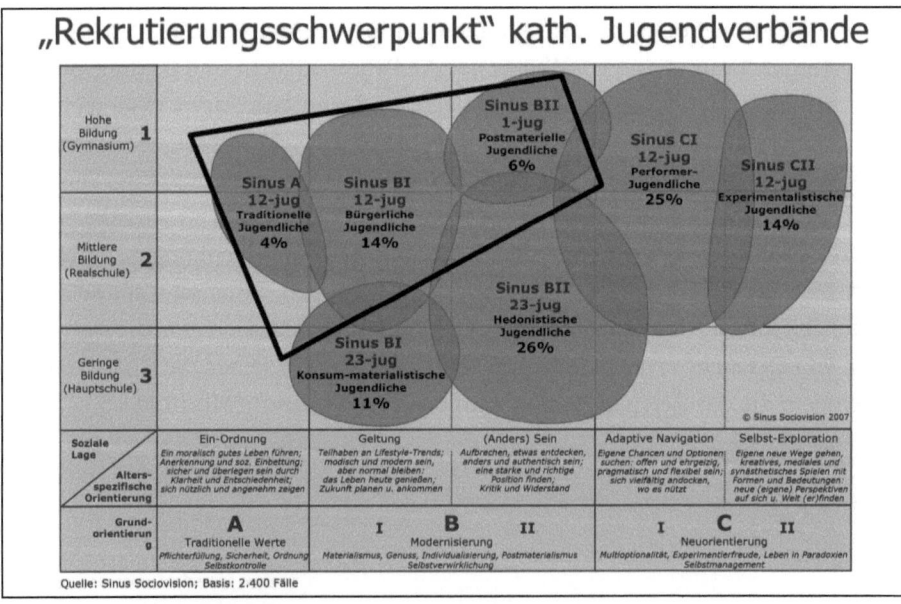

Abb. 2:   „Rekrutierungsschwerpunkt" kath. Jugendverbände. Quelle: Wippermann/
Calmbach 2008, 5.

---

3   Die in diesem Beitrag zitierten Äußerungen stammen von Schülerinnen des Mädchengymnasiums St. Ursula in Freiburg. Jungen und junge Männer anderer Schulen äußern sich ähnlich.

4   Vgl. Wippermann/Calmbach 2008, 20–34.

Sinn gibt. Es hätte schon eine gewisse Ironie, wenn ausgerechnet religiöse Bildung auf diese Sehnsucht keine Antworten wüsste.

„Ich bin hier glücklich", hören Lehrerinnen und Lehrer immer wieder, wenn sie Schülerinnen und Schüler in ihrer Praktikumsstelle besuchen. Eine andere Äußerung am ersten Schultag nach dem Praktikum: „Ich habe gemerkt, dass Glück nicht von Gesundheit abhängt. Bei Compassion, die waren alle nicht gesund, aber die waren glücklich." Die eingangs erwähnte Praktikantin in Emmendingen-Wasser fasst ihre Erfahrungen so zusammen: „Über die Begabtheit einzelner behinderter Kinder kann ich nur staunen. Naja … jedenfalls kann ich mir kaum etwas Schöneres vorstellen."

In solchen Äußerungen kommen Erfahrungen zum Ausdruck, die in ganz grundsätzlicher Weise menschlich sind. Auf den ersten Blick geht es im Praktikum darum, Menschen zu helfen, die einen brauchen. Doch Schülerinnen und Schüler können auch die Erfahrung machen, dass sie nicht nur gebraucht werden, sondern dass auch sie selbst die Kranken, Alten und Behinderten brauchen. Warum das so ist, ist gar nicht so leicht zu sagen. Inwiefern brauchen wir denn Behinderte? Kämen die Gesunden nicht viel besser aus ohne die Kranken? Erscheinen Alte, Behinderte, Gescheiterte, Geflüchtete angesichts des demographischen Wandels – trotz guter konjunktureller Entwicklung – nicht viel eher als gesellschaftliches Problem?

Die Arbeit im Praktikum kann die Perspektive ändern. Wenn es gelingt, können Schülerinnen und Schüler die schlechthin anthropologische Erfahrung machen, was es heißt, „von anderen gebraucht zu sein und selbst andere zu brauchen"[5]. Offensichtlich findet in der Begegnung mit den Hilfsbedürftigen etwas statt, das dem menschlichen Bedürfnis nach Angenommen-Sein und Sinn absolut entspricht. „Das war irgendwie magic", sagt eine Schülerin über eine solche Begegnung. Die Gegenwart, die sich hier ereignet, verlangt nach einer Deutung, die über wissenschaftliche Erklärungen hinausgeht. Die Inhalte religiöser Bildung erscheinen jetzt möglicherweise weniger fremd, sind im Gegenteil vielleicht gerade besonders geeignet, für die erlebte Menschlichkeit Ausdrucksformen zu finden.

3.2   Soziologische Perspektive:
Compassion – gesellschaftliche Relevanz

> „Mal ehrlich, wann fühlt man sich
> in der Schule schon gebraucht?"
> *Anastasia (16), Praktikantin bei der „Tafel"*

Die Erfahrung, gebraucht zu werden und von unerwarteter Seite Sinn geschenkt zu bekommen, überrascht Schülerinnen und Schüler auch deswegen, weil sie ge-

---

5   Marten 2003, 25.

wohnt sind, sich alles selbst zu erarbeiten bzw. erarbeiten zu sollen und zu können. Heranwachsende erfahren sich selten als Bedürftige, viel häufiger als Herausgeforderte, die sich ein gelingendes Leben durch eigene Anstrengung selbst zu erschaffen haben. Und nun machen sie, die alle Voraussetzungen zu haben glauben, die Erfahrung, gerade von denen etwas Wesentliches zu bekommen, denen scheinbar das Wichtigste – Gesundheit, Schönheit, Flexibilität, Leistungsfähigkeit – fehlt.

Compassion kehrt das gewohnte Leistungs- und Nutzenprinzip um, schon allein dadurch, dass es Teil des Curriculums ist. Ein zweiwöchiges Praktikum und eine angemessene Reflexion kosten wertvolle Unterrichtszeit. Wie lässt sich auf die Frage antworten, was Compassion bringt? Einerseits zeigen die Untersuchungen von Kuld und Gönnheimer[6] bezüglich der Verhaltensbereitschaft zu sozialem Engagement, dass das Sozialpraktikum durchaus messbare Effekte vorweisen und als *Projekt der Solidaritätsschöpfung* verstanden werden kann. Dass sich die Erfahrungen der Praktikantinnen und Praktikanten andererseits aber auch in besseren Leistungen niederschlagen, ist zwar möglich, empirisch aber schwer zu belegen – aber darum geht es eben auch nicht.

Man könnte das Sozialpraktikum Compassion als *Sabbatinsel* bezeichnen. „Am Sabbat richtet sich der Mensch auf, erhebt den Blick und kann den Horizont sehen. Die Arbeit vor seinen Füßen kann warten. Er wird weit blicken, er wendet den Blick zurück, kritisch, selbstkritisch, er sieht Fehler, kann aus ihnen lernen. Wie er so da sitzt, die Hände im Schoß, kommen ihm Einfälle, gute Ideen, Inspirationen, Innovationen."[7] Compassion ist nicht einfach Auszeit und kein kuschelpädagogisches Mittel gegen den viel beklagten Leistungsstress. Compassion heißt lernen, diszipliniert sein, Herausforderungen meistern, an seine Grenzen gehen, an sich arbeiten. Das Besondere an Compassion ist, dass Schülerinnen und Schüler – ebenso wie die durchführende Schule – ihre Anstrengungen auf etwas richten, dessen Nutzen sich nicht umstandslos berechnen lässt. Insgesamt durchbricht Compassion zumindest für einen Moment die Beschleunigungs- und Steigerungslogik, die in unserer Gesellschaft gerade auch in den Bereichen der Erziehung, der Bildung und des Sozialen vorherrscht.[8]

---

6   Vgl. Kuld/Gönnheimer 2000, 58 und der Beitrag „Was bewirkt Compassion?" von Kuld in diesem Band.
7   Nordhofen 2004, 615.
8   Vgl. Rosa 2013 (2013a).

3.3   Politische Perspektive:
Compassion – lernen, dass es auf mich ankommt

> „Außer mir war keiner da.“
> *Judith (16), Praktikantin in einer Behinderten-Werkstatt*

Ein während des Reflexionstages notiertes Ergebnis lautet: „Die Arbeit als Krankenschwester wird nicht genug geschätzt!“ – „Man fängt an nachzudenken“, steht in einem Compassion-Tagebuch. Ist es richtig, wie mit Alten und Kranken umgegangen wird? Solche Fragen stellen sich ganz direkt, ein persönlicher, auch politischer, Standpunkt wird fast unumgänglich.

Lehrkräfte der Fächer Geschichte, Politik, Gemeinschaftskunde, Religion oder Wirtschaft begegnen oft der vermutlich ganz natürlichen Neigung ihrer Schülerinnen und Schüler, die eigene Gesellschaft, vor allem in Vergleich zu anderen, fremden oder vergangenen Gesellschaftsformen, als *ziemlich optimal* anzusehen. Das bedeutet, dass die Relevanz des Themas Gerechtigkeit und der daraus folgende Handlungsdruck nicht unmittelbar einleuchten. Und wenn doch gesellschaftspolitische Veränderungen notwendig erscheinen, dann wird erwartet, dass staatliche Initiativen diese Veränderungen bewirken. Studien belegen, dass viele Jugendliche einen „engen Politikbegriff“ haben, der unter politisch-sozialem Engagement *Druck auf die Politiker machen* versteht. So stellt die U-18-Sinus-Studie fest: Im Alter von 14 bis 17 Jahren sind Jugendliche „nicht zwingend politikverdrossen, aber doch (noch) weitgehend leidenschaftslos, was Politik betrifft“.[9]

Angesichts solcher Schwierigkeiten bei der Thematisierung der Gerechtigkeitsfrage im Unterricht bietet Compassion die Chance, die Perspektive zu weiten. In der persönlichen Begegnung mit Alten, Kranken, Ausgegrenzten, Geflüchteten erfahren Schülerinnen und Schüler ganz direkt, dass sich hier und jetzt Verantwortung nicht delegieren lässt. Auf mich kommt es an, ich bin unersetzbar, das ist eine Erkenntnis, die junge Menschen richtiggehend verblüffen kann.

---

9   Calmbach/Peter/Borchard/Flaig 2011, 72.

3.4   Pädagogische Perspektive:
Compassion – gelingendes Leben lernen

> „Ich bin jemand, der Angst hat, was falsch zu machen. Ich
> weiß, dass diese Angst total doof ist. In der Demenz-WG, da
> konnte man nichts falsch machen. Die Menschen haben sich
> gefreut, einfach weil ich da war. Ich hoffe, dass ich das jetzt
> eine Weile behalte."
>
> *Helene (17), Praktikantin in einer Demenz-WG*

Wie können wir unsere Schülerinnen und Schüler dabei unterstützen, gut leben
zu lernen? Eine Folge der Beschleunigungs- und Entfremdungserfahrungen, die
der Jenaer Soziologe Hartmut Rosa in unserer Gesellschaft beobachtet und die wir
auch bei jungen Menschen immer häufiger erleben, sind psychische Erkrankungen. Störungen wie Depression und Burnout werden als Situationen der Entfremdung erlebt, in denen die „Resonanzachsen" stumm geworden sind und die Welt
blass, leer und starr erscheint. Dagegen gelingt Leben, wenn der „Draht" zur Welt
„vibriert".[10]

Wenn Heranwachsende ihre Eltern oder Lehrpersonen fragen „Wie bekomme
ich ein gutes Leben?", dann bekommen sie fast durchgängig zur Antwort: „Das
musst du selbst herausfinden." Selbstverständlich ist es richtig, dass Bildung letztlich immer Selbst-Bildung ist. Dennoch müssen wir uns fragen, wie wir mit diesem offensichtlichen Bedürfnis nach Sinn umgehen. Bei wem holen sich die Heranwachsenden die Antworten auf diese Fragen? Oder anders herum betrachtet:
Wem überlassen wir die Antworten?

Im Praktikum begegnen Schülerinnen und Schüler Bedürftigen, lassen sich berühren und erfahren Resonanz, sie erleben sich selbst als lebendig und können aus
solchen Erfahrungen Orientierung gewinnen. Konkret heißt das: Wahrnehmen
und Situationen erfassen; Lebenszeugnisse verstehen und deuten; in ethischen
und religiösen Fragen begründet urteilen; teilnehmen und konstruktiv mit anderen in Dialog treten; über Sinnfragen angemessen sprechen und sich gestaltend
ausdrücken.[11]

Die erste Herausforderung für die Schülerinnen und Schüler ist, sich im Um-
kreis ihres Wohnorts bzw. der Schule selbst einen geeigneten Plätz für ihr Praktikum zu suchen. Das bedeutet, sie müssen hier schon lernen, ihre Welt neu wahrzunehmen: Wo in meiner direkten Umgebung gibt es soziale Einrichtungen, um was
für Einrichtungen handelt es sich? Da ihnen ihre Stellen nicht zugewiesen werden,
müssen sie auch lernen, sich selbst einzuschätzen: was bin ich für ein Typ, was

---

10   Rosa 2013 (2013b), 13.
11   Vgl. Einheitliche Prüfungsanforderungen in der Abiturprüfung Katholische
      bzw. Evangelische Religionslehre. Beschluss der Kultusministerkonferenz vom
      01.12.1989 i.d.F. vom 16.11.2006.

kann ich, wo sind meine Grenzen? Verantwortliche und begleitende Lehrpersonen sind hier aufgefordert, ungeeignete Praktikumsstellen gegebenenfalls zurückzuweisen, die Schülerinnen und Schüler stattdessen zu ermutigen, dass sie sich etwas zumuten – die Schülerinnen und Schüler des vorhergehenden Jahrgangs können das allerdings noch wesentlich überzeugender. Während der Arbeit stehen die Praktikantinnen und Praktikanten vor der Aufgabe, existenzielle Erfahrungen, die sie machen, zu deuten und einzuordnen. Sie können verstehen, was sie erleben, wenn sie es in einen größeren Zusammenhang einordnen oder vor einem weiteren Horizont betrachten. Hier spielt der Einstieg in das Praktikum eine wichtige Rolle. Er hat an kirchlichen Schulen oft die Form eines Gottesdienstes und gibt Impulse, die den Blick für die nächsten zwei Wochen öffnen sollen.

Selbstverständlich heißt *Praktikum machen* teilnehmen, nicht nur zuschauen, sondern tätig werden, Leben teilen und Perspektiven von Menschen einnehmen, die man im Alltag nicht ohne weiteres kennenlernen würde. Dies kann im gleichen Maß sowohl für *weiche* Einsatzstellen wie einen Kindergarten gelten als auch für die herausfordernden Praktikumsplätze in Behinderteneinrichtungen, Pflegeheimen oder Krankenhäusern. Zu guter Letzt kann erst die Reflexion aus dem Erlebnis eine Erfahrung machen – also ein *gedeutetes* Erlebnis machen, das bleibt. Deswegen ist für die Nachbereitung des zweiwöchigen Praktikums ein ganzer Schultag reserviert. An diesem Tag versuchen die Zurückgekehrten Sprache und Form zu finden für ihre Erfahrungen und Begegnungen.

3.5   Theologische Perspektive:
Compassion – möglicherweise auch eine religiöse Erfahrung

> „Das war irgendwie magic."
> *Johanna (17), Praktikantin in der Förderschule*

„Nichts ist so unglaubwürdig wie die Antwort auf eine Frage, die sich nicht stellt."[12] (Reinhold Niebuhr) Die Frage, die sich angesichts von Compassion-Erfahrungen stellt, lautet: Warum machen sie glücklich? Offensichtlich kann sich in der Begegnung mit dem anderen etwas ereignen, das die Welt, wie wir sie normalerweise erfahren, zumindest für einen Moment verändert. Für einen Augenblick ist die Welt in Ordnung. In der Reflexion berichten Schüler, dass im Gegensatz zu dem, was sie sonst tun, bei der Arbeit im Praktikum alles ganz einfach schien. Es war ganz klar, was zu tun ist; man konnte gar nicht anders, als das Richtige zu tun. Die jährlich wechselnden Mottos des Praktikums, formuliert von denjenigen, die sich in der Vorbereitungsgruppe engagieren, bringen das z.T. direkt zum Ausdruck:

---

12   Im Original: "Nothing is so incredible as an answer to an unasked question." Niebuhr 1953, 6.

„Mach's einfach" (2018) – „Einfach anders" (2015) – „Einfach geben und nehmen" (2010) – „Hier und jetzt" (2009).

Solche fundamental menschlichen Erfahrungen verlangen nach einer Deutung. Möglicherweise erscheinen von hier aus den Jugendlichen die Antworten der christlichen Botschaft weniger fremd – oder, je nach Milieu, weniger abgenutzt –, als sie es sonst sind. Was könnte das heißen, „Die Zeit ist erfüllt, das Reich Gottes ist nahe"? (Mk 1,15) Vor dem Hintergrund eigener Erfahrungen wird vielleicht verständlich, was das Gleichnis vom barmherzigen Samariter (Lk 10,25–37) oder Jesu Endzeitrede aussagen wollen: „Was ihr für einen meiner geringsten Brüder getan habt, das habt ihr mir getan." (Mt 25,40) In der Arbeit mit und für andere etwas erfahren, das mir absolut entspricht, im anderen Christus begegnen, das ist dann vielleicht gar mehr nicht so *verrückt*, wie es unter alltäglichen Umständen erscheint.

Eine weitere Dimension des Praktikums ist, dass Schülerinnen und Schüler hier oft erstmals ganz persönlich existentielle Erfahrungen mit Leid, Krankheit und Tod machen. Eltern äußern hier manchmal Bedenken, ob ihre Kinder diesen Begegnungen gewachsen sind. Die Erfahrung zeigt, dass diese Bedenken in den allermeisten Fällen unbegründet sind und für viele diese im ganz eigenen Bereich noch nicht erlebten Konfrontationen hilfreich und bereichernd sind. Schulen können ja nicht verhindern, dass ihre Schülerinnen und Schüler Leid erfahren, in Krisen geraten, geängstigt werden. Aber Schule kann, und das ist ihre Aufgabe, lehren, wie man mit solchen Kontingenzerfahrungen umgeht. Im Compassion-Praktikum bleiben sie nicht absolut und isoliert stehen, die Reflexion – gerade auch mit Hilfe religiöser Deutungsmöglichkeiten – geben diesen Erfahrungen eine Form und befähigen zu fruchtbarer Auseinandersetzung. Auch das lässt sich an den Berichten der Schülerinnen und Schüler ablesen.

Es soll aber ausdrücklich betont werden, dass religiöse Deutungen immer erst im Nachhinein möglich sind und immer nur angeboten werden dürfen. Grundlegend und wesentlich für Compassion ist eine Erfahrung, die jeder Mensch, unabhängig vom persönlichen Glauben und der Milieuzugehörigkeit, machen kann. Ob daraus eine religiöse oder gar eine Glaubenserfahrung wird, liegt außerhalb der Reichweite von Schule und Praktikum.

Literatur

Angele, Claudia/Brüll, Hans-Martin/Dinter, Astrid/Kuld, Lothar (Hrsg.), Lernchance Sozialpraktikum – Wirkungen sozialen Engagements Jugendlicher in sozialen Einrichtungen, Freiburg 2012.

Arbeitskreis Katholischer Schulen in freier Trägerschaft in der Bundesrepublik Deutschland (AKS) (Hrsg.), Compassion [Dokumentation der Fachtagung zu diesem Thema], in: Engagement – Zeitschrift für Erziehung und Schule 2/2000.

Arbeitskreis Katholischer Schulen in freier Trägerschaft in der Bundesrepublik Deutschland (AKS) (Hrsg.), Compassion – Eine Idee macht Schule, in: Engagement – Zeitschrift für Erziehung und Schule 1/2005.

Battke, Achim/Fitzner, Thilo/Isak, Rainer/Lochmann, Ullrich (Hrsg.), Schulentwicklung – Religion – Religionsunterricht, Freiburg 2002.

Boff, Leonardo, Prinzip Mitgefühl, Texte für eine bessere Zukunft, Freiburg 1999.

Bund der Deutschen Katholischen Jugend/Bischöfliches Hilfswerk Misereor (Hrsg.), Wie ticken Jugendliche? Sinus Milieustudie U27, Düsseldorf 2008.

Calmbach, Marc/Thomas, Peter Martin/Borchard, Inga/Flaig, Bobo, Wie ticken Jugendliche? Lebenswelten von Jugendlichen im Alter von 14 bis 17 Jahren in Deutschland, Düsseldorf 2011.

Gönnheimer, Stefan, Schule und Verantwortung. Zur Bedeutung einer ethischen Kategorie in Erziehung und Unterricht, Frankfurt am Main 2002.

Götz, Michael/Widmaier, Benedikt/Wohnig, Alexander (Hrsg.), Soziales Engagement politisch denken. Chancen für politische Bildung, Frankfurt am Main 2014.

Institut für Religionspädagogik der Erzdiözese Freiburg (Hrsg.), Compassion. Soziales Lernen durch Erfahrung. Handreichung für den katholischen Religionsunterricht am allgemein bildenden Gymnasium, Freiburg 2014.

Kuld, Lothar, Compassion – Raus aus der Ego-Falle, Münsterschwarzach 2003.

Kuld, Lothar/Gönnheimer, Stefan, Compassion – Sozialverpflichtetes Lernen und Handeln, Stuttgart 2000.

Kuld, Lothar/Gönnheimer, Stefan (Hrsg.), Praxisbuch Compassion – Soziales Lernen an Schulen, Unterrichtsmaterialien für die Sekundarstufen I und II, Donauwörth 2004.

Marten, Rainer, Gelingendes Leben – wie geht das? Die hohe Kunst des einander Brauchens: Selbstverwirklichung geht gern auf Kosten anderer, Lebenskunst in ihrer besten Art verfährt strikt wechselseitig, in: Badische Zeitung, 31.12.2003, 25.

Metz, Johann Baptist/Kuld, Lothar/Weisbrod, Adolf (Hrsg.), Compassion. Weltprogramm des Christentums. Soziale Verantwortung lernen, Freiburg 2000.

Niebuhr, Reinhold, The Nature and Destiny of Man. A Christian Interpretation (2 Bde.), Bd. 2: Human Destiny, New York 1953.

Nordhofen, Eckhard, Bildung im totalitären Ökonomismus, in: Bolzenius, Theodor (Hrsg.), Ihr sollt ein Segen sein. Ökumenischer Kirchentag 28. Mai–1. Juni 2003 in Berlin. Dokumentation, Kevelaer 2004, 615–627.

Rosa, Hartmut, Beschleunigung und Entfremdung, Entwurf einer Kritischen Theorie spätmoderner Zeitlichkeit, Berlin 2013 (2013a).

Rosa, Hartmut, Was ist das gute Leben? Alles hängt davon ab, ob es zwischen der Welt und uns einen Draht gibt, der vibriert, in: Die Zeit, Nr. 25, 68. Jahrgang, 21. Juni 2013 (2013b), www.zeit.de/2015/25/philosophie-gutes-lesen/Komplettansicht (abgerufen am 24.06.2018).

Wippermann, Carsten/Calmbach, Marc, Wie ticken Jugendliche? Sinus-Milieustudie U27: Lebenswelten von katholischen Jugendlichen und jungen Erwachsenen. Hrsg. v. Bund der Deutschen Katholischen Jugend & Misereor, Düsseldorf/Aachen 2008.

Zentralstelle Bildung der Deutschen Bischofskonferenz (Hrsg.), Soziales Handeln lernen. Materialien für den Fachunterricht, Bonn o.J.

Eine Brücke zwischen Schule und Lebenswirklichkeit – Einführung in Konzept und Praxis des Diakonischen Lernens

Martin Dorner & Roland Deinzer

Der vorliegende Beitrag blickt aus unterschiedlichen Perspektiven auf das Diakonische Lernen als soziales Bildungskonzept. Da ist zunächst die Perspektive von Martin Dorner. Er hat seit 2010 zusammen mit Kooperationspartnern aus Universität und pädagogischen Einrichtungen für das Diakonische Werk Bayern und das Religionspädagogische Zentrum Heilsbronn Diakonisches Lernen bayernweit etabliert und die „Welt der Schule" mit der „Welt der Diakonie" zusammengebracht. Und da ist die Perspektive von Roland Deinzer. Er blickt mit den Augen eines stellvertretenden Schulleiters auf Diakonisches Lernen als Unterrichtsform und benennt Gründe, warum außerschulische Lernorte keine „Zuckerl", sondern konstitutiver Teil von Weltbegegnung und Bildungsprozessen für Schüler*innen sind.

1. Brückenschlag: Diakonisches Lernen in der Praxis

Das folgende Praxisbeispiel zur Mitarbeit von Schüler*innen in einer Vesperkirche steht exemplarisch für das, was Diakonisches Lernen charakterisiert. Der diakonische Aktionstag zur Begegnung mit Menschen in Armut und Einsamkeit wurde 2017 und 2018 am Maria-Ward-Gymnasium Günzburg im Evangelischen Religionsunterricht durchgeführt.[1] Das Praxisbeispiel skizziert drei Phasen, die für Diakonisches Lernen als soziales Bildungskonzept wesentlich sind: Annäherung im Klassenzimmer, Begegnung am außerschulischen diakonischen Lernort, Reflexion und inhaltliche Weiterarbeit.

Annäherung: Die Schülerinnen[2] einer 9. Klasse des evangelischen Religionsunterrichtes sitzen um einen Tisch, auf dem sich Pappteller befinden. Die Gruppe sammelt Personenkreise, an die sich Einladungen im Familien- oder Freundeskreis gewöhnlich richten. Sie beschriften die Pappteller mit den jeweiligen Kategorien, also „Verwandte", „Freunde" und „Nachbarn". Gemeinsam mit der Lehrkraft tauschen sie sich über die Praxis familiärer Einladungen und Gegen-

---

[1] Bei der Begegnung an dem diakonischen Lernort erfuhr Martin Dorner dankenswerterweise Unterstützung durch seine Kolleginnen StDin Astrid Barnert (Stellvertretende Schulleiterin, Katholische Religion und Sport) und Lehrerin Martina Wenni-Auinger, M.A. (Geschichte und Sozialkunde). Weitere Methoden siehe Dorner 2017, 194–206.

[2] Hinweis: Das Maria-Ward-Gymnasium Günzburg war bis zum Schuljahr 2016/17 eine Einrichtung für Mädchen.

einladungen und den damit verbundenen Erwartungen aus. Die Lehrkraft gibt darauf Informationen zu der offenen und egalitären Mahlpraxis Jesu im Neuen Testament (z.B. Mk 2,13–17; Mk 6,30–44; Lk 24,13–35). Die Schülerinnen suchen nach Gemeinsamkeiten und Unterschieden zwischen den familiären Einladungen und den Mahlzeiten Jesu. Sie nennen Adressaten, an die sich eine von Jesu Tischgemeinschaften inspirierte Praxis unter aktuellen gesellschaftlichen Bedingungen wenden könnte. Die Schülerinnen beschriften weitere Pappteller mit ergänzenden Kategorien. Nun präsentiert die Lehrkraft als diakonischen Lernort eine Vesperkirche.[3] Sie klärt, ob die Gruppe Lust hat, einmalig bei einer solchen Initiative mit den dortigen erfahrenen Ehrenamtlichen zusammenzuarbeiten. Sie erläutert den Schülerinnen die Merkmale von Vesperkirchen. Diese sind: Für die Dauer von einigen Wochen essen zufällig aufeinandertreffende Menschen an festlich gedeckten Tischen im Kirchenraum miteinander zu Mittag. Weil man für das Essen nur 1 € bezahlen muss, sind viele der Gäste arm oder relativ arm. Aber die Vesperkirche ist keine Armenspeisung, denn ein Teil der Gäste besitzt ausreichend Geld. Manche spenden oder zahlen weitaus mehr als 1 €, um somit ihre Solidarität mit der Vesperkirchenidee zu zeigen. Weil die Gäste miteinander ins Gespräch kommen, ist es in der beheizten Kirche laut. Es herrscht ein fortwährendes Kommen und Gehen. Zur Vesperkirche zählen auch geistliche Momente, Gottesdienste, Beratung und ein politisches und kulturelles Programm an manchen Abenden.

Die Schülerinnen sind von der Aussicht angetan, bei diesem diakonischen „Event" mit dabei zu sein. Weil die kooperierende Vesperkirche relativ weit vom Schulstandort entfernt liegt, muss eine Übernachtung in einem Jugendgästehaus mit eingeplant werden. Dies gibt der Gruppe aber die Möglichkeit, ein Bandkonzert zu besuchen, das am Vorabend des diakonischen Aktionstages in der Vesperkirche stattfindet. Die Sängerin Steffi List[4] tritt gemeinsam mit MOSAIK[5] im kulturellen und politischen Programm der Vesperkirchensaison 2017 auf. Die Band besteht aus behinderten und nichtbehinderten Musikern.

Begegnung: Am diakonischen Lernort engagieren sich die Schülerinnen unter Anleitung von Ehrenamtlichen und des verantwortlichen Diakons. Diese führen die Schülerinnen in die notwendigen Tätigkeiten und den Umgang mit den Gästen ein. Außerdem nutzen die Schülerinnen die Gelegenheit, mit den Gästen an den schön gedeckten Tischen in Kontakt zu kommen. Die Lehrkraft übernimmt dieselben Aufgaben wie die Schülerinnen.

Inhaltliche Weiterarbeit: Nach der Praxisphase geben die Schülerinnen in der Reflexionsphase im Klassenzimmer zunächst ein Feedback über ihr Erleben am

---

3   Kooperierender Lernort für das Beispiel war in den Jahren 2017 und 2018 die Vesperkirche in der Evang.-Luth. St. Johanniskirche in Schweinfurt.

4   http://www.steffi-list.de/, Zugriff vom 25.03.2018.

5   Alle Informationen zu MOSAIK http://mosaik.mfwsds.de/, Zugriff vom 25.03.2018.

diakonischen Lernort. Die Impulse hierzu lauten: Ich habe ich mich nützlich/nicht nützlich gefühlt, weil …? Was hatte ich mir ganz anders vorgestellt? Wir waren ein/kein gutes Team, weil …? Was hat den Gästen oder Ehrenamtlichen Spaß gemacht? Wozu möchte ich noch mehr wissen?

Eine Schülerin verfasste aus den Rückmeldungen der Gruppe einen Beitrag für den Jahresbericht des Gymnasiums. Sie schreibt:

„[…] am Abend besuchten wir ein Konzert der Band Mosaik und der Sängerin Steffi List, die im Kulturprogramm der Vesperkirche in der St. Johanniskirche auftraten. Diese Band stufen wir als sehr besonders ein, da behinderte und nichtbehinderte Menschen zusammen musizieren. Besonders begeistert hat uns der Sänger Christian im Rollstuhl, der im Vorgespräch auf die Frage, was er einmal bewegen wolle, antwortete, dass er die Welt retten möchte. Darauf sang er den Titel ‚Nur noch kurz die Welt retten‘ von Tim Bendzko. […] Bei diesem Konzert haben wir gelernt, dass man behinderte Menschen keinesfalls unterschätzen soll, denn sie haben wirklich Talent aufzuweisen. Es war schön anzusehen, wie alle Bandmitglieder zusammen harmoniert haben. […]
Als wir beim diakonischen Aktionstag in der Vesperkirche ankamen, trafen wir zunächst auf eine Menge von 40 Ehrenamtlichen. Lauter fremde Gesichter, wobei die Menschen dahinter uns herzlichst willkommen hießen. Nach einer kurzen Einteilungs- und Vorstellungsrunde […] gingen die Vorbereitungen auch schon los: Einige Schülerinnen waren zum Bedienen eingeteilt und die anderen begrüßten die Gäste und führten sie zu den Tischen. Es herrscht ein Wechselsystem, in dem immer ein Teil der Gäste speisen kann und die anderen in den Kirchenbänken Platz nehmen und warten, bis wieder Plätze an den Essenstischen frei werden […] dadurch dass die Gäste bunt an den Tischen zusammengewürfelt wurden, kam es auch zu Gesprächen zwischen sich fremden Leuten: ein tolles System!
Die Vesperkirche wurde für die Gäste durch einen Gongschlag mit einem kleinen Gebet eröffnet und um 13:00 ertönte der Gong ein zweites Mal für eine Andacht von etwa drei Minuten. Besonders bewegt hat uns die Menschenmenge, die gekommen ist, denn die Vesperkirche wurde an diesem Tag von zirka 400 Gästen besucht. Zudem bewegte uns die Freundlichkeit, die zwischen uns und den anderen Gastgebern, als auch unter den Gästen herrschte.
Wir haben in Schweinfurt gelernt mit anderen, unbekannten Menschen umzugehen und zudem noch zu kellnern. Am Ende folgte eine Schlussrunde mit allen anwesenden Mitarbeitern, in der man seine Erfahrungen mit den Gästen mitteilen konnte. Ganz zum Schluss bedankte sich der organisatorische Leiter der Vesperkirche, Diakon Norbert Holzheid, mit einer supernetten Geste bei uns: Jeder von uns schenkte er eine Vesperkirchentasse.
[…] Diese beiden Tage waren sehr emotional und regten zum Nachdenken bezüglich der Randgruppen in Deutschland an. Wir lernten Wertschätzung der Dinge, die für uns sonst so ganz normal erscheinen, wie Freundschaft, ein warmes und gepflegtes Essen und Freundlichkeit. Es war ein tolles Erlebnis mit Wiederholungsbedarf […].“[6]

---

6   Der gesamte Beitrag findet sich im Jahresbericht 2016/2017 des Maria-Ward-Gymnasiums Günzburg des Schulwerks der Diözese Augsburg und stammt von der

In der Reflexionsphase kristallisierte sich ein Themenschwerpunkt heraus, an dem die Schülerinnen weiter „dran" bleiben wollten. Das gemeinsame Musizieren von behinderten und nichtbehinderten Menschen hatte sie beeindruckt. Man beschloss, Kontakt zur Band MOSAIK aufzunehmen und sie an die Schule zu einem „Diversitykonzert" einzuladen. Eine Schülerin übernahm den Mailkontakt zum Bandmanagement und sie bewies dabei einen langen Atem und Durchhaltevermögen. Die Band ließ die Schülerinnen nämlich relativ lange auf eine Zusage warten und konnte ihnen erst einen Termin im nächsten Kalenderjahr in Aussicht stellen. Als der Konzerttermin feststeht, übernimmt eine Sozialkundelehrkraft mit ihrer Klasse die Federführung für dieses diakonische Projekt. Ein Teil der Schülerinnen aus dem Evangelischen Religionsunterricht, die bei der Vesperkirche mitgearbeitet haben, kooperiert dabei mit den Schülerinnen aus einer anderen Jahrgangsstufe. Das Konzert verfolgt ein Hauptanliegen: Menschen mit Behinderung, deren Freunde und Familienangehörige, Schülerinnen und Bürger der Stadt sollen via Popmusik einen gemeinsamen Abend verbringen. Und: Die Schule soll unter Menschen mit einer Behinderung bekannt werden. Die Projektgruppe hat sich in verschiedene Untergruppen aufgeteilt. Manche kümmern sich um die Öffentlichkeitsarbeit, andere um Kontakte zu regionalen Einrichtungen der Behindertenhilfe. Eine Gruppe ist für die Finanzierung des Konzertes und eine andere für das Catering zuständig.

2.   Brückenpfeiler: Grundmerkmale des Diakonischen Lernens

Im Folgenden werden drei markante Brückenpfeiler als Merkmale des Diakonischen Lernens skizziert. Der philosophisch-theologische Geist, der mit dem Diakonischen Lernen verbunden ist, wird hierbei deutlich.

Einfache Grundidee:

Diakonisches Lernen folgt einer einfachen Grundidee: Kinder oder Jugendliche wollen erleben, dass sie mit ihrer Energie und ihrem Gespür für Gerechtigkeit nützlich sind. Auf diese Weise weiten sie ihren Blick. Sie entdecken ganz natürlich – im Handeln – den Wert des Sozialen und gewinnen Zugang zu biblisch-christlichen

---

nasiums Günzburg des Schulwerks der Diözese Augsburg und stammt von der Schülerin Maya Wittkowski. Siehe auch http://www.diakonisches-lernen.de/nc/aus-unserer-initiative/news-im-detail/article/wir-haben-gelernt-mit-anderen-unbekannten-menschen-umzugehen-und-zudem-haben-wir-noch-das-kellnern-gelernt-schuelerinnen-des-maria-ward-gymnasiums-guenzburg-engagieren-sich-bei-der-vesperkirche-schweinfurt/, Zugriff vom 25.03.2018.

Grundlagen sowie Anliegen und Formen von Diakonie. Diakonisches Lernen ist erlebnis- und wissensorientierte soziale Bildung in christlicher Perspektive.[7]

Es gibt zwei Orte beim Diakonischen Lernen: Die Annäherung an die Begegnung findet zunächst im Klassenzimmer statt und wird dann am außerschulischen Lernort fortgesetzt. Dort ist nicht mehr die Lehrkraft „Vermittler" von Wissen, vielmehr gibt der besondere Lernort mit den Begegnungen, die dort stattfinden, den Jugendlichen zu lernen auf. Diakonische Lernorte sind z.B. diakonische Tischgemeinschaften, Treffpunkte für Menschen mit einer Behinderung oder mit einer psychischen Erkrankung, Einrichtungen für ältere Menschen, integrative Kindergärten, Förderschulen oder ein Hospiz. Anschließend, nach dem Praxislernen, wird das Lernen wieder in die gewohnten Räumlichkeiten zurückverlagert. Diakonisches Lernen ist damit eine zirkulierende Bewegung zwischen Theorie und Praxis, zwischen Sehen, Urteilen und Handeln. Bildlich gesprochen: Diakonisches Lernen steht auf zwei Beinen.[8] Der Schwerpunkt kann sich je nach Zielsetzung von einem Bein zum anderen verlagern.

Einfache Lernformen:

Diakonisches Lernen lässt als Lernform nicht nur das mehrtägige Praktikum, wiederkehrende Begegnungen oder Projekte gelten. Einfache Lernformen, wie die einmalige diakonische Aktion (halbtags) oder der ganztägige Aktionstag, sind ebenso möglich und unterscheiden Diakonisches Lernen teilweise von anderen sozialen Bildungskonzepten, die v.a. projektorientiert sind. Diakonisches Lernen bedeutet in vielen Fällen also nicht, ein neues Projekt zu erschaffen oder an der Schule zu installieren, sondern Begegnungsmöglichkeiten bei bestehenden diakonischen Angeboten oder Initiativen zu ermöglichen. Mit der Wertschätzung einmaliger diakonischer Aktionen bei bestehenden Angeboten und der Kooperation mit diakonischen Fachkräften oder erfahrenen Ehrenamtlichen als Anleitern geht in der Praxis eine Entlastung für die verantwortlichen Lehrkräfte einher. Ein diakonischer Aktionstag einer Klasse ist nach der entsprechenden Vorplanung und Vorabinformation der Schulleitung, des Kollegiums und der Eltern relativ leicht zu fast allen Zeiten eines Schuljahres durchzuführen. Diakonische Praktika einer ganzen Jahrgangsstufe oder Projektwochen benötigen hingegen eine längerfristige Phase der Klärung inhaltlicher und organisatorischer Rahmenbedingungen. Ein Zusammenspiel zwischen der Schulleitung, den Fachschaften und einer größeren Zahl an diakonischen und sozialen Kooperationspartnern ist hierfür ebenso Grundbedingung, wie das Vorhandensein eines Stundenbudgets für die pädagogische und organisatorische Leitung des diakonischen Projektes, wenn dieses z.B. für eine ganze Jahrgangsstufe durchgeführt wird.

---

7   Vgl. Fricke/Dorner 2015, 15.
8   Vgl. Merkel 2009, 85.

Elementare Aspekte des Menschseins:

Ist Diakonisches Lernen typisch evangelisch, gar eine Domäne des Fachs Religion und somit exklusiv? Ganz und gar nicht! Das Verständnis von Diakonie und damit des Diakonischen Lernens beschränkt sich nicht auf die Institution und nicht auf den Religionsunterricht. Zur „Diakonie" zählen die elementaren Aspekte des Menschseins und zu dieser Welt hat jeder Mensch durch seine eigenen Existenzerfahrungen und -fragen Zugang. „Diakonie" (die griechische Wortfamilie *diakonia/diakoneo* hat eine vielfältige Bedeutung und reicht von „dienen" bzw. „Dienst", „Tischdienst" über „Beauftragung" bzw. „Botschafter des Evangeliums", dem „solidarischen Handeln gegenüber Bedürftigen", der Verteidigung der Rechte der Schwächeren, dem „Leben mit Armen und Schwachen" und der Fürbitte),[9] steht für eine große und vielfältige Welt und zu ihr zählen Aspekte wie z.B. „Verletzlichkeit", „Leiblichkeit", „Feier", „Wertschätzung", „Gemeinschaft", „Gerechtigkeit", „für andere sprechen" und „Nachbarschaft".[10]

Was ist der Mensch? – diese Frage, provoziert durch die Begegnung mit anderen Menschen an den außerschulischen Lernorten und der Konfrontation mit der eigenen und mit weiteren gesellschaftlichen Vorstellungen vom Menschsein, bildet den philosophisch-theologischen Kern des Diakonischen Lernens. Ist „Verletzlichkeit" ein Makel oder hängt die Würde und das Ansehen eines Menschen nicht *von* seiner Leistungsfähigkeit ab? In der schulischen Bildung stehen häufig nur der Kopf und die kognitiven Fähigkeiten im Fokus. „Leiblichkeit" ist aber die Grundlage unseres Menschseins. Mein Körper ist das Tor zur Welt. Bei diakonischen Begegnungen spielen deshalb Berührungen und Zuwendungen, auch leibliche Genüsse und Momente des Feierns, eine bedeutende Rolle. Das Lernen wird somit umfassender. Schüler*innen machen in der Schule häufig die Erfahrung, dass man an ihnen v.a. die Fehler und den Mangel sieht. Bei diakonischen Begegnungen erfahren sie dagegen häufig „Wertschätzung". Sie werden erwartet, ihre Energie und Phantasie wird gebraucht, sie erleben sich als „nützlich". Auch die Lehrkraft entdeckt oftmals neue Seiten und Talente an ihren Schüler*innen. Und gleichzeitig – bei aller „Nützlichkeit" geht es beim Diakonischen Lernen v.a. auch darum, bei den Schüler*innen die Augen dafür zu öffnen, dass wir niemals nur Gebende sind, sondern im „gegenseitigen Geben und Nehmen Gemeinschaft erleben."[11] Was lerne ich von einem Jugendlichen mit einer Behinderung, der mit mir Basketball spielt? Was lerne ich von einem Asylbewerber, mit dem ich abwechselnd Deutsch und Englisch spreche? Was von der Bewohnerin im Altenheim, in deren Zimmer ich Gitarre spiele?

---

9   Vgl. Fricke/Dorner 2015, 19–23.
10   Fricke/Dorner 2015, 24–43.
11   Vgl. Leitbild der Diakonie (1997), https://www.diakonie.de/fileadmin/user_upload /Diakonie/PDFs/Ueber_Uns_PDF/Leitbild.pdf, Zugriff vom 25.03.2018.

Diakonisches Lernen führt auch zur Begegnung mit Menschen, die auf die Frage „Was ist der Mensch?" mit Erfahrungen ihres christlichen Glaubens antworten. Diakonie macht ihre Angebote nicht vom Glaubensbekenntnis Hilfesuchender abhängig, aber die Einheit von Gottes- und Nächstenliebe können Schüler*innen bei vielen Mitarbeiterinnen und Mitarbeitern diakonischer Einrichtungen und bei Ehrenamtlichen in diakonischen Initiativen entdecken. Sie erleben unterschiedliche Formen christlicher Spiritualität, sie beobachten diese oder sie können sich aktiv daran beteiligen. Da Gottes- und Nächstenliebe (Mt 22,37–40) nicht voneinander zu trennen sind, verlangen alle diakonischen Begegnungen auch danach, Fragen der „Gerechtigkeit" und Fragen nach dem Ausgleich zwischen Reichtum und Armut und dem Verhältnis von Wirtschaft und Sozialem zu behandeln. Wie gelingt die Teilhabe aller Bürger am gesellschaftlichen Leben? Was ist der Mehr-Wert einer inklusiven gegenüber einer exklusiven Gesellschaft? Welche biblisch-christlichen Wurzeln hat Diakonie und warum gehören Barmherzigkeit und Gerechtigkeit, politische Meinungs- und Willensbildungsprozesse und das Engagement für eine gerechte Steuerpolitik für Christinnen und Christen zusammen?

In diesem umfassenden Sinne wird Diakonisches Lernen mittlerweile an allen allgemeinbildenden Schulen praktiziert. Diakonisches Lernen kann dabei auch nach Möglichkeiten der sozialen Zusammenarbeit mit Vertretern einer anderen Konfession oder Religion suchen. Auch konfessionslose Schüler*innen können selbstverständlich daran teilnehmen. Das Konzept bietet sich für ein fächerübergreifendes Lernen an. Längst wird Diakonisches Lernen neben dem Fach Religion vom Fach Kunst, Musik, Geschichte, Deutsch, Sport oder Sozialkunde als Methode zur sozialen Bildung von Schüler*innen praktiziert.

3.   Meilensteine der Entwicklung

Der folgende Abschnitt umreißt geschichtliche Hintergründe, die in den zurückliegenden Jahrzehnten zum pädagogischen Konzept des Diakonischen Lernens führten. Es werden Weichenstellungen und Weiterentwicklungen aufgezeigt. Am Ende wird die pädagogische und organisatorische Struktur, die sich in Bayern mit der Initiative Diakonisches Lernen seit 2010 etabliert hat, vorgestellt.

Der Beginn:

Der Begriff Diakonisches Lernen wurde Ende des 20. Jahrhunderts im schulischen Umfeld geprägt.[12] In der ersten Phase meint Diakonisches Lernen *das aus einem Praktikum und der anschließenden Reflexion bestehende soziale Praxislernen im christlichen Kontext.* Im Fokus steht die Persönlichkeitsentwicklung der Teilnehmenden. Diese soll durch das diakonische Praxislernen z.B. im Hinblick auf deren

---

12   Vgl. Fricke/Dorner 2015, 70–78.

Empathie gefördert werden. Zu dieser persönlichen Ebene des Diakonischen Lernens tritt die Erwartung, durch das Engagement auch die *Schulkultur zu verändern*.

Zwei Entwicklungen waren für das Aufkommen des Diakonischen Lernens bedeutsam und wirkten zusammen:

Im *Schul- und Bildungswesen* nahm man schwerwiegende gesellschaftliche Veränderungen wahr. Der Individualisierung und Ökonomisierung stellt man die Einrichtung oder Aufwertung von Sozialpraktika oder das soziale Lernen entgegen.

Auf *kirchlicher Seite* wurde die bildungstheoretische Bedeutung von „Diakonie" für die Gesellschaft betont.[13] Kirche und Diakonie setzten sich in der Diakonie-Denkschrift „Herz und Mund und Tat und Leben – Grundlagen, Aufgaben und Zukunftsperspektiven der Diakonie" von 1988 zum Ziel, „Diakonisches Lernen" in der Gesellschaft „anzustoßen" und damit verbundene „Bildungsaufgaben wahrzunehmen".[14]

Auf katholischer Seite wurde etwa zur gleichen Zeit unter dem Namen „*Compassion*" ein ähnlicher Gedanke laut und 1994 erstmals konzeptionell vorgestellt.[15] Ansätze, die aus dem säkularen Bereich stammen und sich eher an der angelsächsischen Tradition des bürgerschaftlichen Engagements orientieren, wie „*Service Learning*" (Lernen durch Engagement), folgten den katholischen und evangelischen Ansätzen in der Bundesrepublik ab den 2010er Jahren nach.

Didaktische Entwicklungen:

Diakonisches Lernen erfährt nach der Gründungsphase verschiedene Differenzierungen und Akzentsetzungen. Hierbei kommt es z.B. zu Überlegungen, wie die Praxiserfahrungen didaktisch fruchtbar gemacht werden sollen. Man stellt sich die Frage nach theoretischen Verknüpfungen des „Praktischen" im schulischen Kontext. Merkel fordert in diesem Zusammenhang: „Persönlichkeitsbildendes Praxislernen und schulischer Religionsunterricht, die zwei Beine des Diakonischen Lernens, können alleine nicht stehen".[16] Daraus leitet Merkel die Konsequenz ab, dass drei Phasen zu durchlaufen sind: *Anbahnung, Praktikum* und *Reflexion*. In der Phase der Anbahnung sollen die Teilnehmenden die „(religiös-)ethische Herausforderung" und „die eigenen Fremdheitsempfindungen in Bezug auf Menschen in besonderen Lebenslagen" erspüren und diakonische Handlungsfelder ins Blickfeld bekommen.[17] Die Reflexion verarbeitet die Praxiserfahrungen zu Lernerfahrun-

---

13   Vgl. Toaspern 2007, 17.
14   Kirchenamt der EKD 1998, 61f.
15   Vgl. Kuld/Gönnheimer 2000.
16   Merkel 2009, 85f.
17   Merkel 2009, 86.

gen. Hinzu soll diese Sequenz im Religionsunterricht eine „fachspezifische Kontur erhalten, also religiöse Kompetenz fördern".[18]

Fricke und Dorner verfolgen in ihrem Werkbuch selbst diesen weiterentwikkelten, integralen Ansatz und stellen die drei Phasen an Beispielen guter Praxis dar: Diakonisches Lernen *ist demnach das pädagogische Konzept, sich erlebens- und wissensorientiert mit der Welt der Diakonie zu befassen.*[19]

Initiative Diakonisches Lernen in Bayern:

Diakonisches Lernen wird in der Gründungsphase (bis 2006)[20] zunächst an Schulen in evangelischer Trägerschaft eingeführt und ist hier in ein Gesamtkonzept christlicher Bildung eingefügt. Die bayerische Initiative Diakonisches Lernen[21] verfolgt demgegenüber seit 2010 das Ziel, Diakonisches Lernen an der öffentlichen Schule im gesamten Freistaat zu etablieren. Bei der Konzeptentwicklung wirkten das Diakonische Werk Bayern und das Institut für Evangelische Theologie der Universität Regensburg gemeinsam mit den Kooperationspartnern Religionspädagogisches Zentrum Heilsbronn, Gymnasialpädagogische Materialstelle und Evangelische Schulstiftung in Bayern zusammen. Dabei ist zum einen ein Netzwerk von über 150 sogenannten diakonischen Lernorten entstanden. Sie präsentieren sich gemeinsam auf der Internetplattform „diakonisches-lernen.de". Die sich auf der Homepage präsentierenden Lernorte garantieren Lehrkräften und Schüler*innen, dass diese bei ihnen willkommen sind, dass es echte Aufgaben für sie gibt und sie eine qualifizierte Anleitung und Begleitung von diakonischen Fachkräften oder Ehrenamtlichen erwarten können. Die Lernorte werden von regionalen und überregionalen Trägern diakonischer Einrichtungen, von diakonischen Initiativen aus Kirchengemeinden und teilweise auch von der Arbeiterwohlfahrt bereitgestellt. Die Schüler*innen erhalten für ihr Engagement bei einem diakonischen Aktionstag oder über ihr Praktikum ein Zertifikat.

Die bayerische Initiative ist aber weit mehr als eine Plattform und verfolgt v.a. ein pädagogisches Interesse. Hier spielen Veröffentlichungen, Recherchen, Dokumentationen und v.a. Fortbildungen für Lehrkräfte und für Fachkräfte oder Ehrenamtliche der Diakonie und aus Kirchengemeinden eine wichtige Rolle. Bei den Fortbildungen erhalten Lehrkräfte eine Einführung in Konzept und Umsetzungsmöglichkeiten des Diakonischen Lernens und kommen mit Ansprechpartnern diakonischer Lernorte in Kontakt, um mögliche Tandems zu bilden. Zusätzlich schreibt die Initiative regelmäßig Wettbewerbe aus und fördert dabei Kooperationen zwischen Schulen und diakonischen Lernorten. Ein Projektleiter (4 WSTD)

---

18   Merkel 2009, 86.
19   Fricke/Dorner 2015, 78–79.
20   Nach Adam 2008, 364.
21   Vgl. www.diakonisches-lernen.de.

koordiniert im Religionspädagogischen Zentrum der Evang.-Luth. Kirche Bayern die Initiative, bietet Fortbildungen an und ist für die Öffentlichkeitsarbeit zuständig. Eine Verwaltungskraft (2 WSTD) unterstützt im Diakonischen Werk Bayern den Projektleiter. Ein Beirat aus Vertretern der Universität, kirchlichen Einrichtungen und dem Diakonischen Werk Bayern reflektiert die Entwicklung und setzt die pädagogische und strategische Zielsetzung fest.

4.   Schwierigkeiten und Erfolge

Wie lassen sich Erfolge Diakonischen Lernens benennen und welche Schwierigkeiten tun sich auf?

Diakonisches Lernen in einem großen Flächenstaat zu etablieren, war kein ganz leichtes Unterfangen. Das Diakonische Werk Bayern brachte die Idee der diakonischen Lernorte mit und bot dem Projektleiter die Gelegenheit gegenüber Verantwortlichen der Diakonie für das Vorhaben, die „Welt der Diakonie" mit der „Welt der Schule" zusammenzubringen, eine Lanze zu brechen. Mit der Idee kamen aber keine „Stellen" und keine „Fördermittel". Mit der Idee ließ sich aber der neue, sozialräumliche Ansatz in der Sozialarbeit auf geradezu exemplarische Art und Weise verbinden und so tat sich Tür um Tür auf, d.h. diakonische Lernorte entstanden Schritt für Schritt und die weißen Flecken auf der Landkarte wurden immer weniger. Die Suche nach offenen Türen war zunächst dort am Erfolgreichsten, wo Ehrenamtliche aus dem Stadtteil schon länger in diakonischen Einrichtungen aktiv waren. Seniorenheime öffneten sich dabei am schnellsten für Schüler*innen. Hier sind Ergotherapeutinnen und gerontopsychiatrische Fachkräfte und nicht Pflegekräfte diejenigen, die die Schüler*innen anleiten. Dann waren kirchliche Initiativen der armutsorientierten Diakonie, also diakonische Tischgemeinschaften, Kleiderkammern und Tafeln für das zeitweilige Engagement von Schüler*innen bereit. Es folgten Tagescafés und stationäre Einrichtungen für Menschen mit psychischen Erkrankungen, Einrichtungen für Menschen mit einer Behinderung, Einrichtungen der Jugendhilfe, Angebote für Flüchtlinge, integrative Kindergärten und ambulante Pflegedienste.

V.a. die Suche nach weiteren Lernorten bei den diakonischen Trägern, die noch nicht mit an Bord sind, bleibt eine Herausforderung. Die „Welt der Schule" ist weiterhin vielen Verantwortlichen in der Diakonie fremd. Das Tagesgeschäft, also Finanzierungs- und Personalfragen, halten die Gedanken gefangen. Die Herausforderung, Kontakte zu Schulen zu knüpfen, Mitarbeiter und Mitarbeiterinnen als Ansprechpartner für einen diakonischen Lernort anzufragen, Diakonisches Lernen in Dienstordnungen von Mitarbeitern aufzunehmen, dies alles erfordert zunächst Energie. Häufig löst die Vorstellung von Schüler*innen, „die zu uns in die Einrichtung kommen um mitzuarbeiten", irrationale Ängste aus. Umgekehrt:

150 Ansprechpartnerinnen und Ansprechpartner ließen sich finden und haben Spaß an der Anleitung der Schüler*innen. Sie bekommen positives Feedback und genießen es, ihre Arbeit jungen Menschen vorzustellen.

Ein großer Erfolg ist sicherlich, dass Diakonisches Lernen mittlerweile in den neuen, kompetenzorientierten Lehrplänen für den Evangelischen Religionsunterricht in Bayern angekommen ist. Das Ziel von LehrplanPLUS ist der „aktive Erwerb von Wissen und Kompetenzen im Unterricht".[22] So wird Diakonisches Lernen jetzt bereits in der Grundschule zum Lehrplaninhalt. Im Lernbereich 10 (Mit anderen gut zusammenleben) der Jahrgangsstufe 1/2 sollen Schüler*innen „einfache Formen diakonischen Lernens im schulischen Umfeld erproben."[23] Auch im Lernbereich 3 (Kirche Gemeinschaft der Christen) der Jahrgangsstufe 3 kann im Zusammenhang des Pfingstfestes außerschulisches Lernen praktiziert werden. Als Beispiele für das praktische Tun werden hier z.B. „Tafeln" oder „Nachbarschaftsprojekte" genannt.

In der Mittelschule ist Diakonie in der Jahrgangsstufe 7 im Lernbereich 4 in doppelter Hinsicht von Gewicht. Zum einen hilft die Auskunft über diakonische Projekte und Einrichtungen den Schüler*innen bei der Berufsorientierung. Zum anderen praktizieren die Schüler*innen Diakonisches Lernen „an einem konkreten Beispiel im Lebensumfeld." Nach einer Phase der persönlichen Annäherung, der Information und der Auseinandersetzung mit biblisch-diakonischen Grundtexten „diskutieren die Schüler*innen Gründe und Motivation für eigenes diakonisches Handeln und entwickeln Möglichkeiten, sich vor Ort zu engagieren."[24]

In der Förderschule (gewähltes Beispiel: „Förderschwerpunkt Lernen") sollen die Schüler*innen während ihres fünfjährigen Lernprozesses im Lernbereich 5 (Christliche Kirche) unter dem Ziel 5.14 (Emotionen und soziales Lernen) „Orte und Anlässe diakonischen Handelns" kennenlernen und diese selber „mitgestalten".[25]

In der Realschule sind sog. *diakonische Einsätze"* in Jahrgangsstufe 8 im Lernbereich 4 (Diakonie – praktizierte Nächstenliebe) verortet. Die Schüler*innen „skizzieren Ideen für konkrete diakonische Einsätze in der Schule oder der Gemeinde und setzen diese nach Möglichkeit um."[26] Als diakonische Einsatzorte führt der Lehrplan z. B. „den Besuch einer Einrichtung, Übernahme von Paten-

---

22   https://www.lehrplanplus.bayern.de/, Zugriff vom 25.03.2018.
23   http://www.lehrplanplus.bayern.de/fachlehrplan/grundschule/1/evangelische-religionslehre, Zugriff vom 25.03.2018.
24   http://www.lehrplanplus.bayern.de/fachlehrplan/mittelschule/7/evangelische-religionslehre/regelklasse, Zugriff vom 25.03.2018.
25   http://www.lehrplanplus.bayern.de/fachlehrplan/foerderschule/7/evangelische-religionslehre/foerderschwerpunkt/lernen, Zugriff vom 25.03.2018.
26   http://www.lehrplanplus.bayern.de/fachlehrplan/realschule/8/evangelische-religionslehre, Zugriff vom 25.03.2018.

schaften im Seniorenheim, Nachbarschaftshilfe, Hausaufgabenbetreuung" an. Die Wirtschaftsschule lehnt sich in Bezug auf das Diakonische Lernen weitestgehend an den Realschullehrplan an, nennt aber als Konkretion für eine praktische Umsetzung zusätzlich den Besuch einer „Inklusionsschule".[27]

Der gymnasiale Lehrplan verortet Diakonisches Lernen im Lernbereich 5 (Nächstenliebe und Diakonie) der Jahrgangsstufe 7. Hier entwickeln die Schüler*innen „Ideen für christlich motiviertes Handeln und aktive Nächstenliebe." Sie prüfen „Möglichkeiten, Grenzen und persönlicher Gewinn angemessenen Helfens im näheren gesellschaftlichen Umfeld anhand eines aktuellen Beispiels christlich motivierter Nächstenliebe." Der Lehrplan nennt das Seniorenheim oder Lern- und Hausaufgabenhilfen als mögliche Beispiele. Der Lehrplan regt an, „dazu ggf. ein Projekt diakonischen Lernens an einem außerschulischen Lernort" durchzuführen.[28]

Die Verankerung des Diakonischen Lernens im LehrplanPLUS, der seit dem Schuljahr 2017/18 in Bayern eingeführt wird, ist sicher ein ganz wesentlicher Faktor, damit Lehrkräfte ihren Schülern*innen zum Wissen zur Diakonie, zu den persönlichen Vorerfahrungen auch Begegnungen an außerschulischen diakonischen Lernorten ermöglichen. Die Hoffnung ist tatsächlich berechtigt, dass sich mit dem LehrplanPLUS tatsächlich alle Religionslehrkräfte auf den Weg machen, mit ihren Schüler*innen *diakonisch* zu *lernen*.

5   Schule als Spielfeld für das Leben, oder: Diakonisches Lernen ermöglicht Zugänge zu persönlichen Lernerfahrungen

Der Schule wird immer wieder der Vorwurf gemacht, sie hat zu wenig Lebensbezug und geht zu wenig auf das ein, was die jungen Menschen umtreibt. Abgesehen davon, dass bezweifelt werden kann, dass dieser Vorwurf inhaltlich wirklich gerechtfertigt ist, bietet die Schule einen großen Vorteil darin, dass sie Themen behandeln kann, die jenseits der Konfliktethik nicht immer bereits relevant sind für die aktuelle Lebensgestaltung. Damit wird der Druck hinsichtlich persönlicher Positionierung und Gravität der im Unterricht zu klärenden Fragen weggenommen. Es ist somit möglich, wie bei einem Spiel[29], Spielzüge durchzudenken und

---

27   http://www.lehrplanplus.bayern.de/fachlehrplan/wirtschaftsschule/8/evangelische -religionslehre/vierstufig, Zugriff vom 25.03.2018.

28   http://www.lehrplanplus.bayern.de/fachlehrplan/gymnasium/7/evangelische-religionslehre, Zugriff vom 25.03.2018.

29   Ohne hier näher auf den Bereich der Spieltheorie einzugehen, sei zumindest darauf verwiesen, dass „Spielen" durchaus ein ernsthafter Vorgang sein kann, bei dem der Mensch ganz nah an sein Wesen herankommt. So konnte z.B. Friedrich Schiller schreiben: „Der Mensch spielt nur, wo er in voller Bedeutung des Worts Mensch

auszuprobieren, ohne dass gleich wie im Ernstfall des richtigen Lebens die sich ergebenden Konsequenzen für das Leben eines konkreten Menschen zu bedenken sind. Damit würden nämlich die Phantasie und die gedanklichen Spielräume eingeengt werden, weil der Blick fixiert auf Entscheidungen zuläuft, die sich scheinbar aufdrängen, die, wie es so schön oder weniger schön heißt, Sachzwängen entspringen oder die einfach das fortschreiben, was sich an bisheriger Lebenserfahrung und Eingespurtsein in Traditionen als scheinbar logische Selbstverständlichkeiten anbieten.

Schule kann demgegenüber – wenn wir sie in diesem Sinn als Spielfeld begreifen – Spielräume eröffnen, die es möglich machen, gerade an realitätsbezogenen Situationen das Leben unbefangener kennen zu lernen und sich so in Beziehung dazu zu setzen, dass es möglich ist, Gedankenexperimente durchzuführen, wie man sich denn bei diesem oder jenem Problem verhalten kann. Man kann seinen Gefühlen nachgehen, Dilemmasituationen auf die eine oder andere Art aufzulösen versuchen und auch unorthodoxe Lösungsansätze durchzuspielen, um so die jeweils damit verbundenen Konsequenzen auszuloten und im Sinne einer Verantwortungsethik daraufhin zu überprüfen, ob sie hinsichtlich der einzelnen Problemstellungen eine angemessene, zielführende und brauchbare Lösung darstellen. Damit sind Lernerfahrungen möglich, die sehr persönlich ausgerichtet sind und bei denen junge Menschen sich auch mit existenziell bedeutsamen Fragen auseinandersetzen können, ohne im Blick auf die eigene Lebensgestaltung Angst haben zu müssen, etwas falsch zu machen oder dem Lebensweg eine (mitunter unumkehrbare) Richtung zu geben, die sie womöglich später einmal bedauern.

So verstanden verliert Schule nun aber nichts an Professionalität oder Seriosität, denn wer Menschen beim Spielen beobachtet, der kann sehr schnell merken, mit wie viel Ernsthaftigkeit sich Spielende in diese Welt hineinbegeben, und wie sehr man gefesselt sein kann von dem, was einem in Spielsituationen als Welt begegnet und als simulierte Wirklichkeit vorgestellt wird.

Und gleichzeitig kommt den Lehrkräften damit eine ganz besondere, wichtige Rolle zu: Sie sind nicht in erster Linie die Wissensvermittler, die auf alles die richtige Antwort haben (sollen), sondern sie sind die Begleiter und Berater, die versuchen, den jungen Menschen bei ihrem Agieren auf dem Spielfeld des Lebens zur Seite zu stehen, um mit ihnen mögliche Spielzüge zu durchdenken, sie auf Besonderheiten aufmerksam zu machen, vor Gefahren zu warnen und u. U. anzuregen, alternative Möglichkeiten durchzuspielen. Wie ein Bergführer die ihm anvertraute Wandergruppe auf die Schönheiten der Natur genauso aufmerksam macht wie auf Gefahren bei unsicherem Gelände, so hat die Lehrkraft beim Diakonischen Lernen die Aufgabe, nicht die Antworten vorweg zu nehmen, sondern Lernchancen

---

ist, und er ist nur da ganz Mensch, wo er spielt." (Schiller 1993, 616). Weitere Bemerkungen zur Spieltheorie finden sich z.B. bei Deinzer 1997, 23–28.

zu eröffnen, Felder für persönliche Erfahrungen bereit zu stellen und die jungen Menschen – auch in emotionalen Grenzsituationen – so zu begleiten, dass sie auf gesichertem Terrain ernsthaft, aber möglichst angstfrei, über den Tellerrand des Schulalltags hinausblicken und Begegnungen mit einer Welt machen, die früher oder später auch ihre eigene sein wird oder zumindest werden könnte. So verstanden sind die außerschulischen Lernorte für das Diakonische Lernen nicht nur eine Art donum superadditum, das „Sahnehäubchen" bzw. das Besondere und Außergewöhnliche im Schulalltag, sondern sie werden als konstitutiv für Bildungsprozesse verstanden, denn sie können etwas bereit stellen und ermöglichen, was ansonsten im Klassenzimmer nicht oder nur rudimentär vermittelt werden kann.

6.   Diakonisches Lernen aus der Perspektive der Schulleitung

Es gibt es immer wieder Vorbehalte, wenn es um besondere Akzentsetzungen im Unterricht geht, man hört kritische Töne wie: „Ich würde das ja gerne machen, aber ich komme so schon nicht mit dem Lehrplan zurecht, also muss ich erst den abarbeiten, und dann kann ich mich um Dinge wie das Diakonische Lernen kümmern." Bei näherer Betrachtung können diese Vorbehalte nur zum Teil für berechtigt angesehen werden.

Berechtigt sind sie dahingehend, dass man, wenn man sich dieser Unterrichtsform zuwendet, zunächst einmal Arbeit hat. Man muss Kontakte knüpfen, die Gegebenheiten einer Einrichtung vor Ort in Erfahrung bringen, Ziele formulieren und mögliche Schwierigkeiten benennen, Abläufe durchdenken und realistisch prüfen, was vor Ort wirklich umsetzbar ist. Man muss sich in eine mitunter durchaus komplizierte Materie wenigstens ansatzweise einarbeiten und kann nicht einfach eine Seite aus einem Unterrichtsmodell kopieren und 1:1 einsetzen. Es wäre nicht redlich, das zu verschweigen. Doch der Aufwand lohnt!

Es gilt, dem Missverständnis entgegenzutreten, als ob das Konzept des Diakonischen Lernens eine Art Sonderaktion darstellt, die neben dem Lehrplan abgehandelt werden kann. Vielmehr ist es so, dass das Diakonische Lernen kompatibel ist zu vielen Lehrplanthemen – man muss den Lehrplan nur richtig lesen und interpretieren.[30] Zudem gibt es in der gymnasialen Oberstufe in Bayern das System der der W- und P-Seminare. Dabei wählen sich Schüler*innen aus einem Themenangebot, das von Lehrkräften gestellt wird, die für sie interessanten Themen aus und befassen sich 1 ½ Jahre mit einem W- und einem P-Seminar. Die W-Seminare sind eher wissenschaftsorientiert und erfordern die Anfertigung einer Seminararbeit. Die P-Seminare sind demgegenüber sehr praktisch ausgerichtet und bieten

---

30   Im Folgenden wird Bezug genommen auf den Lehrplan für das Fach Evangelische Religionslehre am Gymnasium in Bayern: https://www.isb.bayern.de/gymnasium/lehrplan/, Zugriff vom 25.03.2018.

von daher schon vom Ansatz her auch die Möglichkeit, das Diakonische Lernen zu thematisieren.

Wer das Diakonische Lernen aufgreifen will, braucht aber nicht nur als Lehrkraft eine Motivation, sondern muss das Ganze an der Schule umsetzen, und auch das ist nicht immer ganz einfach. Wenn es um Unterrichtsformen wie das Diakonische Lernen geht, stößt man nämlich mitunter auf Vorbehalte von Seiten der Schulleitung. Zum einen könnte argumentiert werden, dass die Schule sich nicht so sehr kirchlich binden soll, sondern mehr neutral verhalten. Und zum anderen – und das ist häufig das Hauptargument dagegen – soll nicht so viel Unterricht ausfallen. Und hierzu werden auch Statistiken geführt, und ab und zu muss hier auf Nachfrage hin auch Eltern und Interessensgruppen gegenüber Rechenschaft über den Unterrichtsausfall gegeben werden.

Deshalb bietet es sich an, beim Diakonischen Lernen geschickt vorzugehen, und Überzeugungsarbeit zu leisten – und das kann gelingen. Ja mehr noch, das Diakonische Lernen kann geradezu etwas darstellen, womit die Schule in der Öffentlichkeit Anerkennung erlangen kann und das Schulprofil um eine Besonderheit bereichern kann.

Vielleicht ist in den bisherigen Ausführungen vermisst worden, dass keine dezidiert religionspädagogische oder theologische Begründung für das Diakonische Lernen angeführt worden ist – das wäre ja auch durchaus denkbar, und entsprechende Argumentationsfiguren könnten jederzeit z. B. unter Bezugnahme auf biblische Texte und das kirchliche Handeln in der Gesellschaft entwickelt werden. Nur: Wer so vorgeht und etwa über den Begriff „Diakonie" das Diakonische Lernen begründet, bewegt sich innerhalb des Faches Evangelische Religionslehre und hat es von daher viel schwerer, in die Schule hinein für das Diakonische Lernen zu werben. Es soll deswegen an dieser Stelle dafür plädiert werden, das Diakonische Lernen bildungstheoretisch und ganzheitlich zu begründen und von daher der Schule das Angebot zu machen, mit dem Diakonischen Lernen etwas zu liefern, was das Schulprofil der Schule stärkt und das konkrete Schulleben vor Ort mit einem besonderen Akzent versieht.

Und das kann man in der Tat mit sehr starken Argumenten vertreten, über das hier Gesagte hinaus beispielsweise mit der Verfassung des Freistaats Bayern. Dort heißt es in Art. 131:

„(1) Die Schulen sollen nicht nur Wissen und Können vermitteln, sondern auch Herz und Charakter bilden.
(2) Oberste Bildungsziele sind Ehrfurcht vor Gott, Achtung vor religiöser Überzeugung und vor der Würde des Menschen, Selbstbeherrschung, Verantwortungsge-

fühl und Verantwortungsfreudigkeit, Hilfsbereitschaft, Aufgeschlossenheit für alles Wahre, Gute und Schöne und Verantwortungsbewusstsein für Natur und Umwelt. (3) Die Schüler sind im Geiste der Demokratie, in der Liebe zur bayerischen Heimat und zum deutschen Volk und im Sinne der Völkerversöhnung zu erziehen. (4) Die Mädchen und Buben sind außerdem in der Säuglingspflege, Kindererziehung und Hauswirtschaft besonders zu unterweisen."[31]

Diese Formulierungen der Verfassung des Freistaats Bayern lassen sich so inhaltlich beim Diakonischen Lernen jederzeit wiederfinden und spiegeln damit den Geist dieser Unterrichtsform wieder.

Im Blick auf das konkrete Schulprofil einer Schule wäre es nun im Blick auf das Diakonische Lernen wünschenswert, dass an vielen Schulen geradezu Partnerschaften entstünden zu diakonischen Einrichtungen, die weiter reichen als es beim punktuellen Engagement einer Lehrkraft möglich ist. Vergleichbare Situationen gibt es ja bereits bei Formen des Schüleraustausches oder bei Kooperationen mit kleineren und größeren Firmen[32].

Dort, wo so etwas angestrebt und umgesetzt wird, kann das Diakonische Lernen zu einem selbstverständlichen Bestandteil des schulischen Lebens und somit auch identitätsbildend für eine Schule werden sowie über den aktuellen Kreis von ein paar Engagierten hinausreichen. Wenn das einmal geschafft ist, wird es auch keine Widerstände mehr geben, weil damit bis in Presseberichte und die öffentlichen Meinung hinein Akzeptanz vorhanden sein dürfte und das Diakonische Lernen auch in der Öffentlichkeit die Reputation einer Schule stärken kann.

Schließlich sollte natürlich auch geschickt vorgegangen werden und die konkrete Situation einer Schule vor Ort mit bedacht werden, um Störungen aus dem Weg zu gehen und Irritationen zu vermeiden. Mit Blick etwa auf den Vertretungsplan einer Schule ist es von daher eher ungünstig, wenn zu bestimmten Zeiten, wo sowieso viel los ist, auch noch eine Vertretungsanfrage wegen eines diakonischen Projekts kommt. Aber mit etwas Geschick und entsprechenden Absprachen kann man den Zeitpunkt eines Projekts so festlegen, dass auch die Vertretungsfragen und andere Detailfragen zu lösen sind.

---

31   Verfassung des Freistaats Bayern: http://www.gesetze-bayern.de/Content/Docu ment/BayVerf-131, Zugriff vom 25.03.2018.

32   Auf vielen Homepages wird auf solche Schulpartnerschaften verwiesen, die sehr wohl in der Öffentlichkeit zur Kenntnis genommen werden – vgl. etwa die Homepage des Gymnasiums Höchstadt: https://www.gymnasium-hoechstadt.de/institutionen/schueleraustausch. In gleicher Weise könnten hier auch Hinweise auf Projekte veröffentlicht werden, die im Rahmen des Diakonischen Lernens durchgeführt werden.

7.   Gegenwart und Zukunft

Unsere Gesellschaft steht zunehmend vor der Frage, Solidarität und soziales Handeln als tragende Säule eines humanen Miteinanders zu vermitteln und erlebbar zu machen. Hierzu braucht es Unterrichtsformen, die Empathie und soziale Kompetenz vermitteln – und das Diakonische Lernen eignet sich hierzu in einer ganz außergewöhnlichen Weise. Von daher ist das Diakonische Lernen nicht nur etwas für die kirchlichen Schulen, sondern bietet sich für alle Schulen an. Es soll deshalb Mut gemacht werden, sich dem Diakonischen Lernen zu öffnen und offensiv die Möglichkeiten ins Spiel zu bringen, Schule mit Welt zu vernetzen und dadurch der Schule ein Profil zu verleihen und der Gesellschaft einen Dienst zu erweisen, ganz im Sinne der Wortbedeutung von Diakonie!

Literatur

Adam, Gottfried, Diakonisch-Soziales Lernen. Eine Zwischenbilanz in weiterführender Absicht, in: Eurich, Johannes/Oelschlägel, Christian (Hrsg.), Diakonie und Bildung. Heinz Schmidt zum 65. Geburtstag, Stuttgart 2008, 362–374.

Deinzer, Roland, Das Spiel der Arbeit. Ein Lernspiel, Teil 1, Einleitung. Lernspiel, in: ARBEITSHILFE für den Evangelischen Religionsunterricht an Gymnasien, Themenfolge 109, Gymnasialpädagogische Materialstelle der Evang.-Luth. Kirche in Bayern (Hrsg.), Erlangen 1997, 23–28.

Diakonisches Werk der EKD (Hrsg.), Leitbild der Diakonie – Diakonie, damit Leben gelingt, Diakonische Konferenz Bremen 1997. Verfügbar unter: https://www.diakonie.de/fileadmin/user_upload/Diakonie/PDFs/Ueber_Uns_PDF/Leitbild.pdf, letzter Zugriff am 25.03.2018.

Dorner, Martin, Methoden zum Diakonischen Lernen, in: Karcher, Florian/Freudenberger-Lötz, Petra/Zimmermann, Germo (Hrsg.), Selbst glauben. 50 religionspädagogische Methoden und Konzepte für Gemeinde, Jugendarbeit und Schule. Neukirchen-Vluyn, 2017, 194–206.

Fricke, Michael/Dorner, Martin, Werkbuch Diakonisches Lernen. Mit einem Beitrag von Elisabeth Buck und einem Geleitwort von Heinrich Bedford-Strohm. Göttingen 2015.

Kirchenamt der EKD (Hrsg.), Herz und Mund und Tat und Leben. Grundlagen, Aufgaben und Zukunftsperspektiven der Diakonie. Eine evangelische Denkschrift, Gütersloh 1998.

Kuld, Lothar/Gönnheimer, Stefan, Compassion – Sozialverpflichtetes Lernen und Handeln, Stuttgart 2000.

Merkel, Rainer, Auf einem Bein kann man nicht stehen! Diakonisches Lernen durch Praxiserfahrung und Unterricht. Ausschnitte einer Unterrichtseinheit für die Sekundarstufe II, in: Loccumer Pelican 2/2009, 85–93.

Schiller, Friedrich, Über die ästhetische Erziehung des Menschen in einer Reihe von Briefen. Fünfzehnter Brief, in: Schiller, Friedrich, Sämtliche Werke, Band V, Erzählungen. Theoretische Schriften, Fricke, Gerhard/Göpfert, Herbert G. (Hrsg.), 9. Aufl. Darmstadt 1993.

Toaspern, Huldreich David, Diakonisches Lernen. Modelle für ein Praxislernen zwischen Schule und Diakonie, Göttingen 2007.

Schulcurriculum Soziale Kompetenzen: Warum es ein Curriculum braucht, um Wirkung zu entfalten
Der Ansatz der Agentur mehrwert

Gabriele Bartsch, Kathrin Vogelbacher & Tanja Zöllner

1.   Einführung: In einer Schule in Baden-Württemberg

Die Schulleiterin eröffnet die Gesamtlehrerkonferenz und beginnt mit einem Anliegen der Lehrerin Frau Albrecht.

> Schulleiterin Maier: „Frau Albrecht möchte gerne ein Streitschlichterprogramm einführen."
>
> Lehrer Blum: „Oh nein, schon wieder ein neues Projekt – wie sollen wir das bewältigen? Wir bekommen nicht einmal die Projekte, die jetzt schon laufen, unter einen Hut!"
>
> Lehrerin Dohm: „Ihr Engagement in allen Ehren Frau Albrecht, aber das hat weder Hand noch Fuß – immer wieder neue Projekte ohne irgendeinen Zusammenhang…"
>
> Lehrerin Albrecht: „Die Situation in den Klassen verschärft sich aber immer mehr – Streitereien, Mobbing, Schüler außer Rand und Band. Dieser Stress, Lärm und Krach in den Klassen ist nicht haltbar und erschwert das Unterrichten und erfolgreiche Lernen ungemein."
>
> Schulleiterin Maier: „Ja, da sind wir uns alle hier einig. Projekte wie das Streitschlichterprogramm ermöglichen den Schülerinnen und Schülern, Verantwortung zu übernehmen und Gemeinsinn zu entwickeln. Solche Projekte bieten die Möglichkeit, soziale und personelle Kompetenzen zu steigern."
>
> Lehrer Blum: „An unserer Schule läuft ja schon viel, aber das sind alles lose Fäden, die irgendwie nicht zusammenpassen – ich habe das Gefühl, was die Vermittlung von sozialen Kompetenzen angeht, braut hier jede Lehrkraft ihr eigenes Süppchen."
>
> Lehrerin Dohm: „Man hat gar keinen Überblick mehr, was alles läuft! Oder wer was macht! Es fehlt der rote Faden, damit die Projekte, die die sozialen Kompetenzen fördern sollen, auch zueinanderpassen und unsere Aktivitäten aufeinander abgestimmt sind..."
>
> Schulleiterin Maier: „…und ein Konzept, hinter dem das gesamte Kollegium steht, damit es auch umgesetzt wird. Eine richtige Strategie zur systematischen Förderung sozialer Kompetenzen für unsere Schule. Wie kann das gelingen?"

Diese Szene beschreibt anschaulich die Situation an vielen Schulen. In den letzten Jahren hat eine erstaunliche Vielfalt an Lernformen und außerschulischen Projekten an Schulen Einzug gehalten. Der Erwerb sozialer Kompetenzen wurde 2004 erstmals in den Bildungs- und Lehrplänen verankert und Baden-Württemberg wurde damit bundesweit ein Vorreiter im sozialen Lernen. Streitschlichter, Sozialpraktika und Schülermentoren gehören in vielen Schulen bereits zum gängigen Angebot. Häufig sind die Angebote jedoch von einzelnen engagierten Lehrerinnen und Lehrern abhängig. Wechseln diese die Schule oder übernehmen andere Aufgaben, enden diese Aktivitäten in der Regel. Nicht selten sind die Projekte, die an einer Schule zum sozialen Lernen durchgeführt werden, gar nicht allen Lehrkräften bekannt und damit auch nicht aufeinander abgestimmt. Wie Lehrerin Dohm aus unserem Beispiel sagt, es fehlt ein roter Faden. Ein Schulcurriculum Soziale Kompetenzen kann diese Richtschnur für Schulen sein.

2.   Das Konzept der Agentur mehrwert: In drei Schritten zu einem Schulcurriculum Soziale Kompetenzen

Um ein tragfähiges Schulcurriculum Soziale Kompetenzen strukturiert und nachhaltig aufzubauen hat sich ein zielgerichtetes und planvolles Projektmanagement bewährt, das aus drei Schritten besteht:

Die drei Schritte	
Vorab	Klärung personeller, zeitlicher und sächlicher Ressourcen
Schritt 1	Zielsetzung
Schritt 2	Bestandsaufnahme und Systematisierung
Schritt 3	Umsetzung, Evaluation und Wissensmanagement

Abb. 1: Die drei Schritte zum Schulcurriculum Soziale Kompetenzen

2.1   Die Basis für den erfolgreichen Aufbau: Personelle Kapazitäten, Zeit und Raum

Die Gestaltung eines Schulcurriculums Soziale Kompetenzen kann nur dann erfolgreich sein, wenn die Entscheidung dafür vom gesamten Kollegium mitgetragen wird. Deshalb ist es sinnvoll, das Thema auf die Agenda eines pädagogischen Tages oder einer Gesamtlehrerkonferenz zu setzen. Ein gemeinsamer Beschluss ist hilfreich, da es gerade beim sozialen Lernen auch um das eigene Verhalten der Lehrkräfte untereinander geht und darum, das soziale Miteinander an der Schule als Team zu gestalten.

Für den Ausarbeitungsprozess eines Schulcurriculums Soziale Kompetenzen empfiehlt es sich eine Projektgruppe einzurichten, die fachlich geeignet ist und hohe Akzeptanz im Kollegium findet. Ein offizieller Arbeitsauftrag von der Schulkonferenz oder Gesamtlehrerkonferenz stärkt der Projektgruppe den Rücken und verleiht dem Vorhaben die notwendige Bedeutung und Verbindlichkeit. Die Reihenfolge kann unterschiedlich sein: Der Prozess kann durch einen pädagogischen Tag eingeleitet werden, nach dem eine Projektgruppe mit dem Input dieses Tages weiterarbeitet. Oder es ist denkbar, dass die Gesamtlehrerkonferenz eine Projektgruppe beauftragt, einen Vorschlag für ein Schulcurriculum Soziale Kompetenzen zu erarbeiten und die Projektgruppe dann ihr Konzept bei einem pädagogischen Tag oder einer Gesamtlehrerkonferenz vorstellt und diskutiert.

Für die Diskussion und den Austausch in der Schule zum Thema soziales Lernen und Miteinander werden sowohl Zeit als auch Raum benötigt. Hier kann die Schulleitung unterstützende Rahmenbedingungen für Diskussions- und Abstimmungsprozesse schaffen. Dazu gehören die regelmäßige Bereitstellung von Räumlichkeiten und die Freistellung von Stunden, damit die Projektgruppe an der Gestaltung des Schulcurriculums arbeiten kann.

2.2 Der erste Schritt: Was wollen wir erreichen? Zielsetzung

Im ersten Schritt formuliert die Projektgruppe Ziele, die die Schule im Hinblick auf soziales Lernen erreichen will. Dabei wird schnell deutlich, dass es im Bezugsrahmen des sozialen Lernens und sozialer Kompetenzen schwer fallen kann, klare Ziele zu setzen. Die Vielfältigkeit sozialen Lernens führt dazu, dass man leicht den roten Faden verliert. Die Fokussierung auf einige wenige übergeordnete und prägnante Ziele, die mit dem Schulcurriculum Soziale Kompetenzen verfolgt werden, ist deshalb unerlässlich. Hilfreich ist die Orientierung an den beiden Leitfragen:

1. Was wollen wir in ein bis zwei Jahren mit dem Schulcurriculum Soziale Kompetenzen erreicht haben?
2. Wie erreichen wir das?

Eine Schule im Raum Calw zum Beispiel hat als Hauptziel für den Beratungsprozess die Entwicklung eines Gesamtkonzeptes Schulcurriculum Soziale Kompetenzen und dessen Umsetzung festgelegt. An nachfolgenden Indikatoren sollte der Erfolg feststellbar sein:

* Sozialkompetenz ist im Leitbild verankert
* Sozialcurriculum wird verbindlich umgesetzt
* Gemeinsame und gleiche Regeln
* In jeder Klasse ist ein „Klassenrat" installiert
* Jeder Lehrer kann selbst Störungen im Unterricht auflösen

Andere Schulen leiten ihre Zielformulierungen aus der Definition sozialer Kompetenzen ab und verfolgen mit ihrem Schulcurriculum Soziale Kompetenzen folgende Ziele:

- Einfühlungsvermögen: Sich in andere Menschen und neue Situationen hineinversetzen, Bedürfnisse anderer wahrnehmen und angemessen darauf reagieren, Respekt vor anderen Personen, Verständnis für andere Einstellungen zeigen.
- Kommunikationsfähigkeit: Kontakt aufnehmen, verständlich reden, sich ausdrücken, aktiv zuhören, Rückmeldungen geben, Fragen stellen.
- Teamfähigkeit und Kooperationsfähigkeit: Gemeinsam mit anderen Aufgaben planen und erfüllen, auf andere eingehen, sich selbst zurücknehmen, eigene Fähigkeiten konstruktiv einbringen.
- Konfliktfähigkeit: Unterschiedliche Positionen ansprechen, konstruktiver Umgang mit Konflikten, vermitteln, Streit schlichten, Kompromissbereitschaft entwickeln.
- Toleranz: Eigene Vorurteile erkennen und abbauen, Verschiedenartigkeit akzeptieren.

Grundsätzlich ist an dieser Stelle zu bemerken, dass gerade im Prozess der Zielfindung es unerlässlich ist, einen kontinuierlichen Abstimmungsprozess innerhalb des Kollegiums zu ermöglichen. Die Beteiligung aller relevanten Personen (Lehrkräfte, Schüler- und Elternschaft) an der Zielfindung ist ein wesentlicher Erfolgsfaktor für die Gestaltung eines Schulcurriculums Soziale Kompetenzen. Ohne sie ist ein Wandel des sozialen Miteinanders nicht zu erwarten. Sind die Ziele gemeinsam vereinbart, hat es sich als notwendig erwiesen, sie so zu formulieren, dass sie beobachtbar und überprüfbar sind. Nur dann lässt sich im Nachhinein bestimmen, ob die Ziele erreicht wurden bzw. welche Fortschritte gemacht wurden.

2.3   Der zweite Schritt: Was machen wir bereits? Bestandsaufnahme und Systematisierung

Soziales Lernen ist kein neues Thema an den Schulen. Es gibt bereits viele verschiedene Aktivitäten, um soziales Lernen zu fördern und die sozialen Kompetenzen der Schülerinnen und Schüler zu stärken. Deshalb ist eine Bestandsaufnahme ein wichtiger Schritt zur Systematisierung sozialen Lernens an einer Schule. Für eine Analyse des Ist-Zustandes ist es sinnvoll, die bestehenden Aktivitäten in drei Kategorien einzuteilen:

Leitbild der Schule
Regeln & Kooperationen
im Kollegium

Im Unterricht	Schulleben	Projekte
z.B.	z.B.	z.B.
• Klassenregeln	• Ausflüge	• Gemeinsames Frühstück
• Partnerarbeit	• Haus- und Hofputz	• Morgenkreis
• Klassenrat	• Schulfeste	• Aktionstage
• Bewerbungstraining	• Schülerzeitung	• Workshoptage
• Lebensplanung	• SMV	• Präventionstraining
• Auswahl von Texten, Themen	• Schullandheim	(Sucht, Gewalt, Medien, Mobbing, Rassismus,
• Lernen durch Engagement	• Schülermannschaften	Extremismus)
• Auszeichnungen/Preise	• Wettbewerbe	• Berufspraktikum
• Jahrgangsübergreifende Klassen	• Schulversammlung	• Sozialpraktikum
• Schülermentoren	• Pausenordner	• Erlebnispädagogik
• Klassenlehrerstunde	• Schülerrat (Versammlung der Klassensprecher)	• Streitschlichter
• Selbstorganisation der Aufgaben im Klassenzimmer	• Auszeichnungen/Preise	• Patenschaften (Schüler/Senioren)
• Inklusion	• Schulsanitäter	• Schüler-Eltern-Lehrer-Aktionen
• ...	• Schülerlotse	• Sozialkompetenztraining
	• ...	• Coolness Training
		• Fair-Kämpfen
		• Gedenkstättenreisen
		• Sozialer Trainingsraum
		• Reiseprojekte

Abb. 2: Schulhausraster

- Aktivitäten im Unterricht: Methoden wie Teamarbeit, Klassenrat oder Morgenkreis sowie das fachspezifische Aufgreifen relevanter Inhalte, wie beispielsweise Texte zum Thema Integration in Geographie, Deutsch etc.
- Aktivitäten im Schulleben: Soziale Kompetenzen können auch in Projekten und Aktionen, wie z.B. Pausenaufsichts- oder Streitschlichterprogramme und Schulfeste vermittelt werden.
- Projekte und Aktionen: Das Landschulheim, das stattfindet, bietet z.B. eine gute Möglichkeit, soziales Miteinander einzuüben. Auch außerschulische Sozialpraktika stellen eine geeignete Lerngelegenheit dar.

Um mögliche Synergien von ineinandergreifenden bzw. aufeinander aufbauenden Projekten in den verschiedenen Jahrgangsstufen sichtbar zu machen, lohnt es sich, die einzelnen Aktivitäten zusätzlich nach Klassenstufen zu ordnen. Bei der Bestandsaufnahme und Kategorisierung dient das „Schulhausraster" (siehe Abb. 2).

Die bereits bestehenden Aktivitäten müssen dann daraufhin geprüft werden, ob sie tatsächlich zur Zielerreichung beitragen. Hier kann es sinnvoll sein, sich von Maßnahmen oder Projekten zu trennen, die nicht zur Erreichung der Ziele beitragen. Andere Kontakte oder Kooperationen mit außerschulischen Partnern können ausgebaut oder neue Bausteine installiert werden. Zum Beispiel kann anhand des Zieles „Gemeinsam mit anderen Aufgaben planen und erfüllen" überlegt werden, welche Formen sozialen Lernens sich eignen, um genau das einzuüben. Hier sind beispielsweise die eigenverantwortliche Organisation einer Feier oder die Verantwortungsübernahme für die Gestaltung des Klassenzimmers sinnvolle Maßnahmen.

Bei der Wahl neuer Projekte oder Maßnahmen ist es für Schulen erfahrungsgemäß hilfreich, sich an folgendem Prinzip zu orientieren: Nicht mehr desselben machen, sondern den Fokus auf das Wesentliche richten und zielorientiert bleiben.

2.4   Der dritte Schritt: Umsetzung, Evaluation und Wissensmanagement

Sind die bisherigen Aktivitäten systematisiert, Ziele festgelegt, neue Bausteine und das Schulcurriculum Soziale Kompetenzen beschlossen, geht es im nächsten Schritt darum, die Umsetzung in den Schulalltag zu planen. Das heißt:

- Zeitplan erstellen: In welchem Zeitraum werden die einzelnen Schritte umgesetzt, kontrolliert, reflektiert, diskutiert und überarbeitet?
- Diskussionsprozesse planen: Wo und mit wem wird dieser Vorschlag diskutiert? (Schulöffentlichkeit: Kollegium, Schüler, Eltern, Schulamt etc.)
- Rahmenbedingungen verbessern: Welche unterstützenden Rahmenbedingungen sind notwendig, um das Sozialcurriculum im Schulalltag zu verankern?

(Besprechungen, Jahrgangsstufenkonferenzen, Fortbildungen, Deputatsermäßigungen, etc.)

Vor allem kontinuierliche Gesprächsanlässe tragen dazu bei, soziales Lernen nach der Umsetzung in den Schulalltag nachhaltig zu gestalten. Ein regelmäßiger Austausch über Erfahrungen, Erfolgsfaktoren oder Stolpersteinen im Zusammenhang mit sozialem Lernen führt zu einem gemeinsamen Verständnis und zu einer gemeinsamen Linie. Dieser Austausch kann z.B. in der Gesamtlehrerkonferenz als fester Punkt auf der Tageordnung stattfinden.

Um zu überprüfen, ob die festgelegten Ziele erreicht wurden, braucht es eine kontinuierliche Dokumentation und Evaluation. Die Dokumentation der Maßnahmen und ihrer Wirkung dient gleichzeitig dem Wissenstransfer innerhalb des Kollegiums

3. Das Schulcurriculum Soziale Kompetenzen – Was bringt's wirklich?

Ein Schulcurriculum Soziale Kompetenzen dient als roter Faden und ist Grundlage für ein gemeinsames Verständnis sozialen Lernens zwischen Schulverwaltung, Lehrerkollegium, Eltern, Schülerinnen und Schülern, Schulträger sowie außerschulischen Partnern. Es signalisiert nach innen und nach außen, dass in der Schule an einem Strang gezogen wird und soziale Kompetenzen als Lernziel von allen Lehrerinnen und Lehrern mitgetragen wird. Wie jede Veränderung, so erfordert auch die Konzeption eines Schulcurriculums Soziale Kompetenzen zunächst einen Mehraufwand. Diesem Mehraufwand steht jedoch ein vielfältiger Nutzen für die gesamte Schulgemeinschaft gegenüber.

3.1 Die Innenwirkung

Ein wesentlicher Nutzen ist der verbesserte Umgang der Schülerinnen und Schüler untereinander. Bereits durch die Umsetzung weniger Elemente eines Schulcurriculums Soziale Kompetenzen kann ein Rückgang von Konflikten und Gewalt an einer Schule bewirkt werden. Durch systematisches soziales Lernen werden die sozialen Kompetenzen der Schüler gestärkt. Sie werden befähigt, Konflikte untereinander selbstständig und zeitnah zu lösen. Das wird beispielsweise durch Elemente im Unterricht, wie die Einführung eines Klassenrates, ermöglicht. Aber auch andere Formen außerhalb des Unterrichts, wie zum Beispiel die Beteiligung der Schülerinnen und Schüler an der Pausenaufsicht, zeigen hier Erfolge.

Bei Projekten in Kooperation mit sozialen Einrichtungen lernen sich die Schülerinnen und Schüler gegenseitig in anderen Rollen kennen und entdecken neue Stärken an sich. Am Lernort „Soziale Einrichtung" bekommen sie reale Aufgaben und haben es mit realen Herausforderungen zu tun. So erleben sie, dass sie mit ihrem Handeln etwas erreichen können.

Auch die Beziehung zwischen Lehrkräften und den Klassen wird durch Entwicklung und Umsetzung eines Schulcurriculums Soziale Kompetenzen beeinflusst. Beteiligen die Lehrkräfte die Schülerinnen und Schüler an der Verständigung auf gemeinsame Regeln, fördert das den gegenseitigen Respekt und führt zu einer höheren Akzeptanz der Regeln bei der Schülerschaft.

Insgesamt kann durch die vielfältigen Bausteine Sozialen Lernens das Klassenklima verbessert und ein geordneter Unterrichtsverlauf gefördert werden. Das bildet die Grundlage für bessere Leistungen in der Schule und führt zu einer besseren Ausbildungsreife der Schülerinnen und Schüler, was sie auch auf dem Ausbildungs- und Arbeitsmarkt besser positioniert.

Eine deutliche Wirkung entfaltet sich auch im Bereich der Schulentwicklung. Beim Entwicklungsprozess auf dem Weg zu einem Schulcurriculum Soziale Kompetenzen setzt sich eine Schule mit Fragen auseinander: Wie soll das soziale Miteinander an unserer Schule gestaltet werden? Wo stehen wir als Schulgemeinschaft und wo wollen wir hin? Welches Leitbild bestimmt die Arbeit an unserer Schule? Dieser Reflexionsprozess ist hilfreich für die Organisationsentwicklung der Schule und gibt neue Impulse.

Ein gemeinsam entwickeltes Schulcurriculum Soziale Kompetenzen macht die Strukturen und auch Regeln einer Schule für alle am Schulalltag beteiligten Personen transparent und klar verständlich. Im Bereich der Unterrichtsentwicklung liefern Elemente und Bausteine des Sozialen Lernens neue Möglichkeiten der Unterrichtsgestaltung und bieten Erfahrungen mit neuen Methoden und Trainings. Es eröffnen sich neue Chancen, die Förderung sozialer Kompetenzen, wie sie in den Bildungsplänen verankert sind, in den Unterricht und den Schulalltag zu integrieren. Insgesamt nehmen Unterrichtsstörungen ab und besseres Lernen wird ermöglicht. Auch im Umgang der Lehrkräfte untereinander kann ein Schulcurriculum Soziale Kompetenzen einen Wandel herbeiführen, denn soziales Lernen fängt bei den Lehrkräften an. Verständigt sich das Kollegium auf gemeinsame Regeln und ein gemeinsames Schulcurriculum Soziale Kompetenzen, schafft das für alle einen verbindlichen Rahmen und fördert Vertrauen und Teamkultur. Die Art und Weise, wie Lehrerinnen und Lehrer miteinander umgehen, hat Einfluss auf die Schülerinnen und Schüler. Die Erfahrung zeigt, dass schwelende und ungelöste Konflikte im Kollegium die authentische Vermittlung von kooperativem, sozialem Verhalten erschweren. Werden Konflikte im Kollegium verschleppt und es herrscht ein Klima des Misstrauens, lassen sich Methoden zur Konfliktlösung kaum glaubhaft vermitteln und ein entsprechendes Verhalten der Klasse nur schwer einfordern. Genauso sind Übungen zum Thema „Teamarbeit und Kooperation" nicht authentisch, wenn es im Kollegium keine Kultur der Zusammenarbeit oder ein Teamverständnis gibt.

3.2   Die Außenwirkung

Nicht nur innerhalb einer Schule ist ein Schulcurriculum Soziale Kompetenzen nützlich. Auch außerhalb kann es viele Vorteile bringen. Eine Schule, die mit einem sozialen Profil wirbt, macht deutlich, dass es ihr nicht nur um Wissensvermittlung geht. Sie präsentiert sich als eine Bildungseinrichtung, die ihren Auftrag auch in der Entwicklung der Persönlichkeit junger Menschen sieht. Durch die Installation und Implementierung eines Schulcurriculum Soziale Kompetenzen wird die Schule positiv von der Öffentlichkeit wahrgenommen. Eltern werden sich eher für eine Schule entscheiden, die die personalen und sozialen Kompetenzen ihres Kindes systematisch fördert. Das Schulklima ist ein wichtiger Entscheidungsfaktor bei der Wahl einer Schule. Ein klares Schulprofil, das soziales Lernen betont, kann deshalb für einige Schulen auch die Sicherung der Existenz bedeuten. Außerdem wird es einer Schule mit positivem Image leichter fallen, Sponsoren und Kooperationspartner zu gewinnen. Die Vernetzung mit anderen Organisationen, wie Unternehmen und sozialen oder kulturellen Einrichtungen, bringt für Schulen und ihre Schülerinnen und Schüler viele Vorteile. Durch den Kontakt und die Zusammenarbeit mit Unternehmen können beispielsweise Zugänge zu Praktikumsplätzen vereinfacht und die Chance auf Ausbildungsplätze erhöht werden. Projektformen sozialen Lernens mit außerschulischen Partnern ist eine günstige Gelegenheit für Schulen, solche Kooperationen einzugehen.

4.   Zur Agentur mehrwert

Entstanden ist die Agentur mehrwert Ende der 1990er Jahre aus einem Erfolgsprojekt der Diakonie Württemberg. Anstoß waren die guten Erfahrungen von Jugendlichen, Schülerinnen und Schüler, die sie in unterschiedlichsten sozialen Organisationen sammelten. Mithilfe eines speziell entwickelten Reflexionsprogramms waren die Jugendlichen in der Lage, aus ihren Erfahrungen konkrete Erkenntnisse und Kompetenzen abzuleiten. Das Eintauchen in fremde Lebenswelten und die daraus gewonnenen Erfahrungswerte als Weiterbildungschance zu verstehen, bildet bis heute das Fundament der Agentur mehrwert. Entsprechend konsequent wurden die Programme weiterentwickelt und aktuellen Anforderungen angepasst. Motivation dabei ist, Menschen für Perspektivenwechsel zu öffnen, sie zu befähigen, ihr Leben aktiv zu gestalten und sich in der Gesellschaft zu engagieren. Für die Nachhaltigkeit sorgen effektive Vorbereitung, professionelle Begleitung vor Ort sowie passgenaue Reflexion.

4.1   Das Lernkonzept „Profitieren in fremden Lebenswelten"

Wenn Menschen etwas gemeinsam erreichen wollen, brauchen sie dafür eine Vielzahl an sozialen Kompetenzen. Dazu gehören Empathie, Konfliktfähigkeit, Kommunikationsfähigkeit, Toleranz und vieles mehr. Dabei spielt es keine Rolle, ob es sich um eine Familie, eine Fußballmannschaft oder ein Unternehmen handelt. Immer kommt es darauf an, wie gut der Einzelne im Austausch mit anderen Menschen ist. Was wiederum davon abhängt, wie gut er deren Situation verstehen kann und welche Antworten er darauf hat. Für die Fähigkeiten im Umgang mit Menschen gibt es zahlreiche Begriffe. In der betrieblichen Ausbildung spricht man von Schlüsselqualifikationen, an Hochschulen gibt es Seminare zum Thema „Soft Skills" und in Stellenausschreibungen werden soziale Kompetenzen gefordert. Egal wie man es nennen will, im Kern geht es immer um dasselbe.

Das Zusammenleben in einer Familie und das Engagement in Vereinen sind die klassischen Möglichkeiten, in denen Menschen soziales Agieren schon früh spielerisch erlernen. Jedoch schwinden mit der Bindekraft und Bedeutung traditioneller Instanzen wie Familie, Kirche und Verein auch die Gelegenheiten, in denen Menschen soziale Kompetenzen erwerben und entwickeln können. Deshalb braucht es neue Gelegenheiten, um Menschen im sozialen Agieren zu stärken. Denn soziale Kompetenzen können nicht in einem Seminar oder durch konstruierte Problemstellungen erlernt werden. Es braucht reale Situationen mit echten Menschen und ihren tatsächlichen Sorgen und Herausforderungen. Bei „Profitieren in fremden Lebenswelten" wird der Lernort in eine soziale Einrichtung verlagert und flankiert durch ein Reflexionsprogramm mit Einführung, Auswertung und Transfer.

4.2   Soziales Lernen, Service Learning und Compassion

Die Entwicklung der Agentur mehrwert und ihres Lernkonzeptes steht im Kontext der gesellschaftlichen Debatte, wie für junge Menschen ein niedrigschwelliger Zugang zu gesellschaftlichem Engagement geschaffen werden kann. Die Diskussion in Deutschland wiederum lehnt sich an den angelsächsischen Ansatz des Service Learning, der vor allem an Hochschulen für Studierende angeboten wird. In diesem Diskurs sind auch andere Ansätze, wie etwa Compassion zu sehen. Immer geht es darum, mit einem handlungs- und erfahrungsorientierten Lernansatz bei jungen Menschen Gemeinsinn und Verantwortungsbewusstsein zu fördern.[1]

Hinweis:

Bei diesem Artikel handelt es sich um eine stark gekürzte und überarbeitete Fassung aus dem Praxisleitfaden „In drei Schritten zum Schulcurriculum Soziale

---

[1]   Eine ausführliche fachtheoretische Herleitung findet sich bei Bartsch/Grottker, 2018, 9ff., sowie zur Bedeutung von Reflexion, ebenda, 16ff.

Kompetenzen", herausgegeben vom Landesinstitut für Schulentwicklung, Stuttgart 2013 SE 9, zu bestellen bei best@ls.kv.bwl.de. Hier finden sich auch zahlreiche praktische Anregungen und Materialien.

Literatur

Bartsch, Gabriele/Grottker, Leonore, Do it! Handlungsleitfaden. Stuttgart 2018 – Verfügbar unter: https://www.agentur-mehrwert.de/do-it-studierendenprojekte/, letzter Zugriff am 03.04.2018.

Bartsch, Gabriele/Vogelbacher, Kathrin, In drei Schritten zum Schulcurriculum Soziale Kompetenzen. Ein Praxisleitfaden. Stuttgart 2013.

„Die haben mir richtig was zugetraut!"

Einführung in Konzept, Praxis und Potenziale von
Service-Learning – Lernen durch Engagement

Franziska Nagy

1. Einführung

Wie können wir allen Kindern und Jugendlichen – unabhängig von ihrer sozialen Herkunft – gute Bildung und gesellschaftliche Teilhabe ermöglichen? Wie können wir Heranwachsende früh an demokratische Verantwortungsübernahme heranführen, sie in ihrer Wertebildung unterstützen und ihnen jene Kompetenzen mit auf den Weg geben, die sie in einer sich rasant verändernden Welt für ein gutes und selbstbestimmtes Leben und aktive gesellschaftliche Teilhabe brauchen? Service-Learning – Lernen durch Engagement (LdE) kann zu diesen aktuellen bildungspolitischen und gesellschaftlichen Herausforderungen einen wichtigen Beitrag leisten. Die Lehr- und Lernform ermöglicht Schülerinnen und Schülern, sich als Teil von Schule und Unterricht mit ihren Kompetenzen für Andere und für die Gesellschaft einzubringen, dabei eigene Stärken und Kompetenzen auszubauen, Meinungen und Vorannahmen kritisch zu hinterfragen und in ihrem Engagement mit Menschen in Kontakt zu kommen, denen sie sonst nicht begegnet wären. All dies geschieht natürlich nicht einfach so, sondern ist eng verbunden mit der Qualität des pädagogischen Handelns von Lehrerinnen und Lehrern, die das Potenzial von Service-Learning bewusst nutzen, ihren Schülerinnen und Schülern auf Augenhöhe begegnen und sie in ihrer Entwicklung wertschätzend und unterstützend begleiten. Was genau Service-Learning ist, welche Ziele es verfolgt, worauf es in der pädagogischen Praxis ankommt und welche spezifischen Potenziale in LdE stecken, darüber möchte dieser Beitrag einen Überblick geben. Und Lehrerinnen, Lehrer, Pädagogen und Pädagoginnen ermutigen, sich mit ihren Schülerinnen und Schülern auf die Reise zu begeben, um gemeinsam neue Erfahrungen zu sammeln und schulisches Lernen nachhaltig zu verändern.

2. Was ist Service Learning – Lernen durch Engagement?

2.1 Auf einen Blick

Service-Learning oder Lernen durch Engagement (kurz LdE) ist eine Lehr- und Lernform, die gesellschaftliches Engagement von Schülerinnen und Schülern mit fachlichem Lernen im Unterricht verbindet.[1] Service-Learning kann in allen

---

1 Seifert/Zentner/Nagy 2012, 13.

Schulformen, Altersstufen und Unterrichtsfächern stattfinden, wie ein beispielhafter Blick in die Praxis zeigt:

- *„Sonnenschutz für Kitas"* Schülerinnen und Schüler der 9. Klasse lernen in Biologie das Sinnesorgan Haut und im Technikunterricht verschiedene Energiearten kennen und engagieren sich für die Deutsche Krebshilfe, indem sie die Sonnenschutzmaßnahmen in einem Kindergarten prüfen und über wirksamen Sonnenschutz beraten.
  (Ein LdE-Projekt der Sekundarschule „Völkerfreundschaft" Köthen)

- *„Eine Kräuterspirale für Menschen mit Behinderungen"* Schülerinnen und Schüler der 3. Klasse lernen im Schulgartenunterricht und Sachkunde Kräuter und deren Verwendungen kennen und bauen eine Kräuterspirale in einem Wohnheim für Menschen mit Behinderungen, um sie für frische und gesunde Ernährung zu sensibilisieren. *(Ein LdE-Projekt der Freien Grundschule Riestedt)*

- *„Ein bewusster Umgang mit Energie"* Schülerinnen und Schüler der 8. Klasse beschäftigen sich in Physik mit Energie, Energieverbrauch und Energiesparen und engagieren sich für den verantwortungsbewussten Umgang mit Energie an einer benachbarten Schule. Sie entwickeln ein Energiesparkonzept und machen Angebote zur „Körperenergie", bei denen es um bewusste Ernährung geht.
  (Ein LdE-Projekt der Kooperativen Gesamtschule „Ulrich von Hutten" Halle)

Bei Service-Learning setzen sich Schülerinnen und Schüler also für das Gemeinwohl ein – im sozialen, ökologischen, politischen oder kulturellen Bereich. Sie tun etwas für andere, ihr Umfeld und die Gesellschaft und sammeln dabei demokratische Erfahrungen, stets in Kooperationen mit einem oder mehreren Engagementpartnern aus dem Stadtteil oder der Gemeinde (*Service*). Die Kinder und Jugendlichen engagieren sich aber nicht losgelöst von oder zusätzlich zur Schule, sondern als Teil des Unterrichts und verbunden mit dem fachlichen Lernen. Es geht bei Lernen durch Engagement also immer auch darum, schulisches Wissen praktisch anzuwenden und dessen Nutzen für die Gesellschaft und das eigene Handeln unmittelbar zu erleben (*Learning*).

Mit der Kombination aus bürgerschaftlichem Engagement und schulischem Lernen verfolgt Service-Learning zwei Ziele:

- *die Veränderung von Unterricht und Lernkultur* – denn die Schülerinnen und Schüler lernen Wissen und Kompetenzen praktisch anzuwenden, verstehen fachliche Inhalte tiefer und erkennen die Relevanz von schulischem Lernen

- *die Stärkung von Demokratie und Zivilgesellschaft* – denn die jungen Menschen werden an bürgerschaftliches Engagement herangeführt und erwerben dabei Sozial- und Demokratiekompetenzen.[2]

2.2   Inspiration und theoretischer Bezug

Service-Learning ist in den 1960er und 1970er Jahren in den USA entstanden. Die zwei Kernziele von Service-Learning – die *Stärkung von Demokratie und Zivilgesellschaft* und die *Veränderung von Unterricht und Lernkultur* – spiegeln zwei theoretische Ansätze wider, von denen Service-Learning inspiriert wurde. Diese beruhen u. a. auf den Ideen des Pädagogen und Philosophen John Dewey (1859–1952).

Demokratie als Lebensform

Dewey versteht die Demokratie nicht nur als eine Staats- und Regierungsform, sondern als eine Form des Zusammenlebens, die auf Partizipation, gegenseitige Verantwortungsübernahme der Bürgerinnen und Bürger und gemeinsam gelebte demokratische Werte angewiesen ist (zum Beispiel Toleranz und Solidarität). Deshalb sieht Dewey es als einen wichtigen Auftrag von Erziehung und Bildung an, Kinder und Jugendliche zu befähigen, mit den eigenen Kompetenzen am gemeinschaftlichen Leben teilzunehmen und es im Austausch mit anderen zu prägen und zu verbessern. Sie sollen das Wissen und die Fähigkeiten sowie Werte und Einstellungen erwerben, die es ihnen ermöglichen, eine demokratische Zivilgesellschaft aktiv mitzugestalten.[3]

Lernen durch Erfahrung

Neben seiner demokratiepädagogischen Sicht beeinflussten auch Deweys lerntheoretische Ideen wesentlich die Entwicklung von Service-Learning. Praktisches Tun und theoretisch-abstraktes Nachdenken (Reflexion) über das eigene Tun gehören nach Dewey im Prozess des Erkenntnisgewinns zusammen.[4] Beides (Aktion und Reflexion) bildet für ihn im Zusammenspiel einen Kreislauf, der Anstoß gibt für ständig neue, sich weiterentwickelnde Lernprozesse. Dewey betont dabei, dass die Aneignung von Wissen um Kompetenzen vor allem dann gelinge, wenn Menschen Erfahrungen in authentischen Situationen machen, die sie vor ungeklärte Fragen oder Probleme stellen. Dies fordere die Lernenden heraus und motiviere sie, sich das für die Problemlösung nötige Wissen und die nötigen Kompetenzen anzueignen.[5]

---

2   Seifert/Zentner/Nagy 2012, 13; Seifert 2013.
3   Vgl. Oelkers 2000.
4   Ebd.
5   Seifert/Zentner/Nagy 2012, 16.

2.3   Wirkungen von Service-Learning

„Service-Learning wirkt bei Schülern und Studierenden", resümiert der Bildungs-
wissenschaftler Heinz Reinders in seiner Expertise zu Service-Learning.[6] Denn in
zahlreichen empirischen Studien konnte gezeigt werden, dass Service-Learning
positive Einflüsse auf die Entwicklung von Kindern und Jugendlichen hat:

- *Wirkung auf schulisches Lernen*: Service-Learning kann die Schul- und Lernmotivation von Schülerinnen und Schülern erhöhen, ihre Problemlösefähig-
  keit stärken und zu einem tieferen Verständnis von Lerninhalten beitragen.[7]
  Auch zeigen einige Studien eine Verbesserung der Schulleistung.[8]
- *Wirkungen auf Persönlichkeitseigenschaften*: Schülerinnen und Schüler erleben
  durch Service-Learning Selbstwirksamkeit, stärken ihr Selbstwertgefühl, üben
  Kommunikations- und Teamfähigkeiten ein und werden in ihrer Empathiefä-
  higkeit gefördert.[9]
- *Wirkung auf zivilgesellschaftliche und soziale Einstellungen*: Schülerinnen und
  Schüler, die an Service-Learning teilgenommen haben, zeigen ein höheres demokratisches und soziales Verantwortungsbewusstsein, haben mehr Interesse an gesellschaftlichen Problemen und sind eher bereit und fähig, selbst zu Veränderungen
  beizutragen.[10]

2.4   Qualitätsstandards bei Service-Learning – Lernen durch
Engagement

Damit Service-Learning seine Wirkung auf die akademische, demokratische, persönliche und soziale Entwicklung von Kindern und Jugendlichen auch tatsächlich
entfalten kann, ist die Qualität der Umsetzung ein entscheidender Faktor.[11] Denn
obwohl Lernen durch Engagement (LdE) geeignet ist für alle Schulformen, Altersstufen und Unterrichtsfächer, ganz unterschiedliche Themen beim Engagement
bearbeitet werden können und LdE individuell an die Bedingungen jeder Schule
angepasst werden kann, gibt es bei aller gewünschten Vielfalt wichtige gemeinsame
Kennzeichen von LdE-Projekten, die bei der Planung und Umsetzung Orientierung geben. Aus wissenschaftlichen Erkenntnissen und praktischen Erfahrungen
wurden daher folgende sechs Qualitätsstandards für Lernen durch Engagement
abgeleitet:[12]

---

6   Reinders 2016, 55.
7   Vgl. Celio et al. 2011; Conway et al. 2009; Yorio/Ye 2012.
8   Vgl. Reinders 2016.
9   Vgl. BürgerStiftung Hamburg 2011; Conway et al. 2009.
10   Vgl. Billig 2004; Celio et al. 2011; RMC Research Corporation 2007.
11   Vgl. Root/Billig 2008.
12   Seifert/Zentner/Nagy 2012, 14.

- *Realer Bedarf:* Das Engagement der Schülerinnen und Schüler reagiert auf einen realen Bedarf. Sie übernehmen dabei Aufgaben, die von allen Beteiligten als sinn- und bedeutungsvoll wahrgenommen werden.
- *Curriculare Anbindung:* Service-Learning ist Teil des Unterrichts, und das Engagement wird mit Unterrichtsinhalten verknüpft.
- *Reflexion:* Es findet eine regelmäßige und bewusst geplante Reflexion der Erfahrungen der Schülerinnen und Schüler statt.
- *Schülerpartizipation:* Die Schülerinnen und Schüler sind aktiv an der Planung, Vorbereitung und Ausgestaltung des Service-Learning-Projektes beteiligt.
- *Engagement außerhalb der Schule:* Das praktische Engagement der Schülerinnen und Schüler findet außerhalb der Schule und in Zusammenarbeit mit Engagementpartnern statt.
- *Anerkennung und Abschluss:* Das Engagement und die Leistungen der Schülerinnen und Schüler werden durch Feedback im gesamten Prozess und bei einem Abschluss gewürdigt.

3.   Service-Learning in der Praxis: Auf die Qualität kommt es an!

Service-Learning kann auf vielfältige Weise umgesetzt werden, wie die drei Beispiele am Anfang dieses Beitrages zeigen: mit Schülerinnen und Schülern aller Altersstufen und Schulformen, zu verschiedenen Themen, in verschiedenen Fächern oder fächerübergreifend, zeitlich begrenzt oder über ein gesamtes Schuljahr. Die Kinder und Jugendlichen können sich im ökologischen, sozialen, kulturellen oder politischen Bereich engagieren, in Kleingruppen oder mit der gesamten Klasse. Sie können selbst Engagementprojekte recherchieren, entwickeln und planen oder in einem vorgegebenen Rahmen die Feinplanung übernehmen. Allen Umsetzungsvarianten bei Service-Learning gemeinsam sind die sechs *Qualitätsstandards von Lernen durch Engagement*, nach denen die Engagementprojekte geplant und ausgerichtet werden und die für die pädagogische Praxis handlungsleitend sind.

1.   *Realer Bedarf: Das Engagement gut vorbereiten und abstimmen*

Das Engagement der Schülerinnen und Schüler bei LdE behandelt kein fiktives Problem, sondern reagiert auf einen realen Bedarf im Stadtteil oder in der Gemeinde. Die Kinder und Jugendlichen werden mit ihren Kompetenzen tatsächlich gebraucht und übernehmen Aufgaben, die von allen Beteiligten als sinn- und bedeutungsvoll erlebt werden. Den realen Bedarf in einer Recherchephase (z. B. im Stadtteil oder in einer gemeinnützigen Einrichtung) gemeinsam mit den Schülerinnen und Schülern herauszufinden und genau zu ergründen, ist daher wichtiger Bestandteil jedes LdE-Projekts. Im *Beispiel „Sun-Pass – Sonnenschutz für Kitakin-*

der" kam die Deutsche Krebshilfe mit einer konkreten Engagementidee auf die Schule zu. Das Ziel des Engagements, Einrichtungen mit dem Sun-Pass zu zertifizieren, stand damit schon fest. Für die Schülerinnen und Schüler galt es nun, einen Engagementpartner zu finden, der einen realen Bedarf zum Thema Sonnenschutz hat und sich dabei ihre Unterstützung wünscht. Im Unterricht erstellten sie einen Gesprächsleitfaden und riefen verschiedene Kitas an. Einer Kita gefiel die Idee auf Anhieb, sie hatte einen großen Garten mit einigen Bäumen, aber sonst keinerlei Sonnenschutz für die Kleinen. In einem Auftaktworkshop, den die Schülerinnen und Schüler im Unterricht vorbereitet hatten, besprachen sie gemeinsam mit den Mitarbeitenden der Kita: Wie kann das Engagement konkret aussehen? Um die Bedürfnisse der Kinder gut zu berücksichtigen, stand die Klasse in allen weiteren Planungen eng mit der Kita in Kontakt und recherchierte: Was wissen die Kitakinder bereits über Sonnenschutz? Worauf sind sie neugierig, was interessiert sie? Und wieviel können sie bereits verstehen?

Die Bedarfserhebung und gute Abstimmung zu Beginn ebnete den Weg dafür, dass das Engagement der Schülerinnen und Schüler am Ende eine echte Unterstützung war und sie sich als selbstwirksam erleben konnten: „Das Schönste war, das Funkeln in den Kinderaugen zu sehen und zu wissen, dass man etwas Gutes getan hat!" Wissenschaftliche Studien bestätigen diese positiven Effekte von qualitätsvoll umgesetzten Service-Learning-Projekten auf die Selbstwirksamkeit und persönliche und soziale Kompetenzen, z. B. Team- und Kommunikationsfähigkeiten, Empathie und Selbstwertgefühl.[13]

2.   *Curriculare Anbindung: Den Unterricht mit LdE planen und gestalten*

Wie die Beispiele zu Beginn zeigen, ist Service-Learning Teil des Unterrichts und das Engagement der Schülerinnen und Schüler wird bewusst mit Lerninhalten verknüpft. Es findet also sowohl eine *strukturelle* als auch *inhaltliche* Einbettung des Engagements in Schule statt. Das kann in der Praxis ganz unterschiedlich aussehen, z. B. als mehrwöchiges Projekt in einem Fach, als Fächer verbindendes Vorhaben in Zusammenarbeit mehrerer Kolleginnen und Kollegen, als Wahlpflichtkurs usw. Im Vergleich zu ähnlichen Konzepten ist die curriculare Anbindung eine Besonderheit von Service-Learning, die zwei Vorteile mit sich bringt: Zum einen kann durch die strukturelle Einbindung in Schule *allen* Kindern und Jugendlichen ein (erster) Zugang zu bürgerschaftlichem Engagement ermöglicht werden – unabhängig von ihren Vorerfahrungen oder ihrer sozialen Herkunft. Zum anderen ermöglicht die inhaltliche Einbettung des Engagements die direkte Anwendung von Kompetenzen in realen Kontexten. Dass sich dies positiv auf die Schul- und Lernmotivation von jungen Menschen, auf ihre Problemlösungsfähigkeiten und

---

13   Vgl. RMC Research Corporation 2007.

das tiefere Verständnis von Lerninhalten auswirkt, konnte in der Forschung viel-fach gezeigt werden.[14] In der Praxis ist es für das Gelingen besonders wichtig, die Ziele für den Kompetenzerwerb vorab zu definieren, sie mit dem praktischen En-gagement eng zu verbinden und mit den Schülerinnen und Schülern bewusst über den Zusammenhang zwischen Engagement und Lerninhalten zu reflektieren.[15]

Schülerinnen und Schüler können „Energiequellen nennen und beschreiben ... den Anteil sinnvoll genutzter Energie beim Einsatz von Geräten und Lampen erkennen ... die Energieabgabe der Wärmequelle Mensch beim Grund- und Lei-stungsumsatz begründen ...", so sagen es die Rahmenrichtlinien für Physik am Gymnasium Klasse 6–12 in Sachsen-Anhalt.[16] *Im Beispiel „Ein bewusster Umgang mit Energie"* konnte die 8. Klasse eines Gymnasiums diese und weitere im Bil-dungsplan festgehaltenen Kompetenzen zunächst im Physikunterricht und dann in unmittelbarer Anwendung bei ihrem Engagement erwerben und vertiefen. Im Fach Physik standen hierfür vier Monate lang wöchentlich zwei Stunden zur Ver-fügung; sie wurden abwechselnd in der Klasse und in der benachbarten Grund-schule, für die die Schülerinnen und Schüler das Energiesparkonzept erstellten, verbracht. Parallel dazu beschäftigten sich die Schülerinnen und Schüler in Bio-logie mit dem Grundenergieumsatz eines Menschen und mit Nährstoffen und in Ethik mit dem Verhältnis Mensch-Umwelt mit dem verantwortlichen Umgang mit der Natur.

3.   *Reflexion: Lernen und Engagement verbinden*

Bei einem qualitätsvollen LdE-Projekt werden die Erfahrungen der Schülerin-nen und Schüler regelmäßig und bewusst reflektiert. Erst durch das Nachdenken darüber, was sie beim Engagement erwartet, was sie dort erleben und was all das mit ihrem eigenen Lernen und dem größeren gesellschaftlichen Kontext zu tun hat, erwächst ein emotionaler, sozialer und kognitiver Kompetenzgewinn aus den praktischen Erfahrungen. Die Schülerinnen und Schüler zu einer solchen aktiven Verarbeitung ihrer Erfahrungen anzuregen und sie bei diesem Prozess zu beglei-ten, ist eine zentrale pädagogische Aufgabe bei Service-Learning. Reflexion als wichtiges Bindeglied zwischen „Service" und „Learning" sollte daher vor Beginn des Engagements, während seines Verlaufs und danach stattfinden und unter-schiedliche Themen berücksichtigen. So können Erwartungen, Vorurteile, Ängste, negative Erfahrungen, schöne Erlebnisse, der Projektverlauf, Lernerfolge, persön-liche Veränderungen und vieles Mehr aufgearbeitet werden. Durch den reichen Erfahrungshintergrund, den die Schülerinnen und Schüler aus ihrem Engagement mit in den Unterricht bringen, wird auch eine authentische Auseinandersetzung

---

14   Vgl. RMC Research Corporation 2007.
15   Vgl. Ammon/Furco/Chi/Middaugh 2002.
16   Ministerium für Kultus, Jugend und Sport des Landes Sachsen-Anhalt 2003, 42.

mit fachlichen Themen und gesellschaftlichen Herausforderungen möglich, denn die Jugendlichen begegnen realen Fällen und Problemstellungen, die in der Reflexion aufgegriffen werden können.

Im Beispiel „*Eine Kräuterspirale für Menschen mit Behinderungen*" antwortete ein Schüler auf die Frage, wie er seinen Engagementtag erlebt habe: „Es war gut, weil ich was für behinderten Menschen gemacht habe." Genauer konnte der Schüler das Erlebte und seine Emotionen nicht beschreiben. Die Lehrerin fragte präziser und konkreter nach: „Benutze deine Sinne. Schließ die Augen und beschreib mir, was Du heute beim Engagement gehört hast" – „Eine ältere Dame summte zufrieden, während wir das Beet bepflanzten ... Und einer der Bewohner hat plötzlich laut gelacht ..." Die Lehrerin merkte, dass es bei ihren Schülerinnen und Schülern besonders wichtig war, einen guten Impuls zu setzen, zum Beispiel durch ein Erlebnis aus dem Engagement, ein Foto oder eine Geschichte, um so ihr Nachdenken zu vertiefen und Reflexion bewusst anzuregen.

4.   Schülerpartizipation: Teilhabe ermöglichen und begleiten

Bei jedem bislang genannten Element von Service-Learning ist es bedeutsam, dass die Schülerinnen und Schüler die Hauptakteure ihres Lernen und Handelns sind: Qualitätsvolle LdE-Vorhaben ermöglichen jungen Menschen Teilhabe in allen Phasen – von Planung bis Ausgestaltung und Reflexion des LdE-Vorhabens sind sie aktiv beteiligt und können ihre Ideen einbringen und umsetzen: „Ich habe mich gefreut, dass unsere Vorschläge respektiert und ernst genommen wurden", beschreibt eine Schülerin ihre Erfahrungen bei LdE. Geschieht dies nicht und werden das Engagement und dessen genaue Ausgestaltung quasi verordnet, ist es fraglich, ob es von den Schülerinnen und Schülern überhaupt als Möglichkeit der gesellschaftlichen Teilhabe wahrgenommen wird.

„Ich habe gelernt, mich an den richtigen Orten und mit den richtigen Quellen zu informieren. Und mich selbst für Veränderungen in meinem Stadtteil einzubringen und meine Wünsche dabei umzusetzen." Die Einschätzung eines LdE-Schülers deutet an, was auch Studien ergeben haben: Service-Learning kann bei jungen Menschen zivilgesellschaftliche Kompetenzen stärken, sie haben mehr Interesse an gesellschaftlichen Problemen, können diese aufmerksamer wahrnehmen und sind eher bereit und in der Lage, selbst zu Veränderung beizutragen.[17] Wie das Forscherteam Morgan und Streb[18] berichten, hängt die positive Wirkung jedoch davon ab, ob die Schülerinnen und Schüler bei Planung und Gestaltung ihres Engagements aktiv beteiligt sind, eigenständige Entscheidungen treffen und verantwortungsvolle Aufgaben übernehmen können.

---

17   Vgl. RMC Research Corporation 2007.
18   Vgl. Morgan/Streb 2003.

5.   *Engagement außerhalb der Schule: Mit Engagementpartnern*
      zusammenarbeiten

Das Engagement bei Service-Learning findet außerhalb der Schule statt. Für die
Schülerinnen und Schüler bietet es neue Lernorte, sie können andere Lebenswelten erfahren, reale Herausforderungen meistern, den Transfer ihrer Kompetenzen
üben und die Sinnhaftigkeit ihres Lernens und Handelns erkennen. Oft erhalten
sie von den Menschen, für die sie sich engagieren, direktes Feedback: „Man kann
dann fast sehen, wie sie ein Stück wachsen. Wenn die Anerkennung nicht nur vom
Lehrer, sondern von ganz anderer Seite kommt, stärkt das die Jugendlichen für ihr
weiteres Lernen und fürs Leben", berichtet ein LdE-Lehrer. Zudem kommen sie
bei einem Engagement außerhalb der Schule mit Menschen in Kontakt, denen sie
in ihrem üblichen Umfeld eher selten begegnen. Das kann Brücken innerhalb der
Gesellschaft schlagen. Bei LdE geht es also immer auch um die Öffnung von Schule, um die Entwicklung hin zu einer „Schule im Stadtteil/in der Gemeinde", die mit
außerschulischen Partnern kooperiert. Aus pädagogischer Sicht gilt es, die Zusammenarbeit mit den Engagementpartnern im Verlauf von LdE gut zu gestalten, z. B.
offen und regelmäßig miteinander zu sprechen und gegenseitige Erwartungen zu
Beginn gemeinsam auszuhandeln.

6.   *Anerkennung und Abschluss:*
      Das Engagement aller Beteiligten wertschätzen

Den Schülerinnen und Schülern im gesamten Verlauf von LdE Partizipation und
Eigenständigkeit zuzutrauen, ihre Beiträge und Leistungen wertzuschätzen und
regelmäßige Rückmeldungen dazu zu geben, ist bereits eine wichtige Form der
Anerkennung ihrer Persönlichkeit und ihrer Kompetenzen. Dies sollte bei Service-
Learning Teil einer umfassenden Anerkennungskultur sein, die alle Beteiligten,
also auch Lehrerinnen und Lehrer und Engagementpartner, miteinschließt. Denn
jede/jeder Einzelne trägt auf ihre/seine Weise zum Gelingen von Lernen durch
Engagement bei und bringt sich mit Zeit, Kompetenz und „Herzblut" ein. Am
Ende eines LdE-Vorhabens einen würdigenden Abschluss miteinander zu feiern,
bei dem das Engagement aller noch einmal sichtbar wird, ist daher ebenso ein
Qualitätsmerkmal von Service-Learning. Wie Studien zeigen, kann es besonders
wichtig sein, den Kindern und Jugendlichen ihre Erfolge und ihr Erreichtes am
Ende von LdE bewusst machen und so zu ihren tatsächlichen Lernerfolgen und
Entwicklungsschritten einen wichtigen Beitrag zu leisten. Gelingt es ihnen, ihre
eigene Wirksamkeit zu sehen und zu verstehen, entwickeln sie mit höherer Wahrscheinlichkeit den Wunsch, den Mut und die entsprechenden Kompetenzen, um
sich auch später im Leben für sich und andere zu engagieren.

4.   Besondere Potenziale von Lernen durch Engagement

In Service-Learning steckt das Potenzial, zu aktuellen bildungspolitischen und ge-
sellschaftlichen Herausforderungen positive Beiträge zu leisten und Kinder und
Jugendliche in ihrer individuellen Entwicklung zu fördern. Lernen durch Engagement ermöglicht es zum Beispiel, die Kinderrechte zu stärken, demokratische
Kompetenzen zu erlernen und Wertebildung zu stärken. Auch mit Blick auf die
Herausforderungen der Digitalisierung können sich Kinder und Jugendliche als
handlungsfähig und gestaltungskompetent erleben durch ihre Erfahrungen bei
Service-Learning. Je nach den pädagogischen Zielen, den Themen des Engagements, den Unterrichtsinhalten, die mit dem Engagement verbunden werden und
den Themen in der Reflexion kann Service-Learning ganz unterschiedliche Themen in den Blick nehmen und spezifische Kompetenzen bei Schülerinnen und
Schüler fördern.

4.1   Demokratische Kompetenz entwickeln

Eines der Kernziele von Lernen durch Engagement ist es, Kinder und Jugendliche
an demokratische Verantwortungsübernahme heranzuführen und ihnen bereits in
jungen Jahren die Möglichkeit zu eröffnen, Demokratiekompetenzen zu erwerben.
Dahinter steckt die Idee der *Demokratie als Lebensform* – als Form des Zusammenlebens und der gemeinsam und miteinander geteilten Erfahrungen. Im Mittelpunkt dabei steht zum einen die Betrachtungsweise des einzelnen Menschen,
der durch sein (Alltags-)Handeln die Gesellschaft mitgestaltet, und zum anderen
der Begriff der Erfahrung, der deutlich macht, dass Demokratie im Zusammenleben spürbar, sichtbar und erfahrbar werden muss. „Demokratie bezeichnet eine
historische Errungenschaft, deren Erhalt und Entwicklung – als Lebensform, als
Gesellschaftsform und als Regierungsform – sich nicht von selbst ergibt, sondern
von dem Wissen, den Überzeugungen und der Bildung aller abhängt." So haben
es die Demokratiepädagogen Edelstein und Fauser in ihrem Abschlussbericht des
Bund-Länder-Kommission-Programmes „Demokratie lernen und leben" resümiert.[19] Und so ist es ebenfalls bei John Dewey formuliert, auf dessen philosophischen Ideen Service-Learning als theoretischer Ansatz beruht.[20]

Auf dieser Grundlage verstehen wir bei Lernen durch Engagement Demokratie
als Verhaltens- und Handlungsbegriff, der seinerseits demokratierelevante Kompetenzen erfordert. Als Zusammenspiel von Einstellungen, Fähigkeiten und Fertig-
keiten sind Demokratiekompetenzen beispielsweise Kritik- und Dialogfähigkeit,
Perspektivübernahme, Anerkennung von Vielfalt und Gleichwertigkeit, Empathie
und Solidarität, soziales Verantwortungsbewusstsein, Demokratiewissen oder

---

19   Edelstein/Fauser 2001.
20   Vgl. Oelkers 2000.

Partizipationsfähigkeit und -bereitschaft.[21] Diese sind jedoch keine angeborenen Tugenden, sondern ein Verhalten, das erlernt und angewendet werden muss.[22] Lernen durch Engagement trägt dazu bei, dass Kinder und Jugendliche demokratische Handlungskompetenz erlernen können und ihr Interesse an einer demokratischen Mitgestaltung der Gemeinschaft geweckt wird. Die feste Verankerung von Lernen durch Engagement in der Schule ist hierbei ein wichtiger Gelingensfaktor. Durch die Einbindung in den regulären Unterricht kann LdE dazu beitragen, dass alle Kinder und Jugendlichen die Möglichkeit haben, demokratische Handlungskompetenz direkt zu erfahren: Sie gestalten mit, bringen sich aktiv ein und lernen, dass Partizipation Spaß machen kann und insgesamt ihre Schulmotivation steigert. Insbesondere für Kinder und Jugendliche, die Vorbehalte gegenüber unserem demokratischen Verfassungsstaat haben und rechtsextremen Ideologien nahestehen, kann dies eine wertvolle Erfahrung sein. So zeigte eine Studie des Forscherteams Frindte und Neumann, dass Schülerinnen und Schüler, die mit demokratischen Handlungs- und Verfahrensweisen vertraut sind und diese positiv bewerten, vor rechtsextremen Ideologien besonders geschützt sind.[23]

Zum Beispiel:
Schülerinnen und Schüler beschäftigen sich mit der Verfolgung, Deportation und Ermordung der Juden aus Berlin-Moabit und engagieren sich, indem sie einen Gedenkort mitgestalten, eine Gedenkveranstaltung organisieren und eine Gedenkausstellung für das Rathaus Tiergarten erarbeiten.
(Das LdE-Projekt wurde im Schuljahr 2017/18 in der Theodor-Heuss-Gemeinschaftsschule in Berlin durchgeführt.)

4.2   Kinder und ihre Rechte stärken

Kinder sind beteiligt und werden gehört, sie entwickeln ihre eigenen Ideen und Vorschläge, werden in ihrem Wissen und ihren Fähigkeiten herausgefordert, können ihre gesamte Persönlichkeit entfalten und übernehmen Verantwortung – für sich selbst und andere. Lernen durch Engagement an Schulen kann zu dieser Vision einer Bildung, die die Kinderrechte verwirklicht, einen wertvollen Beitrag leisten. LdE traut den Kindern etwas zu und verwirklicht ihr Recht, sich aktiv an der Gestaltung ihres eigenen Lebens und des Lebens der Gemeinschaft zu beteiligen und eröffnet einen Weg, Lernprozesse so partizipativ zu gestalten, dass sie

---

21   Die Demokratiekompetenzen hat die Stiftung Lernen durch Engagement im Modellprojekt „ZwischenMenschlich – Miteinander Vielfalt leben" entwickelt und in der Praxis an Berliner Schulen erprobt. Weitere Informationen zum Projekt finden Sie unter www.lernen-durch-engagement.de.
22   Vgl. Himmelmann 2005.
23   Vgl. Frindte/Neumann 2001.

den UN-Kinderrechten gerecht werden. Damit dies gelingt, können solche Erfahrungen nicht am Rande des Schulgeschehens stattfinden, sondern müssen zentral für die Lernkultur an Schule sein. Lernen durch Engagement kann hierfür ein Baustein sein, denn LdE ist weder an vermeintliche Nebenfächer wie Politik, Ethik oder Religion gebunden noch ein freiwilliges Nachmittagsangebot für einige wenige Engagierte, sondern versteht seine Idee von Bildung als Zielsetzung und Aufgabe für alle Fächer – und für alle Kinder. Durch die Verankerung im regulären Unterricht kann LdE alle erreichen und vertraut darauf, dass Kinder und Jugendlichen unabhängig von ihrem Alter, ihrer Schulform oder ihrer sozialen Herkunft bereit und fähig sind, sich zu beteiligen und Verantwortung zu übernehmen.[24] Gerade die Kinder, die mit Schule und Lernen oft nur Misserfolg verbinden und sich selbst eher als Empfänger von Hilfe erleben, können bei LdE erfahren, dass Schule mit Erfolgen und eigener Wirksamkeit verbunden sein kann: „Mit dem, was ich im Unterricht lerne, kann ich unmittelbar einen Beitrag leisten und etwas für andere positiv verändern!" Studien berichten, dass durch die Teilnahme an Service-Learning insbesondere Jugendliche, die unter so genannten Risikobedingungen aufwachsen, ihre persönlichen Chancen in der Schule positiver bewerten, sich besser eingebunden fühlen, stärker daran glauben, einen Beitrag für ihr Umfeld leisten zu können und Vielfalt höher wertschätzen.[25]

Zum Beispiel:
Im Sportunterricht lernt eine achte Klasse verschiedene Arten der Selbstverteidigung kennen und bietet gemeinsam mit dem Kinderschutzbund in der benachbarten Grundschule Selbstbestimmungsnachmittage an, an denen die Kleinen üben können, „Nein" zu sagen und sich zu schützen – denn Kinder haben ein Recht auf Schutz vor körperlicher, seelischer oder sexueller Gewalt.

4.3   Wertebildung ermöglichen

Kinder und Jugendliche dabei zu unterstützen, sich zu selbstständigen, verantwortungsbewussten und gemeinwohlorientierten Persönlichkeiten zu entwickeln, ist eine wichtige Aufgabe all derjenigen, die sie in ihrer Entwicklung begleiten. Die Werte, die Kinder und Jugendliche für sich für wichtig erachten, bilden dabei sowohl das Fundament für ihre individuellen Entscheidungen als auch für ihr Handeln als Teil der Gesellschaft. Insbesondere bei gesellschaftlichen Veränderungsprozessen dienen Werte als wichtige Orientierungsmaßstäbe. Wertebildung beginnt in frühester Kindheit und Jugend – schon kleine Kinder haben klare Vorstellungen von Gerechtigkeit, Macht und Fairness.[26] Die Schule hat den Auftrag,

---

24   Vgl. Seifert/Zentner/Nagy 2012, 17, 97, 152 und Krappmann 2015.
25   Zusammenfassend: Seifert 2011.
26   Reinders 2016, 71.

Wertvorstellungen bei Kindern und Jugendlichen auszubilden und sie zur Weiterentwicklung und dem kritischen Hinterfragen ihrer Werte zu befähigen. Sie kann Erfahrungsräume schaffen, in denen Kinder und Jugendliche ihre Wertvorstellungen reflektieren, hinterfragen und ausbauen können.

Bei Service-Learning haben Kinder und Jugendliche nicht nur die Möglichkeit, Fachinhalte praktisch anzuwenden und so ihr im Unterricht erworbenes Wissen zu vertiefen, sondern auch, Werte im Engagement direkt zu erleben. Denn sie erfahren die gesellschaftliche Relevanz der Themen unmittelbar, lernen andere Lebenswelten und Perspektiven kennen (sei es im Umgang mit Kitakindern, Seniorinnen und Senioren oder Geflüchteten) und reflektieren ihr eigenes Handeln. Sie übernehmen dabei Verantwortung in ihrem Umfeld und lernen, dass sie mit ihren Kompetenzen und ihren Talenten etwas bewegen können. Die angeleitete Reflexion im Unterricht ermöglicht es den Schülerinnen und Schülern, ihre Erfahrungen zu diskutieren, Rückschlüsse auf die eigene Lebensgestaltung zu ziehen, über den Zusammenhang zwischen den Unterrichtsinhalten und ihrem konkreten Handeln im Engagement nachzudenken und somit ihre Wertvorstellungen aktiv auszubauen.[27]

Zum Beispiel:
Schülerinnen und Schüler einer Grundschule lernen in Sachkunde, wie man sich gesund ernährt und engagieren sich mit einem gesunden Frühstück für bewusste Ernährung in Kitas in ihrem Stadtteil. In der Reflexion beschäftigen sich immer wieder mit dem Thema Soziale Gerechtigkeit (andere Kinder früh für ihre Gesundheit sensibilisieren, gerechter Zugang zu Bildung) und dem Thema Verantwortungsübernahme (mit dem eigenen Körper sorgsam umgehen, sich für das Wohl anderer Menschen engagieren.)
(Das LdE-Projekt wurde im Schuljahr 2015/16 an der Johann-Georg-Elser-Schule in Berlin durchgeführt.)

4.4 Willkommenskultur und Integration stärken

Gemeinsame LdE-Projekte zwischen geflüchteten und hier lebenden Kindern und Jugendlichen können zu Integration vor Ort, demokratischer Partizipation im Stadtteil, einem vielfältigen und toleranten Gemeinwesen und zu einem aufgeschlossenen Dialog auf Augenhöhe beitragen. Kinder und Jugendlichen, auch aus Willkommensklassen, erwerben dabei im Unterricht Wissen rund um die Themen Flucht, Migration und Integration, beschäftigen sich der Vielfalt in ihren Stadttei-

---

27 Mehr zu Service-Learning und Wertebildung können Sie in der Handreichung „Service-Learning in den MINT-Fächern. Lernen durch Engagement für einen wertebildenden Unterricht" (Nagy 2016) lesen. Diese Publikation steht zum Download zur Verfügung unter www.lernen-durch-engagement.de.

len und engagieren sich in Kooperation mit Engagementpartnern für einen toleranten Stadtteil. Die LdE-Projekte, die dabei entstehen, erleichtern Schülerinnen und Schülern mit Fluchthintergrund das Ankommen in Schule und Gemeinde. Die bereits hier lebenden Schülerinnen und Schüler erhalten durch die Projekte die Chance, sich mit Vielfalt und Toleranz aktiv auseinanderzusetzen und Menschen kennenzulernen, mit denen sie sonst nicht in Berührung kommen würden. Zudem erhalten alle beteiligten Kinder und Jugendlichen die Möglichkeit, ihre individuellen Potenziale und Stärken zu entwickeln, sich damit aktiv in das Gemeinwesen einzubringen, demokratische Partizipation zu erleben und ihr Verständnis für den Zusammenhall und die Werte dieser Gesellschaft zu vertiefen.[28]

Zum Beispiel:
Schülerinnen und Schüler beschäftigen sich im Praxisseminar Sport mit Sporttheorie, Teamentwicklung und der Lebenssituation von Geflüchteten und engagieren sich mit regelmäßigen Sportangeboten und einem interkulturellen Sportfest mit und für unbegleitete minderjährige Geflüchtete.
(Das LdE-Projekt wurde im Schuljahr 2017/18 am Franz-Ludwig-Gymnasium in Bamberg durchgeführt.)

4.5   Digitale Bildung und demokratisches Engagement verbinden

Die Demokratie muss sich zurzeit vielen Herausforderungen stellen – umso bedeutsamer ist es, bereits bei jungen Menschen demokratische Kompetenzen zu fördern, ihnen positive Erfahrungen mit Partizipation zu ermöglichen und sie zu kritischem Denken zu befähigen. Ein neuer Aspekt, der für Schulen zunehmend an Bedeutung gewinnt, ist die Rolle der neuen Informations- und Kommunikationstechnologien, allen voran der sozialen Medien, die immer mehr die Sozialisation von Kindern und Jugendlichen prägen – auch im Hinblick auf ihre gesellschaftliche Teilhabe und politische Bildung. Die Förderung demokratischer Kompetenzen kann sich daher nicht mehr nur auf die analoge Welt beschränken. In Service-Learning-Projekten können Schülerinnen und Schüler ihr Engagement sowohl on- als auch offline umsetzen und unterschiedliche Themen bearbeiten, je nach ihren Interessen und den realen Bedarfen vor Ort:

---

28   Im Themenbereich Migration und Integration setzt die Stiftung Lernen durch Engagement seit 2017 zwei Modellprojekte um: „ZwischenMenschlich – Miteinander Vielfalt leben" ist ein Projekt mit Willkommensklassen, in „Gemeinsam lernen und leben" engagieren sich Schülerinnen und Schüler mit Patenschaften für Geflüchtete. Weitere Informationen zu den Projekten finden Sie unter www.lernen-durch-engagement.de.

Zum Beispiel:

- *Schülerinnen und Schüler lernen in Deutsch Textformate kennen, Fake News zu identifizieren und Quellen zu recherchieren und geben ihr Wissen an andere weiter, indem sie ein interaktives „Wahr oder Falsch"-Spiel für Jugendeinrichtungen ihrer Stadt entwickeln.*
- *Schülerinnen und Schüler beschäftigen sich in Ethik und Sozialkunde mit Grundlagen eines friedlichen Zusammenlebens in Vielfalt, analysieren Kommentare in sozialen Netzwerken und organisieren in Kooperation mit der Bürgermeisterin einen „No Hate Slam" im Gemeindehaus, bei dem ausgewählte Hasskommentare vorgelesen werden, um diese zu analysieren und sich kritisch damit auseinanderzusetzen.*

Die Beispiele zeigen, welches Potenzial in Service-Learning für den Erwerb demokratischer Kompetenzen in der digitalen Welt steckt. Besonders die sogenannte „aktuelle informierte Offenheit" als Kompetenz soll damit bei Kindern und Jugendlichen gefördert werden:

- Die Schülerinnen und Schüler lernen, sich über soziale Zusammenhänge zu informieren, Sachlagen zu analysieren und die Gründe von Entscheidungen offen zu legen,
- sie bauen Recherche-, Analyse- und Reflexionsfähigkeit auf,
- sie lernen, Zusammenhänge unterschiedlicher Aussagen im Gesamtkontext zu erörtern und weiterführende Fragestellungen zu erarbeiten
- sie üben ein, komplexe Sachverhalte, Probleme und Konflikte zu erkennen, zu beschreiben und angemessen zu bearbeiten.

Damit adressiert Service-Learning nicht nur die Kompetenzen, die im Bereich digitale Bildung an Schulen von der der Kulturministerkonferenz (KMK) als zentral angesehen werden: Informationsquellen analysieren und kritisch bewerten, ethische Prinzipien bei der Kommunikation kennen und berücksichtigen, als selbstbestimmte Bürgerinnen und Bürgern aktiv an der Gesellschaft teilhaben, eigene Defizite bei der Nutzung digitaler Werkzeuge erkennen und Strategien zur Beseitigung entwickeln.[29] Service-Learning kann auch jene Kompetenzen fördern, die von der OECD für die digitale Bildung der Zukunft als besonders bedeutend hervorgehoben werden: die Fähigkeit, Neues zu schaffen, mit Spannungsverhältnissen umzugehen, Verantwortung übernehmen.[30]

---

29   Sekretariat der Kultusministerkonferenz, 2016.
30   Vgl. Andreas Schleicher (OECD), 2018.

4.6   Berufsorientierung und ausbildungsrelevante Kompetenzen fördern

Service-Learning zeichnet sich besonders durch seinen Anwendungsbezug und seine Handlungsorientierung aus, die durch das Engagement an außerschulischen Lernorten ermöglicht werden. Als Teil der schulischen Berufsorientierung kann Service-Learning dazu beitragen, die berufliche Orientierung von Schülerinnen und Schülern und ihre ausbildungsrelevanten Kompetenzen praxisnah zu fördern: Kinder und Jugendliche planen im Unterricht ihr Service-Learning-Projekt, setzen es im Stadtteil oder in der Gemeinde bei außerschulischen Partnern um und wenden dabei ihre fachlichen Kompetenzen an. Gleichzeitig stärken sie durch ihr gemeinnütziges Engagement ausbildungsrelevante Kompetenzen wie Teamfähigkeit, Zuverlässigkeit und Kommunikationskompetenz und trainieren demokratische Kompetenzen wie soziales Verantwortungsbewusstsein, Perspektivübernahme sowie Konflikt- und Dialogfähigkeit.

Service-Learning kann als Teil der formalen Bildung dazu beitragen, Lernsettings zu schaffen, in denen die Schülerinnen und Schüler ihre Potenziale und Kompetenzen erkennen und diese durch eigenes Handeln und eigene Erfahrungen (weiter-)entwickeln können. Sie sollten darauf vorbereitet werden, aktiv, selbstbewusst und selbstbestimmt ihr (berufliches) Leben gestalten zu können. Die Erfahrungen, die sie bei Lernen durch Engagement in realen Kontexten sammeln, bieten dafür vielseitige Anknüpfungspunkte: Über die Recherche von Bedarfen im Umfeld der Schule, die Entwicklung von Lösungsansätzen und der Ausgestaltung eines Engagementprojekts erhalten die Schülerinnen und Schüler zahlreiche Möglichkeiten, ihre persönlichen und ausbildungsrelevanten Kompetenzen sowie ihre Problemlösefähigkeiten und ihr vernetztes und kritisches Denken zu trainieren.[31]

Zum Beispiel:
Schülerinnen und Schüler lernen in Wirtschaft/Politik und Deutsch verschiedene duale Ausbildungsberufe kennen und entwickeln eine Aufklärungskampagne (u. a. über Instagram), um Jugendliche über die Vielzahl und Qualität der dualen Ausbildung zu informieren.
(Das LdE-Projekt wurde im Schuljahr 2016/17 an der Kurt-Tucholsky-Schule in Flensburg durchgeführt.)

---

31   Mehr zu Service-Learning und Berufsorientierung können Sie in der Handreichung „Berufene Helden – Lernen durch Engagement für Chancen im Beruf" (Gellert 2018) lesen. Diese Publikation steht zum Download zur Verfügung unter www.lernen-durch-engagement.de.

5.   Das Netzwerk Lernen durch Engagement – Service-Learning in Deutschland

Um die Verbreitung von Service-Learning bundesweit zu ermöglichen, fördert und koordiniert die Stiftung Lernen durch Engagement das bundesweite Netzwerk Lernen durch Engagement – Service-Learning in Deutschland. Das Netzwerk ist ein Zusammenschluss von Schulen, die Service-Learning – Lernen durch Engagement umsetzen und regionalen, meist zivilgesellschaftlichen Partnern (z. B. Freiwilligenagenturen, Bürgerstiftungen, gemeinnützige Vereine, Schulentwicklungsagenturen …), die sie als so genannte LdE-Kompetenzzentren dabei beraten und unterstützen. Das Ziel des Netzwerks ist es, Praxiserfahrungen miteinander auszutauschen, voneinander zu lernen, gemeinsam an der qualitätsvollen Umsetzung und stetigen Weiterentwicklung von Service-Learning – Lernen durch Engagement zu arbeiten und sich für dessen Verbreitung und bildungspolitische Verankerung einzusetzen. Dazu kooperiert das Netzwerk auch mit den Kultusministerien und Lehrerfortbildungsinstituten der Länder. Weitere Informationen zur Arbeit der Stiftung Lernen durch Engagement, dem Netzwerk LdE und Zugang zu Publikationen und Materialien finden unter www.lernen-durch-engagement.de.

Literatur

Ammon, Mary Sue/Furco, Andrew/Chi, Barbara/Middaugh, Ellen, Service-Learning in California: A profile of the Calserve Service-Learning partnerships (1997–2000): Executive Summary, Barbara A. Holland Collection for Service-Learning and Community Engagement (SLCE), (Hrsg.) (Partnerships/Community Nr. 10), 2002.

Billig, Shelley, Heads, hearts, and hands: The research on k-12 Service-Learning, in: National Youth Leadership Council (NYLC), Growing to Greatness, Saint Paul, MN 2004, 12–25.

BürgerStiftung Hamburg, [‚You:sful] – Lernen durch Engagement. Evaluationsergebnisse 2009–2011, Hamburg 2011. Verfügbar unter http://www.buergerstiftung-hamburg.de/fileadmin/user_upload/Projektfoerderung/Projekte/Yousful/Yousful_Evaluation_2009_11_Web.pdf [Zugriff am 20.03.2018]

Celio, Christine/Durlak, Joseph/Dymnicki, Allison, A meta-analysis of the impact of Service-Learning on students, in: Journal of Experiential Education, 34 (2) (2011), 164–181.

Conway, James/Amel, Elise/Gerwien, Daniel, Teaching and learning in the social context: A meta-analysis of Service-Learning's effects on academic, personal, social, and citizenship outcome, in: Teaching of Psychology, 36 (4) (2009), 233–245.

Edelstein, Wolfgang/Fauser, Peter, Demokratie lernen und leben. Gutachten zum Programm, Heft 96, Bund-Länder-Kommission für Bildungsplanung und Forschungsförderung, Bonn 2001.

Frindte, Wolfgang/Neumann, Jörg, Rechtsextremismus, Fremdenfeindlichkeit und Antisemitismus deutscher Jugendlicher, in Freudenberg Stiftung (Hrsg.), Demokratie lernen und leben – Eine Initiative gegen Rechtsextremismus, Rassismus, Antisemitismus, Fremdenfeindlichkeit und Gewalt. Band I: Probleme, Voraussetzungen, Möglichkeiten, Weinheim 2005, 15–43.

Gellert, Carla, Berufene Helden – Lernen durch Engagement für Chancen im Beruf. Ein Praxisleitfaden für die Umsetzung an Schulen, Berlin 2018.

Himmelmann, Gerd, Was ist Demokratiekompetenz? Ein Vergleich von Kompetenzmodellen unter Berücksichtigung internationaler Ansätze, in: Beiträge zur Demokratiepädagogik. Eine Schriftenreihe des BLK-Programms „Demokratie lernen und leben", Berlin 2005.

Kultusministerium des Landes Sachsen-Anhalt, Rahmenrichtlinien Gymnasium, Physik, Schuljahrgänge 6–12 (2003) 42.

Morgan, William/Streb, Matthew, First do no harm: The importance of student ownership in Service-Learning, Metropolitan Universities, 13 (3) (2003), 321–345.

Nagy, Franziska, Service-Learning in den MINT-Fächern. Lernen durch Engagement für einen wertebildenden MINT-Unterricht, München und Berlin 2016.

Oelkers, Jürgen, Demokratie und Erziehung. Eine Einleitung in die philosophische Pädagogik, Weinheim 2000.

Reinders, Heinz, Service-Learning – Theoretische Überlegungen und empirische Studien zu Lernen durch Engagement, Weinheim 2016.

Root, Sue/Billig, Shelley, Service-Learning as a promising approach to high school civic engagement, in: Bixby, J. S./Pace, J. L. (Hrsg.), Educating democratic citizens in troubled times: Qualitative studies of current efforts, New York 2008, 107–127.

RMC Research Corporation, Impacts of Service-Learning on participation k-12 students (2007). Verfügbar unter https://leduccenter.files.wordpress.com/2015/02/sl_impacts-on-k12_students.pdf [Zugriff am 20.03.2018]

Schleicher, Andreas (OECD), Kinder für ihre Zukunft anstatt unsere Vergangenheit bilden, Vortrag auf dem Forum Bildung und Zivilgesellschaft, Berlin 2018. Verfügbar unter https://www.stifterverband.org/veranstaltungen/2017_11_02_future_skills [Zugriff am 19.04.2018]

Seifert, Anne, Resilienzförderung an der Schule. Eine Studie zu Service-Learning mit Schülern aus Risikolagen, Wiesbaden 2011.

Seifert, Anne/Zentner, Sandra/Nagy, Franziska, Praxisbuch Service-Learning. Lernen durch Engagement an Schulen, Weinheim und Basel 2012.

Seifert, Anne/Nagy, Franziska, Demokratische Bildung im Unterricht. Schulische Engagementprojekte und ihr Beitrag zu Demokratiekompetenz, Wiesbaden 2014.

Sekretariat der Kultusministerkonferenz (Hrsg.), Bildung in der digitalen Welt. Strategie der Kultusministerkonferenz, Berlin 2016. Verfügbar unter: https://www.kmk.org/fileadmin/Dateien/pdf/PresseUndAktuelles/2016/Bildung_digitale_Welt_Webversion.pdf [Zugriff am 27.03.2018].

Yorio, Patrick/Ye, Feifei, A Meta-Analysis on the Effects of Service-Learning on the So-cial, Personal, and Cognitive Outcomes of Learning, in: Academy of Management Learning & Education, 11 (1) (2012), 9–27.

Zentner, Sandra, Tu was für andere und lern' was dabei! Mit Service-Learning fürs Mitgestalten begeistern, in: SCHÜLER: Wissen für Lehrer (2014), 104–107.

Zentner, Sandra/Nagy, Franziska, „Und dann habe ich gemerkt, dass ich mich auf mich verlassen kann!". Mit Lernen durch Engagement Kinder und ihre Rechte stärken, in: Krappmann, Lothar/Petry, Christian (Hrsg.), Worauf Kinder und Jugendliche ein Recht haben. Kinderrechte, Demokratie und Schule: Ein Manifest, Schwalbach 2016, 216–229.

Konsum- versus Verantwortungslernen am Beispiel des Projektes Verantwortung an der Evangelischen Schule Berlin Zentrum

Caroline Treier

1. Leitbild der Evangelischen Schule Berlin Zentrum und Bedeutung des Projektes Verantwortung

Die Evangelische Schule Berlin Zentrum (ESBZ) wurde im Jahr 2007 gegründet; sie ist eine freie Gemeinschaftsschule mit einer Grundschule (ESBM), Träger ist die Evangelische Schulstiftung in der EKBO. Unsere Vision ist es, die Schüler*innen zu mündigen, zukunftsfähigen und verantwortlichen Weltbürger*innen im Sinne der Bildung für nachhaltige Entwicklung zu befähigen. Als Schule setzen wir uns für eine friedliche, gerechte, soziale und nachhaltige Welt ein. Das Grundkonzept der Schule basiert auf vier Säulen des Lernens: Lernen verantwortungsvoll zu handeln, Lernen in heterogenen Gruppen, Lernen das Leben zu gestalten, durch Lernen Wissen zu erwerben. Dieses 4-Säulen-Modell versuchen wir in vielfältigen Lernformaten durchgängig umzusetzen. Zu diesen gehören Projekte und Pulsare, die Herausforderung und die Lernexpedition, „Alle ins Ausland" sowie das „Projekt Verantwortung".

Prägende Gestaltungsräume an der ESBZ sind: die Einbettung in einen höheren Sinn, insbesondere die Agenda 2030, die Anerkennung der Würde jedes Einzelnen, das Zutrauen in die Potenziale der Kinder und Jugendlichen, die Lernfreiräume, um das Selbstbewusstsein bzw. die eigene Persönlichkeit entwickeln zu können. Im Leitbild unserer Schule steht:

> *Wir wollen, dass alle Kinder an unserer Schule Mut und Freude entwickeln, verantwortliches Handeln zu lernen.*
> *Verantwortung für Kinder – Verantwortung für die Erde*
> *Verantwortung für sich, Verantwortung für andere,*
> *Verantwortung in der Welt*

Seit der Gründung unserer Schule ist das „Verantwortungslernen" zentrales Lernprinzip im Schulalltag der ESBZ. Wenn Jugendliche in eine demokratische, friedfertige und nachhaltige Gesellschaft hineinwachsen sollen, müssen sie die Erfahrung machen, gebraucht und anerkannt zu werden. Wissen bzw. „Beschulung" allein führt nicht automatisch zu erwünschtem Verhalten.

Die Jugendlichen sollten sich als „Gestalter", „Botschafter" oder „Changemaker" einer zukunftsfähigen und nachhaltigen Welt verstehen.

Wir trauen den Schüler*innen zu, dass sie mit ihren Potenzialen einen Beitrag für die Umwelt oder Gesellschaft leisten können, dabei ihre Persönlichkeit weiterentwickeln sowie Zukunftsoptimismus erfahren und entwickeln.

Mit dem Zutrauen in die Fähigkeiten der Jugendlichen sowie dem Loslassen vom Lernen im reinen „Schulkontext" erhalten die Schüler*innen Wertschätzung. Es gilt: Auf dich kommt es an!

> *„Die Zukunft der Welt braucht Menschen, die es gewohnt sind Verantwortung zu übernehmen. Für sich selbst, für andere, für unseren Planeten. Verantwortung und Handeln lernen Heranwachsende, indem sie Aufgaben mit Ernstcharakter übernehmen, wir ihnen etwas zutrauen, zumuten. Kinder und Jugendliche machen dabei die Erfahrung, dass sie durch ihr Engagement, durch solidarisches Tun ihre Mit-Welt beeinflussen und verändern können. In solchen Prozessen wächst Eigenstärkung, Selbstbewusstsein, Gemeinsinn. Sie spüren: Ich kann etwas bewirken, auf mich kommt es an!",* Margret Rasfeld, erste Schulleiterin an der ESBZ.[1]

In den ersten Jahren hat sich unsere Schule für „Plant-for-the-Planet" eingesetzt. 200.000 Euro wurden in drei Jahren gesammelt und davon 200.000 Bäume nördlich von Berlin gepflanzt. Dieses Schulprojekt hat die ersten Schülergenerationen sehr geprägt: „Alles ist möglich, wenn wir an uns glauben."

Angestoßen hatte die Kinder- und Jugendinitiative der damals erst neunjährige Felix Finkbeiner im Jahr 2007 aus Pähl. Er hatte 2007 das Ziel gesetzt, angeregt von Wangari Maathai, die in Afrika in 30 Jahren 30 Millionen Bäume gepflanzt hat, dass eine Million Bäume in jedem Land von Kindern gepflanzt werden könnten. In nur drei Jahren wurde in Deutschland der Millionste Baum gepflanzt. 2008 luden wir ihn als „Mensch mit Botschaft" an unsere Schule ein.

Doch wo und wie kann Verantwortung in einem größeren Kontext „gelernt" werden? Im Projekt Verantwortung (PV) engagieren sich alle Jugendlichen in den Jahrgangsstufen 7 bis 10 im Umfeld ihrer Schule einmal in der Woche über einen Zeitraum von zwei Schulstunden sozial oder ökologisch in einem selbst ausgewählten Projekt oder einem bereits bestehenden Projekt. Wir geben ihnen einen festen Zeitraum und begleiten sie, ein Projekt zu initiieren oder vorhandene Projekte zu unterstützen.

> *„PV ist wichtig, denn man lernt nicht nur für sich, sondern auch für andere Menschen Verantwortung zu übernehmen.",* Luna, 14 Jahre.

> *„Ich habe in der siebten Klasse durch das Projekt Verantwortung gelernt mich selbst zu organisieren. Ich musste mich in einem Kindergarten vorstellen und präsentieren, wie ich mithelfen kann. Im laufenden Jahr habe ich mich aktiv einmal die Woche in*

---

1   Dieses und die weiteren *kursivierten Zitate* sind mündlichen Äußerungen, die von März bis Mai 2018 durch C. Treier erhoben wurden.

das Kitaleben eingebracht und bin dadurch selbstbewusster geworden. Diese Erfahrung hat mir super viel gebracht!" Lena, 17 Jahre.

In der 11. Jahrgangsstufe engagieren sich die Schüler*innen im Rahmen von „Alle ins Ausland" (AiA) für drei Monate in einem interkulturellen Projekt im Ausland.

Dabei lernen die Heranwachsenden, sich für ein Projekt einzusetzen und eine stärkere Verbundenheit mit den Menschen und der Natur zu entwickeln. Sie fühlen sich nicht nur verantwortungsvoll, sondern lernen zu handeln, sie erfahren Teilhabe und darüber hinaus entwickeln sie ihre Persönlichkeit weiter. Die Werte Verantwortung, Empathie, Gerechtigkeit und Nachhaltigkeit werden angebahnt, allerdings nicht durch theoretische Impulse, sondern wirklichkeitsnah und selbstbestimmt und bei jedem Kind und Jugendlichen individuell bzw. unterschiedlich stark.

Die Welt zu verstehen lernen – das ist für uns ein wichtiger Aspekt von Bildung. Die Welt als Akteure selbst mitzugestalten – ein ebenso wichtiger. Die Jugendlichen müssen sich ausprobieren können in realen Situationen, und nicht nur in künstlich geschaffenen Wirklichkeiten und Lernorten. Sie müssen Selbstwirksamkeit in einem Projekt erfahren, für das sie einstehen. Dann werden sie ihre eigene Bedeutsamkeit in der Gesellschaft spüren und der Zukunft zuversichtlich entgegenblicken. Die Projekte „Verantwortung" und „Alle ins Ausland" tragen sehr stark zur Persönlichkeitsbildung der Jugendlichen bei. Die Begegnung mit Neuem, Fremden öffnet die eigene erlebte Welt. Individuelle Einstellungen und Haltungen werden durch die Begegnung mit anderen Menschen erweitert, Vorurteile abgebaut und Verständnis entwickelt. Das neue Maß unserer Gesellschaft sollte „Menschlichkeit" sein.

> *„Verantwortung zu übernehmen, kann auch heißen, Mitgefühl zu entwickeln. Mitgefühl ist eine der stärksten menschlichen Fähigkeiten. In einer sich immer weiter globalisierenden Welt unter stetig fortschreitender Digitalisierung darf uns diese Fähigkeit in allen bedeutsamen gegenwärtigen und zukünftigen Entscheidungen nicht verloren gehen.",* Amélie Frank, Pädagogin.

In den Zeiten der Unsicherheit – ökologische Herausforderungen, Wandel durch die Digitalisierung, keinen gesicherter Frieden – sind Zuversicht und die Verbundenheit mit der Einen Welt die große Sehnsucht und zugleich die Möglichkeit, als Schicksalsgemeinschaft die Herausforderung gemeinsam zu meistern. Dafür wird das Engagement jedes Einzelnen gebraucht! Für eine lebenswerte Zukunft wollen wir die Jugendlichen vorbereiten. Das tun wir, indem sie in unterschiedlichen Lernformaten die sogenannten Zukunftskompetenzen trainieren: Veränderungsbereitschaft bzw. die Bereitschaft sich auf Neues einzulassen, Fähigkeit mit unterschiedlichen Menschen zu arbeiten sowie selbstorganisiert und in komplexen Zusammenhängen, mentale Flexibilität sowie interkulturelle Kompetenz.

Verantwortung selbst übernehmen und tragen zu können ist eine wesentliche Kompetenz, das eigene Leben gestalten zu können. Sie ist die Grundlage für das Erlernen einer demokratischen Kultur. Die Jugendlichen müssen sich für eine Sache begeistern können, sollten ihr Projekt selbst planen, sie sollten lernen zu kommunizieren, ihre Wünsche und Bedürfnisse zu artikulieren bzw. auf andere Bedürfnisse einzugehen. Sie erfahren Konflikte und trainieren den Umgang damit außerhalb des schulischen Schonraums. Wir machen oft die Erfahrung, dass sich die Kinder und Jugendlichen selbstständiger und selbstbewusster in ihrem Verantwortungsprojekt zeigen als in der Schule selbst.

> „Man muss die eigene Verantwortung lernen, dass du ein Projekt selbst organisiert, planst, jede Woche hingehst, das bis zum Schuljahresende durchziehst.“ Johanna, 15 Jahre.

> „Mein PV in der 8ten Klasse im Seniorenheim war nicht immer einfach. Aber ich habe Verständnis für die Lebenssituation von älteren Menschen entwickelt.“ Penelope, 17 Jahre

Wir stellen im Verantwortungsprojekt keine künstlichen Lernsituationen her, die Jugendlichen sind mit tatsächlichen Problemen bzw. Aufgaben konfrontiert. Sie lernen durch „reale“ Projekte im echten Leben sich zu engagieren, dafür geben wir den Jugendlichen Zuspruch, Vertrauen und Autonomie. Mit einer permanenten Erwachsenenaufsicht würden wir die Kompetenzen beschneiden, die sich oftmals erst dann zeigen, wenn wir Erwachsenen lernen, uns zurückzunehmen. Das gewohnte Konsumlernen „meine Lehrerin/mein Lehrer vermitteln mir den Stoff“ ist fehl am Platz. Die Jugendlichen sind keine Kosumenten, sondern Gestalter ihrer eigenen Zukunft und Entdecker ihrer Welt.

> „Als die Kinder vom Flüchtlingsheim lachend auf uns zurannten und uns umarmten, da hat mir das Projekt Verantwortung etwas gegeben, das kein anderes Fach einem geben kann.“ Svana, 17 Jahre

Die Wirksamkeit verantwortungsvollen Handelns erfahren die Jugendlichen im Rahmen von „Menschen mit Botschaft“. Mehrmals im Jahr werden Experten und Menschen, die sich für ein persönliches Ziel einsetzen, in die Versammlung eingeladen. Das Einladen von Menschen mit Botschaften ist Element des Schulprogramms. Sie stellen ihr Anliegen, ihre Botschaft und ihr Engagement vor, ermutigen so zum Handeln und sind Vorbilder. „Insbesondere für Heranwachsende sind persönliche Begegnungen mit Vorbildern prägende Erfahrungen, die für das Verstehen und die Verständigung durch nichts zu ersetzen sind. Haltungen und Einstellungen, innere Bilder sind wirk-mächtig. (...) An der ESBZ wollen wir daher Gelegenheiten für die Begegnung mit Menschen schaffen, die etwas bewirken in ihrem Leben."[2]

2.   Kriterien für das Projekt Verantwortung

„Für das Projekt Verantwortung musst du eine Leidenschaft einbringen oder ein Inte-ressengebiet, man muss sich selbst herausfordern, denn wann man sich nicht heraus-fordert, wird das Projekt sonst irgendwann langweilig. Du brauchst also ein Thema, mit dem du dich identifizieren kannst und nicht nur, weil die Freunde es machen", Johanna 15 Jahre.

„Herausfordernd ist es ein Thema zu finden, mit dem man sich ein ganzes Jahr be-schäftigen kann und möchte." Luna, 14 Jahre

Kriterien für ein Projekt Verantwortung (PV) in den Jahrgängen 7 bis 10:
- Die Verantwortung für Mensch und/oder Umwelt im Sinne eines ökologischen, kulturellen oder sozialen Einsatzes muss klar erkennbar sein.
- Das PV ist ein Potenzialentfaltungsprojekt, bei dem die Jugendlichen ihre eige-nen Fähigkeiten einsetzen und möglicherweise auch neue entdecken.
- Es gibt sinnvolle Aufgaben, die entweder eigenständig oder im Team übernom-men werden. Es gibt einen klaren Bedarf.
- Das PV muss ein ehrenamtliches Engagement sein, somit darf es kein Taschen-geld oder auch keine Aufwandsentschädigung geben.
- Die Jugendlichen müssen von der Schule besucht werden können und dürfen.
- Das PV darf nicht innerhalb der eigenen Familie stattfinden.
- Es muss für die Jugendlichen und die Schule bei ihrem Einsatzort einen festen Ansprechpartner geben.

3.   Projektbeispiele aus dem Schuljahr 2017/2018

„Das PV unterstützt mich zu lernen mehr Verantwortung zu übernehmen, das macht man nicht an anderen Schulen. Man muss ein PV machen, das man gerne macht, man muss sich gut überlegen, was passt zu mir. Wenn es nicht zu dir passt, macht es keinen Spaß." Zerda, 13 Jahre

Die Verantwortungsprojekte sind sehr vielseitig. Seit 2017 haben wir auch „schu-lische" Verantwortungsprojekte, um langfristig wichtige Projekte mit vereinten Kräften unterstützen zu können und darüber hinaus bei manchen Jugendlichen auch die Hemmschwelle zu senken, sich zu engagieren. Bei den schulischen PV-Angeboten achten wir ebenfalls auf eine sehr hohe Motivation bei der Bewerbung,

---

2   Rasfeld/Spiegel 2012, 82.

die schriftlich begründet abgegeben werden muss. Jugendliche, die Schwierigkeiten haben, erhalten Unterstützung in der Bewerbung von Mitschüler*innen und der Tutorin bzw. dem Tutor. Jede Klasse hat zwei Klassenlehrer*innen, die sogenannten Tutoren.

... Kultur, in kirchlichen
Gemeinden und Politik   ... Mitmenschen

Verantwortung für ...

    ... Natur und Umwelt
                                    schul -und Bildungskultur als
                                    „schulisches" Angebot:
                                    a) Raumgestaltung,
                                    b) Öffnung der Schule,
                                    c) kulturelle Praxis,
                                    d) Ökologie und
                                    e) Digitalisierung

Verantwortung für Kultur, in kirchlichen Gemeinden und Politik

Jugendliche unterstützen Vereine, Kultureinrichtungen oder engagieren sich in Kirchengemeinden. Auch das Engagement im Jugendparlament oder in Gremien der Schule wird anerkannt, so z.B.:

- Co-Trainer in AG einer Grundschule oder in Vereinen
- Einsatz in Museen oder Gedenkstätten (Anne Frank Museum, Technik Museum)
- Reinigen von Stolpersteinen
- Denkmäler pflegen
- Kirchengemeinde: Kinderkirche gestalten, Jugendfreizeiten vorbereiten und durchführen, Ausbildung zu Kirchenführern u.v.m.
- Unterstützung des interreligiösen Gotteshauses „House of one" in Berlin Mitte am Petriplatz

„Evangelische Schule sein bedeutet, in Kontakt zu sein mit Orten und Menschen, die ihr Leben auf dem Grund des Evangeliums leben. Es bedeutet, miteinander und mit der Bibel im Gespräch zu sein, und miteinander zu überlegen, was Jesus angesichts der Herausforderungen unserer Zeit getan hätte. Die Marienkirche und ihr Umfeld ist ein Labor, ein Lernort, voneinander zu lernen und miteinander zu handeln. Auf dem Boden des Evangeliums." Cordula Machoni, Pfarrerin der Marienkirche, unserer Kirchengemeinde.

Verantwortung für eine gelingende Schul- und Bildungskultur

PV findet als festes „schulisches" Angebot in folgenden Bereichen statt: a) „Raumgestaltung", b) Öffnung der Schule, c) kulturelle Praxis, d) Ökologie und e) Digitalisierung:

a) Raumgestaltung: Seit dem Schuljahr 2017/2018 gibt es als festes „Schulangebot" die Projektgruppe „Raumgestaltung", die von einer Pädagogin geleitet wird, die sehr erfahren ist im Bereich der Raumgestaltung sowie dem Leiter unserer Holzwerkstatt. Der großen Schülergruppe (40 Jugendliche) steht ein kleines Budget zur Verfügung. Die Gestaltungsideen werden mit der Schulgemeinschaft – je nach Größe des Projektes abgestimmt, u.a. unterstützt von der „Gruppe der Gestalter" (Elterngruppe) und der Schulleitung. Die enorme Resonanz aus der Schülerschaft zeigt, wie sehr Investitionsstau und die noch nicht angemessene Raumgestaltung an unserer Schule die Jugendlichen motiviert, aktiv zu werden, um vermehrt Wohlfühlräume zu schaffen.

b) Öffnung der Schule: Seit vielen Jahren gibt es das Format „Schüler schulen Lehrer". An einem Nachmittag erhalten Bildungsinteressierte auch von Schüler*innen einen Einblick in unsere Schule. Die sogenannten Bildungsbotschafter melden sich für das Verantwortungsprojekt mit der Bereitschaft und Motivation, regelmäßig unseren Gästen Einblicke in unsere Schulpraxis zu geben. Als Schule im Aufbruch bzw. Schule der Zukunft, möchten wir Impulse für eine neue Schul- und Lernkultur geben.

c) Kulturelle Praxis: Spieleverleih in den Pausen, unterstützt von der Schulsozialarbeit; Vorbereitungsgruppe für die Gestaltung der Mittelstufenversammlung als demokratisches Lernformat, unterstützt von einem Pädagogen, Ausbildung von Konfliktmediatoren durch Schulsozialarbeit, die allerdings noch in den Anfangsschuhen steckt.

d) Ökologie: Ausbildung als Klimabotschafter

e) Digitalisierung: Ausbildung zu „Digitalen Helden", die aktuell eine zeitgemäße Gemeinschaftsschulordnung, d.h. reflektierte Regeln und Verhaltensweisen zum Bereich Medien ausarbeiten. *„Die Herausforderungen der Digitalisierung kündigen sich schon seit Jahrzehnten an und kommen für die meisten Bildungseinrichtungen nun doch ganz plötzlich. Wie vermitteln wir unseren Kindern und Jugendlichen z.B. eine Kultur des Smartphone-Umganges, die wir als Gesellschaft gerade erst entwickeln? Hierfür brauchen wir Expertinnen und Experten! Unsere Jugendlichen wachsen seit ihren ersten Lebensjahren mit den Produkten und Möglichkeiten der Digitalisierung auf."* Florian Sievert, Pädagoge.

Soziale Verantwortung

> *„Ich möchte Kindern, die die deutsche Sprache lernen, helfen. Ich erkläre gerne Aufgaben, mir macht Mathe Spaß, da kann ich richtig gut helfen. Man muss freundlich*

sein und sehr viel Geduld haben. Mit den Kindern ist es nicht nur leicht. Sie verstehen etwas nicht so schnell, man muss immer wieder etwas erklären. " Sahar, 15 Jahre

„Meine Erfahrung ist, es ist schwierig, etwas zu erklären. Ich lerne Geduld. Man sollte Spaß daran haben, nicht zu streng sein, die Kinder zum Arbeiten motivieren, aber nicht zwingen, freundschaftlich helfen. Dann verstehe ich es selbst als Schülerin leichter und ich denke, dann verstehen es auch die Kinder leichter, bei denen ich bin. ", Sina, 15 Jahre, in Deutschland seit zwei Jahren, Engagement im Projekt BildungsBande.

Beispiele:
- BildungsBande der Zukunftsstiftung Jugend, initiiert von der ersten Schulleiterin der ESBZ: Margret Rasfeld. In diesem Projekt unterstützen Schüler*innen Kinder mit Migrationshintergrund im Unterricht.
- Pausenbuddy, insbesondere für Kinder und Jugendliche mit Förderschwerpunkt geistige Entwicklung
- Arbeit im Hospiz (nur nach intensiver Absprache möglich), Flüchtlingsunterkünften und Altenheimen
- Einsatz in Kindergärten und als Bildungspaten in Grundschulen
- Obdachlosenhilfe
- Begleitung von Senioren in Ihrem Alltag
- Unterstützung von Bildungsprojekten, z.B. Pen Paper Peace ...
- Ausbildung als Schulsanitäter und Einsatz in der ESBZ, unterstützt von den Johannitern

„Ich bin Schulsanitäter geworden, weil ich wissen wollte, wie ich anderen Leuten in Notsituationen helfen kann. Es ist mir schon oft passiert, dass in meiner Nähe ein Fahrradfahrer oder Fußgänger ausgerutscht ist. Das ist ein besseres Gefühl, dass man vorbereitet ist und weiß, was man tun kann, In den letzten Jahren hat es immer mehr an Begeisterung immer mehr zugenommen. Ich bin beruhigter, weil ich weiß, wie ich damit umgehen kann und es meistens nichts Schlimmes ist. Ich bin jetzt in solchen Situationen entspannt und nicht hysterisch oder ahnungslos. Seit diesem Schuljahr leite ich die Schulsanitätergruppe unserer Schule. Ich bin schon lange Schulsanitäter und habe die Jugendgruppenausleiterausbildung gemacht. Daher hat es Sinn ergeben, dass ich die Gruppe leite und meine PV-Stunden für diese Aufgabe einsetzen kann. Auch macht es mir Spaß, sonst würde ich in meiner Freizeit nicht meinen Unterricht mit den Schulsanitätern vorbereiten. " Emilio, 16 Jahre

„Meine Herausforderung im PV ist, dass die Kinder nicht hören. Dann mache ich ein Spiel, dass sie gut Pause machen und dann arbeiten wir weiter und machen die Aufgabe. Ich weiß jetzt schon bei welchem Kind, was es toll findet, was ablenkt und kann damit herumspielen. Ich sage, jetzt machen wir die Aufgabe zu Ende und dann machen wir im Anschluss das, was ihnen gefällt. Und dann ist es meistens so, dass sie viel mehr Aufgaben schaffen, als sie schaffen sollten. " Lina, 13 Jahre

Verantwortung für Natur und Umwelt

„Ich bin Klimabotschafter, weil mich das Thema schon lange interessiert hat, jetzt gab es die Möglichkeit, mich zu engagieren. Am Anfang des Schuljahres macht man eine Klimabotschafterausbildung. Man erfährt Sachen über den Klimawandel, man lernt Workhops für andere Schüler zu machen und zu leiten. Dann ist man Klimabotschafter. Es gibt es ein digitales Netzwerk. Dort werden die Anfragen von anderen Schulen weitergeleitet, ob man einen Workshop zum Thema macht, was man zum Beispiel an der Schule verbessern könnte. Den Workshop machen dann zwei bis drei Personen. Im Netzwerk sind ganz viele anderen Schulen. Wir machen jetzt noch an unserer Schule ein Schulprojekt: den Kleidertausch.“ Rosalie, 14 Jahre.

„Mein PV, den öffentlichen Park zu gärtnern, gefällt mir echt gut. Ich sehe die Fortschritte. Ich bin bei einem Verband, der sich um den Park kümmert, damit dieser nicht verwahrlost und verwildert. Der Park muss freundlicher werden für Kinder und Erwachsene.“ Luna, 14 Jahre.

Beispiele:
*   Kostenlose Reparatur von Handys durch die Gründung einer Schülerinitiative von Lasse
*   Ausbildung als Klimabotschafter in Kooperation mit dem SV-Bildungswerk in Berlin und dem Global Goals Curriculum Verein
*   Bepflanzung von Hinterhöfen und Pflege von öffentlichen Gärten
*   Bienenpatenschaften.

„Ich habe mir in diesem Schuljahr ein Projekt ausgedacht, an dem ich arbeiten werde. Mein Ziel ist es Ressourcen zu sparen und die Umwelt zu schonen, indem ich Handys repariere.“ Lasse 12 Jahre

4.   Organisation von Projekt Verantwortung

4.1   Einführung der Kinder

Bevor die Kinder im Alter von 12 Jahren zu uns an die ESBZ kommen, findet ein Kennenlern- und Aufnahmegespräch zwischen Schulleitung, Kind und den Eltern statt. Im Rahmen dieses Gespräches geht es auch darum, welche Fähigkeiten die Kinder haben und ob sie bereits Ideen für das Projekt Verantwortung mitbringen. Daneben wird im Aufnahmegespräch der Mittelstufe über das Lernformat Herausforderung gesprochen. Dadurch wird die Bedeutung dieses „Faches" bereits herausgestellt. Manche Kinder haben noch keine Vorstellung davon, andere Kinder haben bereits Hobbys bzw. Interessen, die miteinander verknüpft werden können. Ein Beispiel hierfür bietet die Arbeit in der Kirchengemeinde. Zudem gibt es Kinder, die sich bereits im Rahmen der Grundschule für ein Projekt engagiert haben. So hat eine Mädchengruppe sich seit über einem Jahr für soziale Projekte engagiert und Produkte hergestellt, die verkauft wurden. Der Gewinn wurde gespendet.

In den Kennenlerngesprächen wird auch die „Mut- und Verantwortungskarte" der ESBZ (siehe Abb. 1 am Ende des Beitrags) als zentrales Leitprinzip unserer Schulkultur eingeführt, die die Kinder dann bei ihrem ersten Schultag an der ESBZ erhalten.

Alle neuen Schüler*innen des 7. Jahrgangs erhalten von Schulleitung und den Klassenlehrer*innen in den ersten drei Wochen eine Einführung in das Schulkonzept. Mit einer Schulhausbegehung, verbunden mit der chronologischen Darstellung der Schule sowie besonderen Orten, mit kleinen Videos, Erzählungen und Workshops wird versucht, das Leitbild der Schule vor Ort möglichst anschaulich zu vermitteln. Die Schüler*innen sollen erfahren, wofür die Schule steht. Warum ist an unserer Schule das Essen vegetarisch? Warum lernen wir in heterogenen Lerngruppen? Was ist die Vision der ESBZ? Welche Lernformate sind am wichtigsten und warum? Hier geht es insbesondere um Herausforderung, Projektunterricht, Klassenrat, die Versammlung und insbesondere Projekt Verantwortung. Die Jugendlichen erleben in diesen drei Wochen, wie sich Verantwortungslernen in ihrem Schulalltag niederschlägt, auch indem sie Einfluss auf ihren Stundenplan bzw. Kurswahlen haben, Einfluss auf Zeit und Lerninhalte nehmen und wie sie Verantwortung innerhalb der Schule übernehmen müssen. So organisiert beispielsweise der 7. Jahrgang seit dem Schuljahr 2016/2017 ein Ankommensfest für die Herausforderungsschüler*innen. Die Jugendlichen werden damit konfrontiert, wie sie Verantwortung nicht nur für sich und die Schulgemeinschaft, sondern in der „Welt" bzw. außerhalb der Schule ergreifen können. In den ersten Schultagen des neuen Schuljahres geht die Schulleiterin mit den neuen Siebtklässlerinnen in die Räume der Oberstufenschüler*innen und wir trainieren „Mut". Dabei handeln die neuen Kinder aus, wer an welchen Räumen klopft und spontan nachfragt, ob sich eine Lerngruppe für uns Zeit nehmen könnte, um von ihren Erfahrungen zu Projekt Verantwortung und Herausforderung zu erzählen. In Murmelgruppen befragen die jüngeren Schüler*innen die älteren. An der Begegnung schätzen die „Neulinge", dass sie bereits in der ersten Schulwoche Oberstufenschüler*innen kennenlernen, vor denen sie eigentlich großen Respekt haben. Sie erhalten viele wertvolle individuelle Erfahrungstipps sowie Inspirationen. Sie erleben, wie unterschiedlich die Verantwortungsprojekte sein können. Obwohl der Besuch der Kolleginnen und Kollegen nicht angekündigt wird, lassen sich immer alle Pädagoginnen und Pädagogen sowie Oberstufenschüler*innen sehr gerne auf diesen spontanen Besuch ein. Wir gehen in insgesamt zwei bis drei Lerngruppen und werten die Berichte dann gemeinsam aus bzw. lasse ich die Jugendlichen erzählen. Wir sammeln gemeinsam Beispiele und Ideen für das Projekt Verantwortung. In

der späteren Auswertung nennen die Kinder die Begegnung mit den älteren Schülerinnen und Schülern als ein Highlight der ersten drei Wochen.

Die weitere Einführung übernehmen die Klassenlehrer*innen. Davor berich-
tet die Schulleiterin den Teams, wie die Einführung gelungen ist, was besondere
Momente waren und wie ich die Gruppe erlebt habe. In der zweiten Phase setzen
sich die Jugendlichen mit ihren Klassenlehrer*innen damit auseinander, welche
Fähigkeiten sie haben, die sie gerne einbringen würden und welche Ideen sie für
Verantwortungsprojekte mitbringen bzw. welcher Einsatz sie motivieren würde.
Sie erkunden im Rahmen eines Stadtteilspieles ihren Stadtteil, werten die Erfah-
rungen gemeinsam aus.

Die Eltern werden informiert über den Tag der offenen Tür, im Rahmen der
Aufnahmegespräche sowie bei dem ersten Elternabend. Die Jugendlichen erhalten
einen Informationsbrief für die potenziellen Partner sowie einen „Praktikumsver-
trag". In unserem Verständnis ist PV kein Praktikum im Sinne einer Berufsorientierung.

Nach einem Bewerbungstraining und dem Erkunden eigener Fähigkeiten
und Interesse beginnt die Suche nach einem Projektpartner. Dies ist die Phase, in
der die Kinder und Jugendlichen eine enge Begleitung von der Schule bzw. ihren
Klassenlehrer*innen erhalten, je nachdem, wie hoch der Unterstützungsbedarf
ist. Teilweise wird das Telefonat bzw. das anstehende Gespräch in Rollenspielen
trainiert. In den älteren Jahrgangsstufen haben die Jugendlichen bereits durch die
vielen Reflexionen einen guten Einblick in andere Projekte und viele Inspirationen
erhalten.

Die Einführung und Begleitung in den höheren Jahrgangsstufen ist etwas einfacher. *„Man sollte die Projektsuche ab der 8. Jahrgangsstufe nicht zu sehr in die
Länge ziehen. Gut ist es, wenn andere Leute erzählen und inspirieren, was sie gemacht haben. Es ist gut, dass wir ab der 8. Jahrgangsstufe nicht zu sehr diskutieren,
sondern es heißt: Sucht euch etwas, was ihr könnt. Das zweite PV ist viel einfacher,
beim ersten Mal viel es mir sehr schwer. Man musste es komplett selber machen. So
viel Hilfe gab es auch nicht. Eigentlich wollte ich mir beim ersten Mal einen Tanzkurs
geben, aber die Zeit war leider zu kurz."* Johanna 15 Jahre.

4.2   Praxis, Dokumentation und Reflexion

Die Praxisphase startet ab dem zweiten Schulmonat und dauert bis zum Ende des
Schuljahres. Es gibt feste Ansprechpartner für jedes Projekt: in der Schule die Tutorin bzw. der Tutor und in ihrem jeweiligen Einsatzort eine Ansprechpartnerin
oder -partner.

Die Tutoren besuchen die Schüler*innen in ihrem Projekt. Zu Beginn des
Schuljahres nehmen sie mindestens telefonisch mit den Partnern Kontakt auf,
stellen sich vor, klären vielleicht noch offene Fragen des Partners. In einem Jahr

erfolgen ca. zwei Besuche vor Ort. Bei diesen Besuchen beobachtet die Tutorin/ der Tutor den Jugendlichen in seinem Projekt und führt Gespräche mit dem Ansprechpartner*innen vor Ort. Sehr viele Jugendliche erleben wir bei ihrem PV mit bis dahin unbekannten Seiten bzw. es erfolgt eine positive Rollenübernahme, indem sie sich selbstbewusster, zugewandter und selbstständig zeigen. Häufig sind dies auch Jugendliche, die im System Schule diese Eigenschaften noch nicht so stark zeigen können. Das Zutrauen in ihre Fähigkeiten und die Erfahrung „ich bin gebraucht" ist maßgeblich für die Identitätsbildung jedes Kindes. Im PV werden die Jugendlichen mit ihrer ganzen Persönlichkeit wahrgenommen, die klassische Schulbewertung spielt keine Rolle.

> *„Ich habe eine Schülerin, die in der Schule nicht sehr stark sozial eingebunden ist. Aber in ihrem Verantwortungsprojekt bekommt sie sehr viel positive Rückmeldung von den Erziehern und Kindern. Ihre Verlässlichkeit sowie ihre Leidenschaft für Literatur finden die Kinder vor Ort bewundernswert. Die Kinder im Kindergarten lieben sie. Sie liest einfach stundenlang vor. Eine andere Schülerin aus meiner Klasse ist in den Prüfungsfächern nicht leistungsstark. Im Hospiz ist sie einfach toll. Dort kann sie ihre empathischen Talente auch außerhalb der Schule einsetzen. Für die Schülerin ist das eine tolle Perspektive, in Teilen auch für das spätere Berufsleben. Mit dem PV kann ich die Talente der Kinder besser einschätzen und auch fördern."* Franziska Kramer, Pädagogin.

Die Schüler*innen lassen sich meistens auf neue und ihnen unbekannte Situationen und Herausforderungen ein. Sie kennen zwar ihren Einsatzort und Ansprechpartner*innen, allerdings sind die Erfahrungen für sie in der neuen Rolle zumeist unbekannt, auch wenn sie beispielsweise in einem Kindergarten ein PV haben. Sie lernen, verschiedene Situationen eigenständig und teilweise auch kreativ zu bewältigen, denn sie haben nicht immer die Möglichkeit, eine erwachsene Person zu fragen. Daher müssen sie oft auf ihre Intuition vertrauen. Sie lernen Entscheidungen eigenständig zu treffen, flexibel zu sein und sich auf die Menschen vor Ort einzulassen. Durch die direkte Begegnung mit Menschen aus anderen Kulturen, Herkunft oder unterschiedlichen Alters werden Vorurteile abgebaut bzw. das eigene Weltverständnis erweitert. Verständnis und Empathie, Kooperation und Teamfähigkeit werden nicht als Trockenübung vermittelt, sondern freudig erlebt.

> *„Auf jeden Fall hat es mich Kindern näher gebracht, ich habe auch gesehen und erlebt, wie viel Kraft es kostet, mit Kindern zu arbeiten. Ich habe mehr Respekt und Verständnis vor Menschen in sozialen Berufen. Es ist ein wundervoller Job, wenn man durchgängig mit Menschen zusammen ist.*
>
> *Ich habe gelernt, Kinder anders zu sehen. Ich habe bisher Kinder nur als die „Jüngeren" und ohne starkes Interesse gesehen. Jetzt war es schön, zu sehen, wie sie sich in*

einem Jahr entwickeln. Es hat meine Sichtweise auf Kinder verändert.", Jemima, 14 Jahre.

Die Kinder und Jugendlichen gehen sehr gerne zu ihrem PV, denn die Freiheit, den eigenen Einsatz bzw. das Projekt selbst ausgewählt zu haben, spiegelt sich auch in der Motivation wieder. Allerdings unterstützen die Schule bzw. die Tutoren möglichst schnell bei aufkommender Unzufriedenheit, beispielsweise wenn die Aufgaben sich nicht als herausfordernd darstellen oder Langeweile aufkommt, damit die Selbstwirksamkeitserfahrung möglichst hoch sein kann.

Die Jugendlichen engagieren sich als Akteure in ihrer Gesellschaft, indem sie sich für ihr Ziel einsetzen (soziale Gerechtigkeit, Nachhaltigkeit, hohe Bildungschancen von Kindern mit Migrationshintergrund …).

„Wenn wir dahingehen, werden wir ganz nett begrüßt, die sind alle kleiner als wir, die sind alle gemischt in der Klasse. Kinder, die in Deutschland aufgewachsen sind oder Kinder aus Syrien. Es macht sehr viel Spaß. Ich arbeite mit zwei Kindern, weil sie mehr Hilfe brauchen als andere Kinder. Ich freue mich jedem Mal, in die Schule zu kommen.", Emil, 12 Jahre.

Die Erfahrungen im Verantwortungsprojekt werden regelmäßig im Klassenverband sowie in den Tutorgesprächen alle sechs bis zwölf Wochen reflektiert. Die Häufigkeit schwankt etwas, sie hängt davon ab, ob das Verantwortungsprojekt erfolgreich umgesetzt wird, ob noch Unterstützung notwendig ist und welche Themen bei den einzelnen Jugendlichen Priorität haben. Darüber hinaus hat das PV sowie die Herausforderung im sogenannten Bilanz- und Zielgespräch, das zwei Mal im Jahr mit dem Kind, der Tutorin/dem Tutor und den Eltern stattfindet, einen zentralen Stellenwert.

Alle Jugendlichen dokumentieren wöchentlich sehr knapp im Logbuch, dass sie am Einsatzort waren. Die Ansprechpartner*innen vor Ort unterschreiben die Anwesenheit der Schüler*in im Logbuch. Darüber hinaus dokumentieren die Jugendlichen ihre Erfahrungen in einem leeren Heft, dem sogenannten PV-Tagebuch, das zum Halbjahr und am Ende des Schuljahres bei der Tutorin/dem Tutor abgegeben wird.

Nach dem ersten PV im 7. Jahrgang sollen die Jugendlichen ihren Verantwortungsbereich in der 8. Jahrgangsstufe vergrößern, indem sie den Einsatzort wechseln oder noch eigenständiger gestalten. Ab dem Schuljahr 2018/2019 möchten wir stärker als bisher schulinterne Verantwortungsprojekte bzw. Schülerinitiativen im Bereich Nachhaltigkeit implementieren.

4.3   Feierlicher Abschluss

Im Rahmen des Verantwortungsfestes stellen die Jugendlichen der Jahrgänge 7 bis 11 ihre Mitschüler*innen, ihren Eltern und den Kolleginnen und Kollegen ihre Projekte vor. Dabei erfahren die jungen Erwachsenen, dass ihr Engagement öffentlich gewürdigt wird. Sie erhalten das Zertifikat (siehe Anhang).

In den ersten Jahren waren die immer eingeladen, allerdings war das für viele Partner aus zeitlichen Gründen nicht möglich. Daher gibt es auch von der Schule ein Dankesschreiben an die Kooperationspartner, das die Tutoren bzw. die Jugendlichen überreichen, verbunden mit ihrem persönlichen Dank.

4.4   Verantwortung der Pädagoginnen und Pädagogen

Die Vorbereitung der Kolleginnen und Kollegen geschieht in den Teamtagen bzw. Präsenztagen vor Start des neuen Schuljahres.

Jede Klasse hat zwei Klassenlehrer*innen, sogenannte Tutor*innen. Im Rahmen des Ganztags erhält jede/r Tutor*in eine Deputatsstunde. Folgende Aufgaben gehören zu den Tutorinnen und Tutoren:

- Unterstützung der Jugendlichen, dass innerhalb der ersten vier bis max. sechs Schulwochen ein geeigneten PV-Projekt gefunden bzw. initiiert wurde
- Regelmäßiger Austausch über die gesammelten Erfahrungen im Tutorgespräch und bei den Reflexionsgesprächen im Klassenverband
- in Eigenverantwortung – entsprechend der Deputatsstunde – und nachweisbar die Jugendlichen besuchen; die Besuche werden in einem Kursheft dokumentiert.
- Der Besuch wird eine Woche vorher telefonisch mit dem Einsatzort vereinbart. Bei dem Besuch erfolgt ein Gespräch mit dem Jugendlichen: Was machst du konkret? Welche Aufgaben hast du übernommen? Woran merkst du, dass es wichtig ist, dass du hier bist? Welche Erfahrungen sammelst du aktuell in deinem PV, die für dich wertvoll sind? Wie kommst zu zurecht? Möchtest du etwas verändern und wie könnten wir dich unterstützen? Darüber hinaus spricht die Pädagogin/der Pädagoge mit der Ansprechperson vor Ort, um zu erfahren, wie zufrieden die Projektpartner sind bzw. welche Erfahrungen der Projektpartner mit die oder dem Jugendlichen sammelt.
- Die Tutorinnen und Tutoren achten darauf, dass die Jugendlichen im Logbuch ihren Einsatz durch einen Eintrag und Unterschrift des Ansprechpartners für PV nachweisen.
- Erstellung eines Zertifikates.

Der Besuch ist oftmals ein besonderes Highlight für die Pädagoginnen und Pädagogen. Sie erleben Ihre Tutanden in einer anderen Lebenswelt bzw. außerhalb der Schule und lernen oftmals neue Fähigkeiten und positive Verhaltensweisen kennen.

4.5   Zeitlicher Plan

Folgender Zeitplan existiert seit Jahren an unserer Schule, der immer wieder leicht angepasst wird:

Wann	Was	Wer
Aufnahme-gespräch	Gespräch über das Konzept der Schule und Fähigkeiten, Stärken bzw. Unterstützungsbedarf der Kinder	Schullei-tung, Eltern und Kinder
1. Schulwoche	PV-Einführung	Schulleitung
1. Schulwoche	Stadtteilerkundung mit möglichen Einsatzorten, Recherche, Projektentwicklung Bewerbungstraining	Tutor*innen
2. Schulwoche	Vorstellung der PV-Angebote der Schule: Schulsanitäter, Schulgärtner, Klimabotschafter, Digitale Helden, Vorbereitungsteam der Mittelstufenversammlung, Bildungsbotschafter, Schulmediatoren	PV-Verantwortliche
2. u. 3. Schulwoche	PV-Verträge u. PV-Elternbrief Fähigkeiten und Interessen erkunden Mögliche Einsatzorte erkunden und Termine vor Ort vereinbaren, Bewerbungsgespräch, Recherche vor Ort	Kleinteam der Pädagoginnen und Pädagogen Jugendliche, mit regelmäßiger Unterstützung der Tutor*innen
4. Schulwoche	Start PV	
Bis Herbstferien	Digitale PV-Übersicht ausfüllen: Name des Jugendlichen, Einsatzort u. Projekt	Tutor*innen
Herbst	Kontakt zu Einrichtung bzw. Ansprechpartner tel. aufnehmen	Tutor*innen

Wann	Was	Wer
Dezember	Jg. 7–10: PV-Reflexion in Klassenstunden	Tutor*innen
Januar	18 Uhr Elternabend: Vorstellung PV	Tutor*innen Jugendliche
Vorletzte Schulwoche	Dank an die Partner Abschlussfeedback der Partner	Jugendliche
Letzte Schulwoche	Abschussreflexion mit PV-Tutoren PV-Buch bzw. Dokumentation bei PV-Tutoren abgeben	Tutor*innen
Juni/Juli 2018	Anerkennung und Würdigung: PV-Zertifikat erstellen und Fest	Tutor*innen
Ganzjährig	Besuche bei den Projekten (Ankündigung eine Woche zuvor durch die Jugendlichen o. tel. Terminvereinbarung), bei Bedarf zusätzliche Gespräche mit Kooperationspartnern führen, PV in Tutorgesprächen regelmäßig besprechen, wöchentlichen PV-Eintrag im Logbuch bei den Tutorgesprächen zur Kenntnis nehmen (entspricht der Anwesenheitsliste). Bei Fehlzeiten gilt gleicher Umgang wie bei Fehlen „klassischer Schulzeit".	Tutor*innen

5.   Entwicklung an der ESBZ

Das erfolgreiche erste Jahr: Das Fach Verantwortung wurde bereits im Gründungsjahr 2007 für den damaligen 7. Jahrgang mit 16 Kindern eingeführt.

Maßgeblich verantwortlich war die damalige Schulleiterin Margret Rasfeld. Sie hatte bereits an ihrer vorherigen Schule als Schulleiterin dieses besondere Lernformat eingeführt.

> *„Lernen im Projekt Verantwortung heißt, sich einzusetzen, sich auszusetzen und sich auseinander zu setzen, in der persönlichen Begegnung mit Menschen, in der Begegnung mit sich selbst, dem sich Einlassen auf das Fremde, das Lebendige, die unbekannte vielartige Welt. Verantwortung lernen ist Herzens-Bildung."* Margret Rasfeld

PV wurde gemeinsam mit dem Klassenrat, der Vollversammlung und dem Projektunterricht von Anfang an als neues Lernforma an der ESBZ etabliert. Innerhalb von drei Wochen besuchten die 16 Jugendlichen verschiedene Einrichtungen, damals bevorzugt Kitas. Erstaunt war ich – damals als Klassenlehrerin – dass das

Thema „Aufsicht" offensichtlich kein Problem war, dass die Jugendlichen eigenständig von der Schule zu ihrem Einsatzort gingen. Ich war positiv überrascht, dass es überhaupt diese Freiräume gibt, die mir bis dahin nicht bekannt waren. Begeistert hat mich das Lernformat von Anfang an; denn die Botschaft war: Unsere Schüler*innen können nur außerhalb unserer Schule bestimmte Fähigkeiten erwerben bzw. vertiefen und erproben. Das Zutrauen in die Fähigkeiten der jungen Menschen war grenzenlos und dennoch angemessen. Das ist meines Erachtens eine der Hauptgründe, warum unsere Schule in kurzer Zeit so erfolgreich wurde. Die ESBZ entwickelte Schule bzw. Lernen vom Kind und von der Zukunft aus. Darüber hinaus vollzieht sich an diesem Format der Rollenwechsel des „Lehrers". Die Pädagogin bzw. der Pädagoge tritt als Fachexperte zurück bzw. seine bzw. ihre Rolle wird erweitert. Vielmehr schafft die Pädagogin/der Pädagoge im PV einen geeigneten Rahmen, damit die Schüler*innen erfolgreich die ersten Hürden meistern – nämlich das Bewusstsein der eigenen Potenziale, ihre Motivation herauszufinden sowie sich möglichst eigenständig bei potenziellen Projektpartnern zu bewerben und eine Projektinitiative verfolgen.

In den folgenden drei bis fünf Jahren wurde das PV ein überaus starkes Format. Aus meiner Sicht ist die Stärke des Formats insbesondere an folgende Bedingung geknüpft: Die verantwortlichen Klassenlehrer*innen begleiten die Jugendlichen bei ihrer Suche und beraten diese. Darüber hinaus besuchen sie zwei bis drei Mal im Jahr die Kinder und Jugendlichen vor Ort und reflektieren sehr regelmäßig mit den Jugendlichen ihre Handlungs- und Lernerfahrungen. Dabei erleben wir durch die neue Rollenübernahme immer wieder Kinder und Jugendliche, die schulische Schwierigkeiten haben, in einem neuen und positiven Licht. Das Zutrauen und Zumuten hat einen enormen Effekt auf viele Jugendliche.

Im 5. Gründungsjahr unserer Schule erfolgte der Start der eigenen gymnasialen Oberstufe. Obwohl damals in der Aufbauphase aus Zeitgründen noch kein ausgearbeitetes Konzept für eine neu gedachte Oberstufe vorlag, starteten wir mit zwei 11. Klassen und dem Projekt „Alle ins Ausland" (AiA), eine Fortführung von PV. Das Projekt „Alle ins Ausland" richtet sich an die Schüler*innen der 11. Jahrgangsstufe. Die Jugendlichen engagieren sich für drei Monate sozial, kulturell oder bei ökologischen Projekten im Ausland ehrenamtlich.

„Es ist eine tolle Chance, als Persönlichkeit zu wachsen! Genau das, was wir wollen! Wenn wir schon 13 Jahre haben, dann so einen coolen Mix aus Schule und Persönlichkeitsentwicklung außerhalb von Schule." Levent Bicer, Pädagoge.

Entwicklungsteam NOS: *„Natürlich ist es nicht für jeden Schüler und jeder Schülerin genau der richtige Zeitpunkt für so ein großes Projekt und doch ist es letztlich für die allermeisten Schüler*innen wie ein Schmetterlingsprozess: Sie gehen als Raupe und kommen als Schmetterling zurück!"* Annette Güth

Das Projekt AiA ist eines der herausforderndsten Projekte an unserer Schule, insbesondere deshalb weil die Jugendlichen noch nicht volljährig sind und somit diverse Austauschprogramme nicht infrage kommen. Ferner muss AiA möglichst kostenneutral sein. Bei diesem Projekt haben wir in der Regel in jeder Klasse eine/ einen „Alle ins Ausland"-Koordinator*in mit zwei Entlastungsstunden sowie eine Arbeitsgemeinschaft der Eltern, die uns mit unglaublicher Energie unterstützt. Die Ressourcen sind äußerst knapp. Erstaunlicherweise schaffen wir es in jedem Jahr, dass ca. 100 Jugendliche ihr interkulturelles Projekt im Ausland umsetzen.

Bis zum 9. Gründungsjahr der ESBZ fand PV verbindlich für alle Jugendlichen der 7. und 8. Jahrgangsstufe einmal wöchentlich für zwei Schulstunden statt. Die Stunden sind fest im Stundenplan integriert und haben den Stellenwert eines „ordentlichen Unterrichtsfaches".

In der 9. und 10. Jahrgangsstufe gab es strukturelle Brüche bzw. wurde PV nicht weitergeführt, da es im Stundenplan Platz für das zweite Wahlpflichtfach brauchte. Somit wurde PV in den Jahrgängen 9 und 10 erst im 10. Gründungsjahr der ESBZ eingeführt. Als neue Schulleiterin war es für mich hilfreich, mit Margret Rasfeld, der ersten Schulleiterin, in Dialog zu treten und nachfragen zu können, welche Gründe bzw. Werte für die Entstehung bestimmter Strukturen standen und stehen. Auch ist es hilfreich die Geschichte unserer Schule aus der Perspektive der ersten Schulleiterin zu verstehen.

Seit dem Schuljahr 2017/2018 wird das Fach Verantwortung gestärkt. Einer der wichtigsten Schritte ist die durchgängige Einführung von PV in der Mittelstufe - Jahrgänge 7 bis 10. (Zudem planen wir perspektivisch die Fortführung von PV in der Qualifikationsphase der gymnasialen Oberstufe in veränderter Form.)

Dieses Vorhaben, PV in den Jahrgängen 9 und 10 auszuweiten, wurde an einem gemeinsamen Studientag zwei Jahre zuvor im Kollegium einstimmig befürwortet. Die Jugendlichen und Elternvertreter wurden in diesen Schulentwicklungsprozess ständig einbezogen. Im Rahmen der Schulkonferenz erfolgte im Juni 2017 die klare Abstimmung für das Projekt Verantwortung in allen Jahrgangsstufen. In der Schulkonferenz gab es sehr klar eine Befürwortung, allerdings auch die Diskussion darüber, ob nicht der naturwissenschaftliche Unterricht erweitert werden sollte. Die Abstimmung war deshalb so klar, weil wir im Vorfeld die Schulgemeinschaft eingebunden hatten und natürlich ist auch eine klare Positionierung der Schulleitung notwendig. In diesem Kontext dient das Leitbild unserer Schule immer wieder als Kompass. Darüber hinaus wurde das PV per Schulkonferenzbeschluss in den ersten Zeitblock gelegt, um das starke Signal zu senden, dass es sich um eines der wichtigsten Fächer handelt. Hier waren zuerst die Eltern eher skeptisch, denn man könne doch zu Beginn des Tages gut Englisch oder Mathe lernen. Letztendlich stimmten dann aber fast alle Schulkonferenzteilnehmer*innen nach einer längeren Diskussion zu mit der Auflage, dass die frühe Uhrzeit nur testweise für ein Jahr gilt und am Ende des Schuljahres 2017/2018 eine Auswertung erfolgt. Im Mai 2018 wurde ein Stimmungsbild aus Schülerschaft, Elternschaft und Kollegium eingeholt. Es zeigt sich eine klare Tendenz, dass PV im ersten Unterrichtsblock bleiben soll. Das unterstreicht die gewachsene Bedeutung von PV.

Einige Monate vor Start von PV in allen Jahrgangsstufen der Mittelstufe lud eine Arbeitsgruppe mit Schulleitung alle Schüler*innen ein, um über den aktuellen Entwicklungsstand zu berichten. Zudem wurden gemeinsame Ideen für Verantwortungsprojekte gesammelt. Manche Jugendlichen waren über die Veränderung begeistert und natürlich gab es auch Schüler*innen, die die Einführung von PV vorerst kritisch sahen. Aus meiner Sicht liegt es daran, dass jede Veränderung natürlich auch Widerstand oder Zurückhaltung auslöst, insbesondere an unserer Schule müssen sich die Jugendlichen auf viele Veränderungen einstellen. Diese Skepsis weniger Schüler*innen hat sich aber in den ersten Schulwochen schnell gelegt. Aktuell wird im April/Mai 2018 diskutiert, inwiefern PV weiterhin im ersten Unterrichtsblock liegen soll. Viele Jugendlichen schätzen die Uhrzeit, so würde ihr ehrenamtliches Engagement, das auch häufig in anderen unterrichtsfreien Zeitblöcken liege und länger als zwei Schulstunden dauere, stärker wertgeschätzt.

6.   Gelingensbedingungen

Folgende Bedingungen tragen zu einer erfolgreichen Implementierung von PV bei.

PV muss im Leitbild der Schule bzw. dem schulinterne Curriculum integriert werden:

Eine starke Befürwortung in der Schulgemeinschaft, die Verankerung im schulinternen Curriculum (siehe 1. Kapitel) und das Führen von Diskussionen, welches „Fach" zeitliche Abstriche machen muss sowie das Bewusstsein, dass auch der Lernort Schule begrenzt ist, sind das Fundament für die Einführung von PV. Hier eignet sich eine Standortbestimmung mit Blick auf das Schulgesetz. Der Auftrag von Schule ist in den Schulgesetzen der Bundeländer sehr klar formuliert. Es fordert mehr, als viele Schulen in ihrem Schulkonzept abbilden! Die Jugendlichen brauchen den Erfahrungsraum, um ihre Demokratie- und Sozialkompetenz trainieren zu können.

Schulen müssen voneinander lernen, ihre Türen öffnen und Vernetzungen nutzen:

Veränderungen müssen und können nicht immer aus dem eigenen System kommen. Innovieren heißt hier: Kontakt aufnehmen mit anderen Schulen, die „Modelle" entwickelt haben, sich also Inspirationen suchen und vernetzen. Durch die Begegnung mit den Menschen vor Ort, die bereits in der Umsetzung sind, entsteht zu den Veränderungsprozessen eine positive Grundstimmung. Der Veränderungs- bzw. Schulentwicklungsprozess sollte sich nicht zu lange in der konzeptionellen Ausarbeitung befinden, sondern zeitlich begrenzt sein sowie das Kollegium, Eltern und Jugendliche einbeziehen. Wir können darüber hinaus bei Innovationen nicht immer abwarten, bis alle Konzepte perfekt ausgereift sind. Gerade das Lernformat „Projekt Verantwortung" braucht Lebendigkeit, Kooperationen nach außen sowie Mut, Neues auszuprobieren.

Darüber hinaus sind Tagungen und Netzwerke für den notwendige Erfahrungsaustausch sehr hilfreich, u.a. das bundesweite Netzwerk „Netzwerk Servicelearning" oder Tagungen der regionalen Serviceagenturen „Ganztägig lernen".

Entscheidend für die Akzeptanz von PV sind die strukturelle Verankerung und Ressourcen:

Erfolg und Qualität von PV im Schulalltag hängen maßgeblich von der Begleitung vor Ort bzw. in der Schule ab. Im Idealfall sollten Pädagoginnen und Pädagogen eingesetzt werden, die die Jugendlichen gut kennen und ein Vertrauensverhältnis zu ihnen haben. PV-Begleiter*innen sollten daher Lehrerstunden haben, um die Jugendlichen vorbereiten, besuchen, beraten und reflektieren zu können.

An der ESBZ fließen zwei Lehrerstunden in die PV-Verantwortung von 26 Jugendlichen ein. Durch gebundenen Ganztag haben wir die zeitlichen Möglichkeiten. Darüber hinaus geben in der Mittelstufe alle Fächer Stunden an die Lernformate PV, Herausforderung und den Projektunterricht ab.

Ebenso notwendig ist eine Verankerung von PV im Stundenplan der Jugendlichen. Das außerschulische Engagement ist somit bei uns gleichwürdig zu anderen „Fächern".

Eine erfolgreiche Umsetzung von PV setzt insbesondere eine positive Haltung der Pädagoginnen und Pädagogen voraus:

Bei der Umsetzung von PV müssen die Pädagoginnen und Pädagogen die Potenziale der Jugendlichen ernst nehmen, ihnen die Verantwortung zutrauen, auch wenn es immer wieder mal Rückschritte geben wird.

Das „Verschulte Denken" muss losgelassen werden zugunsten einer guten Balance zwischen Autonomie und Begleitung, uns stets unterstützt von der Überzeugung und der Freude für das Lernformat.

> *„In PV kriegt man eine gute Chance, Verantwortung zu übernehmen, sonst wird einem als Kind oft gesagt, was man zu tun hat. Man hat im PV die eigene Entscheidung was man tut. Da ist kein Lehrer, der sagt, was man z.B. im Altenheim machen soll."*
> Johann, 13 Jahre

Folgenden Fragestellungen ergeben sich: Wie viel muss von Seiten der Jugendlichen dokumentiert werden? Wann vertraue ich der Aussage der Jugendlichen umfänglich, wann hake ich vor Ort nochmals nach? Zu viel Bürokratie sollte gemieden werden. Damit würde das Lernformat PV für Schüler*innen und auch für Lehrer*innen überstrukturiert und die notwendige Freiräume zu stark einengen.

Die notwendige Haltung entsteht nicht von heute auf morgen. Das Kollegium braucht Zeit und auch Anlässe – durch Rollenspiele, Fallbesprechungen oder Dilemmatasituationen – um sich gegenseitig zu beraten. An der ESBZ können die Tutorinnen und Tutoren dafür die wöchentliche Teamsitzung nutzen. Regelmäßige Reflexionen der Jugendlichen, aber auch gemeinsam im Kollegium sind notwendig. Dabei sollte eine „Überdosierung" jedoch vermieden werden.

Verantwortungslernen sollte sich auch im Alltag der Schule widerspiegeln, die Rolle der Pädagoginnen und Pädagogen ist dabei maßgeblich prägend, denn sie sind die Vorbilder der Kinder und Jugendlichen.

7. Ausblick

Mit folgenden Fragestellungen aus den Bereichen Kontinuität, Feiern und Dokumentation sowie Partnerschaften und Projektinitiativen werden wir uns innerhalb der Schulgemeinschaft noch in den nächsten drei Jahren auseinandersetzen:

Kontinuität	Feiern und Dokumentation	Partnerschaften und Projektinitiativen
Welche langfristigen Projekte bzw. Partnerschaften wollen wir noch implementieren?	Wie feiern wir die Verantwortungsprojekte in allen Jahrgängen?	Wie schaffen wir es, dass unsere Jugendlichen als „Stadtteildetektive" in kleinen Teams Bürger, Politiker, Vereinen etc. nach den größten Problemen befragen und stärker als bisher ihre Ideen zur Problemlösung entwickeln und umzusetzen?
Welche Ziele setzen wir in diesen Projekten als Schule langfristig um?	Welche Form von Dokumentation ist aus Sicht der Jugendlichen notwendig bzw. verbindlich?	Wie, wann und mit welchen Menschen an der ESBZ können wir die Zusammenarbeit mit unserem Stadtteil, der Kirchengemeinde und anderen Institutionen stärken?
Welches gemeinsame Verantwortungsprojekt starten wir als großes Schulprojekt, in Anlehnung an Plant-for-the-Planet in den Gründungsjahren?	Wie werden die Erfahrung der Verantwortungsprojekte bzw. aller Lernformate zusammenfassend in Form eines ESBZ-Schullaufbahnzeugnisses dokumentiert?	Wie können wir die Partner noch stärker würdigen? Und wie gelingt uns zeitlich und verlässlich eine stärkere Vernetzung mit anderen Berlinern Partnern, die Verantwortungslernen in unserer Gesellschaft stärken?

8.   Schluss

Das Zeitalter, in dem Bildung vom Lehren und nicht vom Lernen aus gedacht wird, Schüler*innen Bildung konsumieren, statt sie sich aktiv anzueignen, müssen wir hinter uns lassen.

Für ein neues Zeitalter der Bildung brauchen wir Lernformate, die selbstständiges, kreatives und kooperatives Lernen sowie verantwortungsvolles Handeln ermöglichen.

Wir bereiten unsere Kinder und Jugendlichen auf die Welt des 21. Jahrhundert vor. Dafür brauchen wir Lernformate außerhalb des klassischen Fächerkanons. PV ist eines der wichtigsten Lernformate an der ESBZ. Schule muss Sinn stiften, um mündige, selbst-bewusste und warmherzige Welt-Bürger*innen heranzubilden.

„Es macht ein gutes Gefühl unterstützen zu können, obwohl man nicht erwachsen ist.“ Oscar, 13 Jahre.

Literatur

Rasfeld, Margret/Spiegel, Peter, EduAction, Homburg 2012.

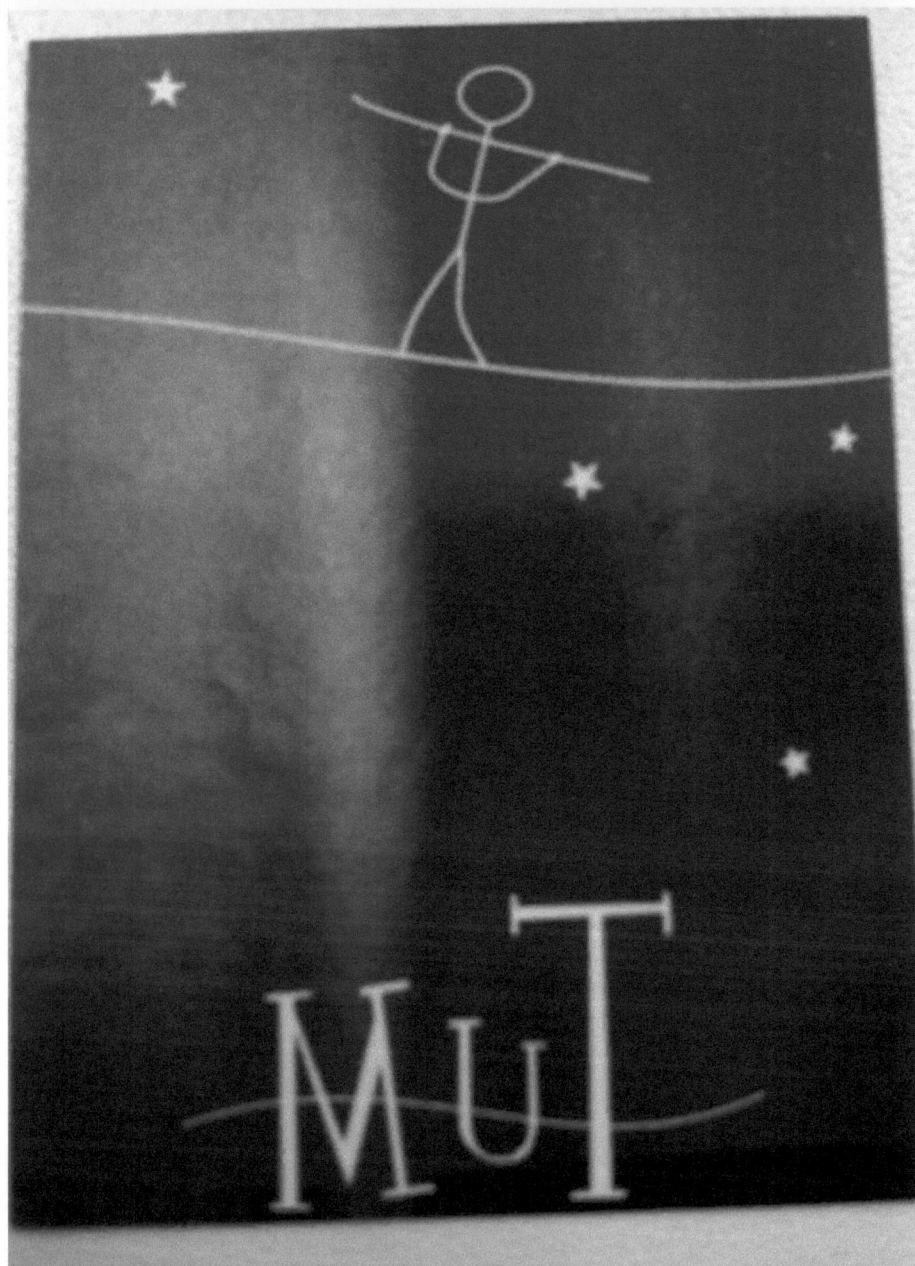

Abb. 1: ESBZ Mut- und Verantwortungskarte

Zertifikat Projekt Verantwortung
im Schuljahr 2017/ 2018

für *Name der Schülerin/des Schülers*

Name des Projektes

"Wir müssen die Veränderung sein, die wir in der Welt sehen wollen."

☐*Mahatma Gandhi, (1869-1948)*

Das Projekt Verantwortung ist an der Evangelischen Schule Berlin Zentrum ein reguläres Schulfach. Alle Jugendlichen setzen sich im Jahrgang 7 bis 10 entsprechend ihrer Fähigkeiten und Interessen zwei Stunden pro Woche für ein soziales, kulturelles oder ökologisches Projekt ein.☐

Schülerinnen und Schülern die Möglichkeit zu geben, Verantwortung für sich selbst, den Mitmenschen, die Natur und die Gesellschaft zu erlernen, schafft sinnstiftende und nachhaltige Werte, die zu einem würdevollen Leben für alle beitragen können.

Liebe/r.........................., dein Projekt Verantwortung hast im Bereich .... absolviert, dein Ziel/ deine Motivation war es, ...

Du hast folgende Aufgaben gemeistert / Fähigkeiten gezeigt / dich eingebracht / deine Gruppe unterstützt............ Ein Tipp für dein nächstes Verantwortungsprojekt: ....
Besonders hervorzuheben ist, dass ....
.

....
Datum

....
Tutor*in

....
Jugendliche/r

....
Eltern

Abb. 2: Zertifikat Projekt Verantwortung

Professionell statt fachfremd unterrichten. Der Zertifikatskurs „Fachunterricht Soziale Diakonie" für Lehrkräfte an evangelischen Schulen

David Toaspern

1. Etablierung eines neuen Faches

Stundentafeln evangelischer Schulen können ein Fach aufweisen, das es an anderen Schulen nicht gibt: *Diakonie*. Eine Reihe evangelischer Schulen wählten und formten dieses Fach, um ihr diakonisches Profil aus dem Projektbereich in den regulären Unterricht zu überführen.[1] Bei den Neugründungen evangelischer Schulen in Sachsen entwickelten insbesondere Oberschulen *Diakonie* zu einem Fach, das für Heranwachsende die Potenziale diakonischer Bildung systematisch entfaltet. Zur Verdeutlichung der Dimension sozialen Lernens, nennen Schulen dieses Fach häufig *Soziale Diakonie*

Soziale Diakonie wird meistens als einstündiges Fach in den Klassenstufen 7 bis 9 angeboten. Dabei übernimmt es neben den spezifisch diakonischen Anforderungen auch Felder der Kompetenzentwicklung aus den Fächern Religion und Wirtschaft/Arbeit/Technik.[2] Teilweise siedeln Schulen Soziale Diakonie auch im Wahl-Pflicht-Bereich als Alternative zur zweiten Fremdsprache ab Klasse 6 an.[3]

Da eine grundständige Fachlehrerausbildung für Soziale Diakonie nicht existiert, abgesehen von der Möglichkeit, ein diakoniewissenschaftliches Studium mit einem pädagogischen Studium zu kombinieren, wurde Soziale Diakonie weitgehend fachfremd unterrichtet. Die direkteste Verbindung besteht zum Fach Religion, so dass Religionslehrkräfte häufig im Fach Soziale Diakonie unterrichten. Schulen setzen aber auch Lehrkräfte anderer Fächer ein. In weiten Bereichen müssen fachfremd arbeitende Lehrkräfte autodidaktisch das sozialdiakonische Lernfeld fachlich, didaktisch und methodisch erschließen. Daraus ergab sich Handlungsbedarf zur Schaffung eines Angebotes beruflicher Weiterbildung zur *Fachlehrkraft Soziale Diakonie*.

---

1 Vgl. exemplarisch die Evaluation des diakonischen Lernbereiches des Evangelischen Schulzentrums Michelbach, Gramzow 2010.

2 Vgl. http://www.eva-pirna.de/Mittelschule/Glauben-leben/Sozialdiakonie/4114/ [Zugriff: 13.03.2018].

3 Vgl. https://schulzentrum.de/profile-94.html [Zugriff: 13.03.2018].

2. Konzipierung des Zertifikatskurses *Fachunterricht Soziale Diakonie*

Die Bezugsgruppe für die Konzeption eines Zertifikatskurses als berufliche Weiterbildung war die *Arbeitsgruppe Soziale Diakonie* der Schulstiftung der Ev.-Luth. Landeskirche Sachsens, in der Lehrkräfte evangelischer Schulen konzeptionell gemeinsam arbeiteten und unterrichtsbezogen Themen entfalteten. Die Herausforderungen und Bedarfe, die hier zur Sprache kamen, zeigten die Notwendigkeit, grundlegende Kompetenzen durch ein spezifisches Weiterbildungsangebot zu entwickeln. In Kooperation zwischen der Schulstiftung der Ev.-Luth. Landeskirche Sachsens und dem Theologisch-Pädagogischen Institut Moritzburg entstand ein Kurs, dessen Themenfelder mit der Arbeitsgruppe auf die Bedarfe der Lehrkräfte abgestimmt wurden.

Auf der Ebene eines Zertifikatskurses in Abgrenzung zu einem universitären Drittfachstudium führt diese berufliche Weiterbildung zu einem Abschluss als Fachlehrkraft, der auf die Tätigkeit an evangelischen Schulen ausgerichtet ist und die Qualität der Erteilung des Faches Soziale Diakonie fachlich absichert. Für die teilnehmenden Lehrkräfte baut sich in der Berufsqualifizierung fachliche Sicherheit im Bildungsfeld Diakonie sowie didaktisch-methodische Professionalität auf. Damit erweitern die Lehrkräfte ihre Sicht auf den Lernbereich und erhalten Anregungen, schulbezogene Engführungen zugunsten einer aufgefächerten, diakoniewissenschaftlich fundierten Strukturierung des sozialdiakonischen Lernfelds auszugleichen.

Der Übertragung des Kurses auf Lehrkräfte öffentlicher Schulen und der dortigen Etablierung sozialdiakonischer Lernbereiche stehen administrative Hürden bei der Variierung der Stundentafel entgegen. Freie Schulen können aufgrund des konzeptionellen Spielraums mithilfe der Umgruppierung von Lehrplaninhalten und substitutivem Vorgehen diese Hürden meistern. Gleichwohl erscheint die Etablierung solcher Angebote an Regelschulen als wichtiger Impuls, den Diakonie und Kirche für die öffentliche Bildung setzten sollten.[4] Vielfältige Initiativen und Projekte belegen den Bedarf und die Machbarkeit.[5]

3. Aufbau des Kurses

3.1 Gesamtstruktur

Die Struktur des Kurses basiert auf den Kompetenzen, die sich aus den Anforderungen an eine Fachlehrkraft Soziale Diakonie ableiten lassen. Fachlehrkräfte Soziale Diakonie können:

---

4   Vgl. Fricke 2013, 102.
5   Vgl. exemplarisch http://www.diakonisches-lernen.de/ [Zugriff: 11.04.2018].

- fundierte Kenntnis des diakoniewissenschaftlichen Themenfeldes für die fachgerechte Umsetzung von Lehrplanthemen nutzen
- auf Basis einer Fachdidaktik Soziale Diakonie Unterricht planen, durchführen und reflektieren
- das bereichsspezifische Methodenspektrum sicher anwenden
- die eigene Praxis in kooperativer Netzwerkarbeit reflektieren

Organisatorisch empfahl es sich, das Kursprogramm auf monatliche Studientage an rotierenden Wochentagen zu verteilen sowie dem Kurs einen dreitägigen Eingangsblock innerhalb der Ferien vorzuschalten. Auch Schulen mit einer dünnen Personaldecke konnten so Lehrkräfte in den Kurs entsenden.

Als Gesamtstundenzahlen ergaben sich folgende Größen:
- 104 Stunden Präsenzkurse (13 Tage) über zwei Semester
- 8 Stunden Kolloquium (1 Tag)
- 100 Stunden Selbststudium
- 16 Stunden kooperative Unterrichtspraxis (2 Tage)

3.2   Bildungsfelder im Kompetenzaufbau

3.2.1 Diakoniewissenschaft und diakonische Handlungsfelder

Gliederung:
- Biblisch-theologische Grundlagen diakonischen Handelns,
- Ausgewählte Stationen der Diakoniegeschichte
- Philosophisch-ethische Zugänge zur sozialen Arbeit
- Handlungsfelder diakonischer Arbeit
  - Altenhilfe
  - Behindertenhilfe
  - Kinder- und Jugendhilfe
  - Migration
  - Hilfen in besonderen sozialen Lebenslagen
  - Gemeindediakonie

Den Kurs eröffnen Grundlagenstudien. Um Fachlichkeit für das Diakonische Lernen zu entwickeln, bedarf es einer vertieften Diskussion des Wesens von Diakonie, daraus folgend ihrer geschichtlichen Erscheinungsformen und schließlich der positionellen Einordnung von Diakonie in die philosophisch-ethischen Ansätze sozialer Arbeit. In Anlehnung an Kriterien, die für Bildungsarbeit innerhalb der

Diakonie aufgestellt wurden[6], fordert der Kurs die Teilnehmenden zu einer multidimensionalen Auseinandersetzung als Basis für den Kompetenzaufbau heraus. Dies leisten die drei Anfangsthemen, bei denen Lehrkräfte auf hohem Niveau theoriebezogene Abstraktionsleistungen erbringen müssen. Demgegenüber werden die Handlungsfelder diakonischer Arbeit an der Praxis ausgerichtet und von Fachleuten unterrichtet, die in diesen Handlungsfeldern aktiv tätig sind. Bearbeiten von Konzeptionen, kennen lernen von Praxisformen und Reflexion des Arbeitsfeldes hinsichtlich der didaktischen Zugänge bauen hierbei aufeinander auf.

3.2.2 Fachdidaktik Diakonieunterricht

Gliederung
- Bezüge zwischen der Lebenswelt der Schüler und der Diakonie
- Diakonisches Lernen – Praxislernen als reflektierte Erfahrung
- Diakonisches Profil im Schulkonzept
- Lehrplanentwicklung

Fachdidaktisch setzt der Kurs bei der Lebenswelt der Schülerinnen und Schüler ein. Die Fachdidaktik für den Diakonieunterricht versteht sich als Korrelationsdidaktik, die Verbindungen zwischen der Lebenswelt der Lernenden und den diakonischen Lebenswelten identifiziert und für den Kompetenzaufbau nutzbar macht. Aus der didaktischen Orientierung an der Lebenswelt leiten sich Anforderungen an Planungsprozesse ab, bei denen drei Aspekte von besonderer Bedeutung sind:
1. Akzeptanz von Schülerinnen und Schülern in ihren spezifischen Milieus,[7]
2. Auseinandersetzung mit Werten der diakonischen Arbeit,
3. Erweiterung der pragmatischen und kognitiven Kompetenz in Bezug auf Diakonie.

Zur modellhaften Abbildung von Prozessen der Kompetenzentwicklung kann die Fachdidaktik auf verschiedene Ansätze zurückgreifen, wobei sich der Kurs auf die aus den Situated Learning abgeleiteten Ansätze[8] konzentriert. Diese Ansätze eigenen sich in besonderer Weise, die Persönlichkeitsentwicklung der Lernenden basierend auf der Verzahnung von diakonischer Praxiserfahrung und unterrichtlicher Reflexion zu thematisieren.

Als weitere fachdidaktische Themen sprechen die Frage nach dem diakonischen Profil im Schulkonzept und die Lehrplanentwicklung Bereiche an, in denen der Fachunterricht eng mit gesamtschulischen konzeptionellen Herausforderun-

---

6   Vgl. Horstmann 2013, 229: „Anschließen und Kontextualisieren, Irritieren und Orientieren".

7   Vgl. sinus-institut.de.

8   Vgl. Hanisch, Gramzow, Hoppe-Graff, 2004; Toaspern 2007; Gramzow 2010.

gen verbunden ist. Hierin liegt auch eine Besonderheit des Faches Soziale Diakonie, denn als Profilfach wirkt es zugleich profilprägend auf die ganze Schule, sei es durch die Ausprägung eines Alleinstellungsmerkmals, sei es durch die Umgruppierung und Neugewichtung von Lehrplananteilen im Fächerkanon.

3.2.3 Fachspezifische Methoden des diakonisch-sozialen Lernfelds

Gliederung:
- Einladung externer Experten
- Exkursionen in diakonische Einrichtungen
- Praxisvorbereitung und -auswertung, Rollenspiel zur Simulation von Situationen, Perspektivübernahme
- Inhaltliche und organisatorische Planung und Durchführung von Schüler -Praktika
- Vertiefende Schülerarbeiten
- Materialpool
- Service Learning

Kennzeichnend für die Methodik des diakonisch-sozialen Lernfeldes ist der Bezug von schulischem Unterricht auf die diakonische Praxis in ihrem Facettenreichtum. Der Praxis begegnen können Schülerinnen und Schüler in erster Linie über Personen. Die Begegnung mit diakonisch betreuten Menschen erfolgt aber nur angemessen über die Umsetzung gemeinsamer Aktivitäten mit wechselseitigem Gewinn. Eine Form solcher Begegnungen können Exkursionen als Begegnungsbesuche in diakonischen Einrichtungen sein. Um diakonische Praxis in den Unterricht zu holen, bietet sich die Methode des Expertenbesuches an, bei der hauptamtlich und ehrenamtlich Tätige der diakonischen Praxis in die Schule eingeladen werden. Komplex bedacht werden müssen alle Projektformen diakonischen Lernens.

Methodisch brauchen die am Kurs teilnehmenden Lehrkräfte ein sicher anwendbares Repertoire an praktikablen Organisationsformen und Umsetzungsmitteln wie Checklisten etc. Methoden und Medien zur inhaltlichen Vor- und Nachbereitung müssen erschlossen und bewertet bzw. an die spezifischen Anforderungen der Einzelschule angepasst werden. Methoden in diesem Bereich lernen die Kursteilnehmenden so einzusetzen, dass diakonische Praxis nicht als völlig unbekanntes Terrain betreten wird. Noch wichtiger ist die methodische Arbeit in der schulischen Aufarbeitung von Praxiserlebnissen mit dem Ziel der Überführung des Erlebten in reflektierte Erfahrung.[9] Erst so können langfristige Wirkungen angelegt werden wie der Aufbau einer „diakonischen Identität" durch Identifikation mit dem diakonischen Arbeitsfeld, dessen Teil der Praktikant auf Zeit geworden

---

9   Vgl. Toaspern 2007, 116.

ist. Hilfreich sind hierbei ganzheitliche Methoden, etwa Rollenspiele, die auf Perspektivwechsel ausgerichtet sind oder körperbezogene Übungen, bei denen über die eigene Körpererfahrung Empathie entwickelt wird[10].

Einblick in das Erleben diakonischer Praxis geben Praxisberichte der Schülerinnen und Schüler. Sie bilden ein wichtiges Reflexionsinstrument als Bindeglied zwischen Praxis und Schule. Im Zertifikatskurs werden Gliederungen und Schwerpunktsetzungen solcher Praxisberichte bearbeitet und Motivationsverstärkungen zur qualitativ hochwertigen Anfertigung der Berichte identifiziert. Praxisberichte werden im Kurs auch hinsichtlich ihres Potenzials für weiterführende Schülerarbeiten untersucht.

Einen Teil des Kurses bildet der Austausch von bewährten Materialien zwischen den Kursteilnehmenden in Materialbörsen. Über den virtuellen Seminarraum stellen sich die Teilnehmenden gegenseitig Entwürfe, Materialien und Medien geordnet nach Themen zur Verfügung.

Die Beschäftigung mit fachspezifischen Methoden des diakonisch-sozialen Lernfeldes umfasste schließlich auch die gründliche Kenntnisnahme des Service Learning. Über die Freudenberg-Stiftung machten sich die Teilnehmenden mit den Prinzipien des Service Learning vertraut und leisteten Übertragungen auf das Fach Soziale Diakonie. Service Learning bewirkt im Rahmen des Kurses eine verstärkte Wahrnehmung des regionalen Umfeldes, womit einer Fixierung des Praxislernens auf diakonische Dienste allein im Sinne von Gemeinde- und Anstaltsdiakonie entgegengewirkt wird. Mit dem Ansatz des Service Learning gelingt eine deutliche Verschränkung von Schule und Region, wobei die Analysewerkzeuge des Service Learning für das Diakonische Lernen nutzbar gemacht werden.

3.3   Zu erbringende Leistungen der Teilnehmenden

Das Kolloquium zielt auf den Nachweis der unter 3.1 genannten Kompetenzen einer Lehrkraft im Lernfeld Soziale Diakonie. Entsprechend gliedert sich das Fachgespräch zwischen den Teilnehmenden und der Kursleitung in einen methodisch-didaktischen und einen diakoniewissenschaftlichen Teil. Ihre Fähigkeit, didaktisch reflektiert unter Anwendung der fachspezifischen Methodik Unterricht zu gestalten, zeigen die Teilnehmenden zunächst in einem vorbereiteten Beitrag. Sie entfalten eines der Kursthemen als unterrichtliche Aufbereitung für eine konkrete Lerngruppe. Im zweiten Teil des Gesprächs werden durch die Kursleitung aus dem Spektrum der diakoniewissenschaftlichen Themen einerseits biblische Bezüge, andererseits diakoniegeschichtliche und ethische Themen aufgerufen und gesprächsweise erörtert. Dieser Gesprächsteil basiert auf dem Kursmaterial, das an einem Studientag zur Vorbereitung des Kolloquiums als Wiederholung und Vertiefung mit den Teilnehmenden durchgearbeitet worden war.

---

10   Vgl. Buck 2015.

Entsprechend dem Charakter eines Kolloquiums erhielten die Teilnehmenden im Ergebnis Kolloquiums keine Notenbewertung, sondern den Nachweis einer erfolgreichen Teilnahme.

Als Kursanforderung hinsichtlich der eigenen Unterrichtstätigkeit oblag den Teilnehmenden die Bildung von schulübergreifenden Teams. Ziel war die Reflexion der eigenen Praxis in kooperativer Netzwerkarbeit. Die Teilnehmenden sollten sich dabei wechselseitig in Kleinteams an ihren Schulen besuchen und gegenseitig hospitieren. Damit wurde die Möglichkeit eröffnet, eine Unterrichtshospitation mit qualifizierter Rückmeldung durch Fachlehrkräfte zu erhalten, was in einem Unterrichtsfach wie Soziale Diakonie sonst kaum möglich wird.

4.   Evaluation

Die Kursevaluation weist eine positive Bewertung hinsichtlich inhaltlicher, methodischer und organisatorischer Fragestellungen aus. Im mündlichen Feedback setzten die Teilnehmenden drei Bewertungsschwerpunkte, erstens die Aufnahme des vorhandenen Bedarfs, zweitens das Verhältnis von Theorie- und Praxisanteile im Kursprogramm und drittens die Organisation der kooperativen Praxis.

Die Bewertung, dass mit dem Kurs ein tatsächlicher Bedarf aufgenommen worden sei, bestätigte die Vorannahmen, die zur Erstellung des Angebotes führen. Ein Teilnehmer fasste es in die Worte, „Dies ist genau der Kurs, auf den wir schon lange gewartet haben." Inhaltlich konkretisiert wurde diese Sicht in Bezug auf den hohen Zugewinn an Fachkenntnis hinsichtlich der diakonischen Handlungsfelder, der didaktischen Grundlagen, insbesondere der Lehrplananalyse und -fortentwicklung, sowie der Methoden und Medien.

Zum Verhältnis von Theorie und Praxis im Kurs gab es deutlich kritischere Stimmen. Der Theorieeinstieg erschien einigen Teilnehmenden als zu abgehoben. Auch wurde angemerkt, dass die theologische Reflexion kontinuierlicher über die Studientage verteilt in die jeweiligen Angebote integriert sein sollte. Fast einhellig gewünscht wurde eine breitere Reflexion der eigenen Praxis mittels kollegialer Analyse von Unterrichtsentwürfen und Projekten, die von Teilnehmenden eingebracht werden sollten. Für eine Neubearbeitung des Kurses sind diese Anregungen bedeutungsvoll. Nicht immer kann freilich der Anspruch theoretischer Reflexion mit dem Interesse an praktischen Angeboten ausgeglichen werden.

Selbstkritisch bewerteten die Teilnehmenden ihre mangelnde Umsetzung der kooperativen Praxis. Schulorganisatorisch gestalten sich Hospitationen von Lehrkräften zwischen unterschiedlichen Schulen immer problematisch. Seitens der Kursleitung müssen die Vorgaben gestrafft, mit den Schulleitungen abgestimmt und verbindlich terminiert werden, um die notwendigen Freiräume zu schaffen.

Zusammenfassend kann man konstatieren, dass das Ziel, fachfremd unterrichtende Lehrkräfte zu Fachlehrkräften Soziale Diakonie weiterzubilden, erreicht wurde. Mit der Erlangung dieses neuen Status kann auch von einer Aufwertung des sozial-diakonischen Lernbereichs in den Schulen ausgegangen werden. Derzeit beginnt die Implementierung des Orientierungsrahmens der evangelischen Schulen in Sachsen.[11] Dort wird *Gelebte Diakonie* als eine der vier Dimension evangelischen Profils ausgewiesen. Schulen mit Fachlehrkräften haben gute Chancen, die dort benannten Intentionen professionell an ihren Schulen zu entwickeln.

5.   Weiterführende Ergebnisse

5.1   Kerncurriculum

Mit jeder Neugründung evangelischer Schulen entstehen eigenständige Konzeptionen. Sofern ein diakonisches Profil entwickelt wird, unterscheiden sich die Formate der Umsetzung teilweise gravierend. Die Spanne reicht von punktuellen Projekten bis hin zu vierstündigem Profilunterricht über sechs Schuljahre. Im Kurs kristallisierte sich eine Konzentration der Angebote für die Oberschule auf die Jahrgangsstufen 7 bis 9 heraus. Auf Anregung der Schulstiftung der Ev.-Luth. Landeskirche Sachsens fand im Nachgang des Zertifikatskurses eine Tagung zur Erstellung eines Kerncurriculums für eben jene drei Jahrgangsstufen statt. Die Teilnehmenden entwickelten unter Nutzung der Ergebnisse aus dem Kurs ein Kerncurriculum.[12] Das Kerncurriculum kann einerseits als Muster für die Neuentwicklung bzw. Revision von Lehrplänen der Schulen dienen. Andererseits bietet es die Möglichkeit, aktiv auf die Weiterentwicklung der Stundentafel des Freistaates Sachsen Einfluss zu nehmen. Anzustreben seitens der evangelischen Schulen ist die Etablierung diakonisch-soziales Lernen als eigenständiges Fach, wodurch die Schulen vom des substitutiven Einarbeiten diakonischen Lernens in den schulinternen Lehrplan entlastet und öffentlichen Schulen Zugänge zu diesem Lernbereich freigemacht würden.

5.2   Netzwerkbildung

Die evangelischen Schulen mit diakonischem Profil in Sachsen arbeiteten bisher weitgehend vereinzelt und nutzten als Kontaktfeld vornehmlich die AG Soziale Diakonie der Schulstiftung der Ev.-Luth. Landeskirche Sachsens. Durch den Zertifikatskurs konnte eine breit angelegte Netzwerkbildung angeregt werden. In der persönlichen Zusammenarbeit im Kurs, die sich über den Zeitraum eines Jahres immer weiter vertiefte, konnten Synergieeffekte erschlossen und Kontakte langfristig gefestigt werden. In einem Pool der 12 Schulen, die Lehrkräfte in den Kurs

---

11   http://www.evangelische-schulen-sachsen.de/orientierungsrahmen/[Zugriff 07.05.2018].

12   http://www.evangelische-schulen-sachsen.de/wp-content/uploads/2018/05/Kerncurriculum-Soziale-Diakonie.-Stand-1.12.2017.pdf [Zugriff 07.05.2018].

entsandten, lassen sich so Ressourcen im Hinblick auf fachliche Spezialisierung, konzeptionelle Zugänge und besonderen Materialien und Medien wechselseitig nutzen. Im Blick bleiben muss dabei die Kontinuität der Kontakte durch die Schulstiftung, um auch bei personellen Wechseln an den Schulen die Verbindungen zu gewährleisten.

6. Ein spezifisches Weiterbildungsmodell für das Diakonische Lernen

Das Buchprojekt, dessen Teil dieser Aufsatz ist, untersucht die jeweilige Spezifik sowie die verbindenden Elemente von Compassion, Diakonischem Lernen und Service Learning. Wie die Darstellung des Zertifikatskurs Soziale Diakonie zeigt, muss dieser Kurs den Spezifika Diakonischen Lernens zugerechnet werden. Er ließe sich auf Compassion und Service Learning nur bedingt übertragen. Compassion verlangt von allen Fachlehrkräften eine Aufnahme des sozialen Lernens und Service Learning thematisiert das Schülerengagement selten im Fachunterricht. Gleichwohl zeigen sich Verbindungslinien zwischen der Fachlehrerausbildung für das Diakonische Lernen und möglichen Fort- und Weiterbildungsangeboten der anderen beiden Ansätze.

Compassion und Service Learning basieren wie das Diakonische Lernen darauf, dass junge Menschen in Ausbildungszusammenhängen selbstständig Aufgaben in gemeinnützigen Diensten erfüllen und dazu in authentischen *communities of practice*[13] zusätzlich zu ihrer Ausbildung tätig werden. Lehrkräfte, die diese Praxisstellen akquirieren, den Einsatz organisieren und die jungen Menschen in ihrer Tätigkeit begleiten, stehen dabei vor vergleichbaren organisatorischen Anforderungen. Fachspezifische Methoden des diakonisch-sozialen Lernfelds, wie sie in Abschnitt 3.23 dargestellt wurden, eignen sich für alle drei Ansätze und könnten übergreifend in die Weiterbildung einfließen.

Die Besonderheit von Compassion, dass alle Fachunterrichte gemeinsam in der schulischen Bearbeitung der sozialen Praxiserfahrungen engagiert sind, zeigt sich aus Sicht des Diakonischen Lernens als wertvolle Struktur. Diakonisch-soziales Lernen würde profitieren, wenn diakonische Praxis mit ganz unterschiedlichen schulischen Bildungsfeldern verschränkt und als konstitutives Element des Schullebens herausgestellt würde. Weiterbildungsvorhaben für Schulen mit Compassion-Projekt eigneten sich daher in gleicher Weise für evangelische Schulen mit diakonisch-sozialem Lernfeld, um eine breitere Verankerung dieses Profils in der Wahrnehmung der Kollegien zu erreichen und die Einbindung in die Fachunterrichte zu fördern.

---

13   Vgl. Lave/Wenger 1991, 94–100.

Verbindungen zur Fort- und Weiterbildungen des Service Learning zeigen sich, wie oben dargestellt, in der gezielten Wahrnehmung des lokalen Nahraumes. Es gibt schulische Ansätze, das diakonische Lernen deutlich an der Nahraumorientierung des Service Learning auszurichten, zum Teil aber stärker die Berufsorientierung hervorheben.[14] Fort- und Weiterbildung, die regional die Verbindung zwischen Lehrkräften des diakonischen Lernens und Personen, die das Service Learning organisieren, herstellen, wären wünschenswert.

Die gezeigten Verbindungslinien machen deutlich, dass Bildungsträger mit einem der drei Ansätze gemeinsame Wege in der Fort- und Weiterbildung gehen können. Auch wenn der Zertifikatskurs in seiner Gesamtheit die spezifischen Bedarfe des Diakonischen Lernens aufnimmt, erscheinen kooperative Bildungsmaßnahmen in herausgehobenen Einzelaspekten sinnvoll und förderlich. Sie schärfen den eigenen Ansatz und machen verbindende Elemente zugänglich.

Literatur

Buck, Elisabeth, „Diakonie berühren" – Entwürfe für den (Religions-)Unterricht, in: Fricke, Michael/Donner, Martin, Werkbuch Diakonisches Lernen, Göttingen, 2015, 102–141.

Ev.-Luth Landeskirchenamt Sachsen, Orientierungsrahmen der Evangelischen Schulen in der Evangelisch-Lutherischen Landeskirche Sachsens, Dresden 2018. Verfügbar unter: http://www.evangelische-schulen-sachsen.de/orientierungsrahmen/ [Zugriff 07.05.2018]

Fricke, Michael, „Weil es dich weiter bringt" – Chancen und Dimensionen Diakonischen Lernens an der Regelschule, in: Adam, Gottfried/Schmidt, Heinz/Hallwirth, Uta (Hrsg.), Diakonisch-soziales Lernen. Ein religionspädagogischer Reader, Münster 2013, 101–105.

Gramzow, Christoph, Diakonie in der Schule. Theoretische Einordnung und praktische Konsequenzen auf der Grundlage einer Evaluationsstudie, APrTH 42, Leipzig, 2010.

Hanisch, Helmut/Gramzow, Christoph/Hoppe-Graff, Siegfried, Diakonisches Lernen – Konzeptionelle Annäherung auf empirischer Grundlage, in: Hanisch, Helmut/Schmidt, Heinz (Hrsg.), Diakonische Bildung. Theorie und Empirie, VDWI 21, Heidelberg, 2004, 76–170.

Horstmann, Martin, Zur Praxis diakonischer Bildung – 15 Thesen, in: Adam, Gottfried/Schmidt, Heinz/Hallwirth, Uta (Hrsg.), Diakonisch-soziales Lernen. Ein religionspädagogischer Reader, Münster 2013, 228–232.

Lave, Jean/Wenger, Etienne, Situated Learning. Legitimate Peripheral Participation, Cambridge 1991.

---

14   Vgl. das Konzept Praxislernen der neu gegründeten Evangelischen Oberschule Radebeul, http://www.ev-grundschule.de/oberschule/die-oberschule/das-konzept/ [Zugriff 07.05.2018].

Toaspern, David, Diakonisches Lernen. Modelle für ein Praxislernen zwischen Schule und Diakonie, Göttingen 2007

Links

Evangelische Oberschule Radebeul, Konzeption. Verfügbar unter: http://www.ev-grundschule.de/oberschule/die-oberschule/das-konzept/[Zugriff 07.05.2018].

Evangelisches Schulzentrum Leipzig, Profile. Verfügbar unter: https://schulzentrum.de/profile-94.html [Zugriff 13.03.2018].

Evangelisches Schulzentrum Pirna, Sozialdiakonie. Verfügbar unter: http://www.eva-pirna.de/Mittelschule/Glauben-leben/Sozialdiakonie/4114/[Zugriff 18.03.2018].

Diakonie Bayern, Diakonisches Lernen. Verfügbar unter: http://www.diakonisches-lernen.de/[Zugriff 11.04.2018].

Informationen zu den Sinus-Milieus 2017. Verfügbar unter: https://www.sinus-institut.de/veroeffentlichungen/downloads/download-cat/sinus-milieus/download-a/list/download-c/Category/[Zugriff 27.04.2018].

Kerncurriculum Soziale Diakonie. Verfügbar unter: http://www.evangelische-schulen-sachsen.de/wp-content/uploads/2018/05/Kerncurriculum-Soziale-Diakonie.-Stand-1.12.2017.pdf [Zugriff 07.05.2018].

Teil 2
Reflexion und Diskussion

Was bewirkt Compassion?

Lothar Kuld

Pädagogische Wirkungen eines Projekts werden zuweilen eher vermutet als nach-gewiesen, und die Frage nach Aufwand und Ertrag pädagogischer Projekte wird zu Recht gestellt. Das ist beim Compassion-Projekt nicht anders. Nachfolgende Daten stammen aus der Evaluation des Compassion-Projekts in seiner Erprobungsphase (Kuld/Gönnheimer 2000) und späteren Studien, die das Compassion-Projekt in Gender-Perspektive (Weber-Jung 2011) und im Blick auf die Begleitqualität der Praktika in Schulen und sozialen Einrichtungen (Angele u.a. 2012) untersucht ha-ben.

1.   Die Zielsetzung des Projekts

Das Compassion-Projekt ist angetreten, sozialverpflichtete Haltungen und Hand-lungsbereitschaften wie die Kommunikation, Kooperation und Solidarität[1] mit Menschen, die aus welchen Gründen auch immer auf die Hilfe anderer und Unter-stützung angewiesen sind, zu entwickeln und stark zu machen. Zu diesem Zweck öffnen sich die Schulen auf außerschulische Lernorte hin und schicken sie ihre Schülerinnen und Schüler für eine begrenzte Zeit in Einrichtungen, in denen sozi-ales Engagement als Profession und in Freiwilligendiensten – z.B. FSJ – gefordert ist. Die Schülerinnen und Schüler nehmen am Alltag in diesen Einrichtungen teil, um den Menschen, die dort leben, zu begegnen und in diesen Begegnungen zu lernen, was es heißt, ein Mensch zu sein. Sie kommen mit Menschen zusammen, die im Alltag der Jugendlichen oft nicht vorkommen: alte Menschen, Kinder, Ob-dachlose, kranke Menschen, Menschen am Ende des Lebens. Diese Begegnungen sind nicht einfach und es braucht eine gute Begleitqualität in den Einrichtungen und in den Schulen, damit aus dem Erlebten etwas wird, das als Einsicht und re-flektierte Haltung bleibt. Erlebnisse führen – entgegen der Annahme mancher Er-lebnispädagogen[2] – nicht per se zu Einsichten. Was den einen berührt, kann den anderen kalt lassen. Für seine Gefühle ist ein Mensch nur bedingt verantwortlich zu machen. Ethische Haltungen beruhen nicht auf Gefühl, sondern auf Einsicht. Deshalb ist es wichtig, dass Erlebnisse reflektiert werden. Dazu muss man sie frei-lich erst einmal gemacht haben. Insofern gehören das Praktikum und die Reflexi-on im Compassion-Projekt zusammen.[3]

---

1   Schlag/Brinkmann 2016.
2   Rekus 2000.
3   Zur Organisation und Praxis des Compassion-Projekts vgl. den Beitrag von Mark & Scherer in diesem Band.

2.   Die Ausgangslage: Wertorientierungen Jugendlicher und die Lust zu helfen

Das Compassion-Projekt hat in seinem Titel den Zusatz „Menschsein für andere"[4]. Die jungen Menschen sollen erfahren, wie verschieden das Leben und die Lebensbedingungen von Menschen sein können, dass es normal ist, verschieden zu sein, und sie sollen verstehen, dass jedes Leben ein Leben ist, um das zu kümmern sich lohnt. Dieser Blick auf den anderen und das Engagement für andere, noch bevor man weiß, was man von ihnen hat, ist der normative Kern des Projekts[5] und natürlich eine Herausforderung, von der man sich fragt, wem man sie zumuten kann. Nicht jeder Jugendliche ist bereit, Menschen, die er nicht kennt, oder sozial Benachteiligten und Menschen am Rand der Gesellschaft einfach zu helfen. Die letzte Shell-Jugendstudie „Jugend 2015" sieht die sozialen Verhaltensbereitschaften Jugendlicher je nach Wertetyp anders. Sie sozial etablierten „pragmatischen Idealisten" würden eher soziale Ideale vertreten, die prekären Jugendlichen eher weniger. Zwischen diesen Kontrasten stehe „der Typus des tüchtigen sozialen Aufsteigers, der zugleich soziale Ideale vertritt."[6]

Pragmatische Idealisten (25%)	Unauffällige Zögerliche (24%)
++++	*Keine Wertpräferenzen. Nennungen auf sehr niedrigem Niveau*
Andere Meinungen tolerieren	
+++	
Sozial Benachteiligten helfen	
++	
Sich politisch engagieren	
Gesetz und Ordnung respektieren	
+	
Phantasie und Kreativität entwickeln	
Fleißig und ehrgeizig sein	
Nach Sicherheit streben	

---

4   Weisbrod u.a. 1994.
5   Metz 2000; Hacker 2001; Kuld 2018.
6   Shell-Jugendstudie: Jugend 2015, 265.

Aufstrebende Macher (32%)	Robuste Materialisten (19%)
++++	++++
Gesetz und Ordnung respektieren	Hohen Lebensstandard haben
Fleißig sein	Macht und Einfluss haben
Nach Sicherheit streben	+++
Hohen Lebensstandard haben	Das Leben voll genießen
Sich gegen andere durchsetzen	++
Macht und Einfluss haben	Sich gegen andere durchsetzen
+++	
Phantasie und Kreativität entwickeln	
Sozial Benachteiligten helfen	
Andere Meinungen tolerieren	
Sich politisch engagieren	
++	
Das Leben voll genießen	

Abb. 1:   Typen der Wertorientierung unter Jugendlichen
Quelle: Shell-Jugendstudie: Jugend 2015, 265 Tab. 6.4

Im Zeitvergleich, sagt die Shell-Studie, seien „die aufstrebenden Macher" unter weiblichen wie männlichen Jugendlichen gleichermaßen im Vormarsch. Bei jüngeren (12–17 Jahre: 36 % Macher) sei „ihr Anteil deutlich höher als bei älteren Jugendlichen [29% Macher]. Das drück[e] eine neue und breite Aufgeschlossenheit gegenüber Wertorientierungen aus, zugleich jedoch auch eine geringe Neigung junger Jugendlicher, zwischen Idealismus und Materialismus zu entscheiden."[7] Kann man mit diesen Jugendlichen das Compassion-Projekt machen?

Wir haben in einem gymnasialen Jahrgang, der 2015 gerade im Compassion-Projekt war, nachgefragt und den Jugendlichen den Fragebogen vorgelegt, der unserer Evaluationsstudie (Kuld/Gönnheimer 2000) und den Nachuntersuchungen von Weber-Jung (2011) und Angele u.a. (2012) zugrunde lag.

---

7   Shell-Jugendstudie: Jugend 2015, 268.

	sehr wichtig	wichtig	weniger wichtig	un- wichtig	Mittel- wert
1. das Leben zu genießen	82.4	17.6	0.0	0.0	1.2
2. für Menschen, die mir nahe stehen, also Familie oder Freunde, da zu sein	76.4	22.8	0.8	0.0	1.2
3. eine richtige Familie zu haben	77.3	20.3	2.3	0.0	1.3
4. Spaß zu haben	73.4	26.6	0.0	0.0	1.3
5. mich für Menschen, die mir nahe stehen, also Familie oder Freunde, einzusetzen	71.3	27.9	0.8	0.0	1.3
6. so zu leben, wie ich bin	68.2	30.3	1.5	0.0	1.3
7. verstanden zu werden	63.8	35.4	0.8	0.0	1.4
8. einen guten Beruf zu haben	52.3	44.5	3.1	0.0	1.5
9. mit Menschen zu reden	49.2	42.2	7.0	1.6	1.6
10. Geld zu verdienen	33.3	62.8	3.1	0.8	1.7
11. einen Sinn im Leben zu finden	37.6	42.4	15.2	4.8	1.9
12. für andere Menschen da zu sein	27.2	56.0	13.6	3.2	1.9
13. mich für andere Menschen einzusetzen	20.0	65.4	13.8	0.8	2.0
14. viele Freunde zu haben	18.3	49.2	31.7	0.8	2.2
15. in einem Verein mitzumachen	20.5	40.9	26.0	12.6	2.3
16. beim Umweltschutz mitzumachen	4.8	40.5	45.2	9.5	2.6

	sehr wichtig	wichtig	weniger wichtig	un- wichtig	Mittel- wert
17. etwas in der Politik zu verändern	4.0	16.8	48.8	30.4	3.1
18. in der Kirche/religiöse Gemeinschaft mitzumachen	1.6	16.9	39.5	41.9	3.2

Abb. 2:   Was ist für dich wichtig? – MGTT[8] Juli 2015 (N = 128)
Anm.: Weiblich: 57,8%, männlich 42,2% Alter: 15 Jahre: 8,0%; 16 Jahre: 71,2%; 17 Jahre:20,8%

Ganz oben in der Werteskala der Schülerinnen und Schüler stehen jene Orientierungen, die ihnen unmittelbar nützen und das Leben angenehm machen. Dazu gehören „das Leben genießen" (Rang 1/18), „für Menschen, die einem nahe stehen, da sein" (2/18) und „eine richtige Familie haben" (Rang 3/18). Mit Abstand kommen danach prosoziale Orientierungen, die über die Familie und den Freundeskreis hinausgehen (z.B. „mich für andere Menschen einsetzen" (Rang 13/18). Ganz am Ende der Skala (weniger wichtig bis unwichtig) stehen das Engagement im Umweltschutz (Rang 16/18), Politik (Rang 17/18) und das Mitmachen in der Kirche (Rang 18/18).

Dieses Ergebnis überrascht nicht. Es entspricht den Einsichten gegenwärtiger Jugendforschung. Orientierungen, die den eigenen Bedürfnissen dienen, stehen bei der Frage, was einem selbst wichtig ist, an erster Stelle. Prosoziale Orientierungen kommen ins Spiel, sofern sie Menschen zugutekommen, von denen man selbst etwas hat. Das sind zunächst die Familie und Freunde. Das eigene Leben ist nun mal auch ein Leben mit anderen. Der Soziologe Ulrich Beck nannte das „altruistische[n] Individualismus", dem die Einsicht zugrunde liegt: „Wer für sich lebt, muss sozial leben."[9] Das eigene Leben ist immer auch ein Leben mit anderen, deshalb kümmert man sich auch um die, mit denen man zusammenlebt. Diese Einstellung ändert sich auch durch ein Compassion-Projekt nicht, wie die Evaluationen des Projekts zeigen. Die Reihenfolge der Wertorientierungen vor und nach dem Praktikum bleibt stabil.[10] Was sich ändert, ist nicht der Wertekosmos der Jugendlichen, das wäre pädagogisch und ethisch auch problematisch, was sich

---

8   Montfort-Gymnasium Tettnang (Kürzel MGTT), Tabelle aus einer unveröffentlichten Studie zu Wertorientierungen Jugendlicher in Deutschland und Indien mit Associate Professor Dr. Hamsavahini Singh, Banasthali University (Kuld, PH-Weingarten 2015).
9   Beck 1997, 19.
10   Kuld 2012, 94f.

ändert, ist das Bewusstsein und die Verhaltensbereitschaft im Sozialen. Das zeigen die Daten im folgenden Abschnitt.

3. Veränderung in der Verhaltensbereitschaft zu sozialem Engagement

Die folgenden Zahlen entnehme ich der Evaluation des Projekts an der eben zitierten Compassion-Schule (Montfort-Gymnasium Tettnang), die im Schuljahr 2008/2009 durchgeführt wurde.[11] Die Zahlen entsprechen im Trend denen der umfangreichen Evaluation des Compassionsprojekts in der Erprobungsphase 1997/98.[12]

Die Schülerinnen und Schüler (N = 133 – Befragung im Dezember 2008) begegnen dem Vorschlag, am Compassion-Projekt teilzunehmen, zunächst weder mit großer Begeisterung noch mit Ablehnung. Sie zeigen zu Beginn eher Unsicherheit. Die meisten Schüler/innen haben Erfahrungen mit freiwilligen Einsätzen für andere Menschen vor allem in der Familie (und etwas weniger häufig in der Schule und im Verein) gemacht. Freiwillige Einsätze in sozialen Einrichtungen wie Altenheim, Kindergarten Behinderteneinrichtung hat bis auf Einzelfälle niemand gemacht. (1. Fragebogen Item 119–129). Die meisten Schülerinnen und Schüler wünschen sich einen Einsatz im Kindergarten (91). Die wenigsten wollen ins Altenheim (28). (1. Fragebogen Item 131–135).

Die Eltern unterstützen nach Aussage der Schülerinnen und Schüler (N = 135 – Befragung nach dem Praktikum im März 2009) das Projekt sehr positiv (Mittelwert 1,87 auf einer Sechser-Skala). Die Mädchen fühlen sich von ihren Eltern besser unterstützt als die Jungen. In den Augen der Schülerinnen beurteilen ihre Eltern das Projekt als sehr gut bis gut (Mittelwert 1,69), in den Augen der Schüler als gut (Mittelwert 2,01). Bei der Wahl ihres Praktikumsplatzes fühlen sich die Schülerinnen von ihren Eltern sehr gut unterstützt (Mittelwert 1,49), die Schüler fühlen sich gut unterstützt (Mittelwert 2,17). Umgang mit Menschen ist Schülerinnen wie Schülern gleichermaßen wichtig. Noch mehr Zustimmung erhält das Item: „dass ich lerne, mich in bestimmten Situationen richtig zu verhalten" (Mittelwert 1,09 Zweier-Skala; Erster Fragebogen Item 165). Am wenigsten erwarten die Befragten eine berufliche Orientierung (Mittelwert 1,71 Zweier-Skala; Erster Fragebogen Item 159). Große Befürchtungen haben die Schüler/innen nicht. Wenn überhaupt, dann befürchtet die Hälfte, dass sie einen schlimmen Fehler machen könnten (Mittelwert 1,41 Zwei-Skala Erster Fragebogen Item 173), gefolgt von der Angst, überfordert zu werden (Mittelwert 1,48. Erster Fragebogen Item

---

11   Kuld 2012, 65–98. Zur Methodik der Untersuchung vgl. Angele 2012, 47–63.
12   Kuld/Gönnheimer 2000.

169). Die Mädchen haben eher Angst, dass sie einen Fehler machen, als die Jungen. Die Jungen haben eher Angst, dass sie sich langweilen.

Unmittelbar nach dem Praktikum sagen insgesamt 91,66% der Befragten: „Das Praktikum war für mich ein Gewinn." (trifft voll zu: 51,51%; trifft zu: 40,15%). 7,57% sagten, das treffe für sie weniger zu, ein Befragter war unentschieden („weiß nicht") (2. Fragebogen Item 184–188). Diese große Zustimmung ist auch im Rückblick auf das Schuljahr (Befragung September 2009) zu finden, wenn man pauschal nach der Einschätzung dieses Schuljahrs mit Praktikum und begleitendem Unterricht fragt. 88,97% sagen, das „sollte jeder einmal machen" (3. Fragebogen Item 223). Zu Beginn des Schuljahrs waren die Schülerinnen und Schüler mehrheitlich weder für noch gegen das Projekt, am Ende des Schuljahrs empfehlen sie es ganz überwiegend jedem. Das Projekt schildern sie mehrheitlich als eine positive Erfahrung, Das heißt aber nicht, dass sie sich nun alle weiterhin in den Sozialeinrichtungen, die sie kennen gelernt haben, engagieren. (7 von 127) Schüler/innen haben ihren Einsatz nach dem Praktikum fortgesetzt, 8 haben es fest vor, 22 überlegen noch. 15 würden es tun, aber nur gegen Bezahlung. 47 haben keine Zeit und 18 sind unentschieden (weiß nicht). 10 machten keine Angaben (3. Fragebogen Item 159–165). Ist diese Wirkung zu wenig? Wohl kaum. Denn das Projekt will weder berufsorientierend sein noch Jugendliche zu einem bestimmten Engagement nötigen. Was es schafft, ist Bewusstsein und Verhaltensbereitschaft. Das zeigt der nächste Zahlenblock.

Man könnte dem Compassion-Projekt leicht vorwerfen, es fördere eine etwas naive individualistische Helfermoral, die von den Kontexten sozialen Handelns und sozialer Verhaltensbereitschaften nichts weiß. Dass das nicht so ist, zeigt die Veränderung in der Meinung der Schüler/innen zu sozialen Themen und Lösungsansätzen. So fordern sie im Rückblick auf das Schuljahr (N = 127 – Befragung September 2009) nicht mehr Fachkräfte, aber eine „bessere Ausbildung von Fachkräften", was natürlich Geld kostet. Deshalb fordern die Schüler/innen auch mehr Geld vom Staat. Daneben gibt es eine beachtliche Zustimmung zum ehrenamtlichen Engagement. Und obwohl alle Schüler/innen wissen, was die Praxis in einer Sozialeinrichtung an Einsatz erfordert, verdoppelt sich die Zahl jener, die für ein soziales Pflichtjahr für alle eintreten, unmittelbar nach dem Praktikum, und sie liegt auch noch ein halbes Jahr später vergleichbar hoch (12/2008: 10,68%; 3/2009: 21,48%; 09/2009: 18,89%). Die Zahl der unentschiedenen Schüler/innen und jener, die nicht wissen, welche Haltung sie zu sozialstaatlichen Themen und ehrenamtlichem Engagement einnehmen sollen, sinkt von 20,6% auf 4,7%.

Item: In vielen Beiträgen in Radio, Zeitungen und Fernsehen wird auf eine Krise unseres Sozialstaates aufmerksam gemacht. Worin besteht diese Krise Deiner Meinung nach?

Welchen Gegenmaßnahmen würdest Du für sinnvoll, durchsetzbar und wünschenswert halten? (Mehrfachnennungen möglich)

In absoluten Zahlen:

	MGTT Dez. 2008 N 131 (2 Bögen nicht gezählt)	MGTT März 2009 N 135	MGTT Sept.2009 N 127
mehr privaten, freiwilligen und unbezahlten Einsatz in den Einrichtungen vor Ort	50	42	51
ein unbezahltes soziales Pflichtjahr für alle	14	29	24
mehr Selbsthilfegruppen	23	23	19
mehr Geld vom Staat	48	57	63
es gibt keine, denn der Staat ist kein Fürsorgeunternehmen, am besten soll sich jeder um seine Probleme kümmern	6	4	7
mehr Einsatz der Kirchen	12	6	11
bessere Ausbildung von Fachkräften	62	42	81
mehr technische Geräte, um teures Personal zu ersetzen	7	4	4
mehr Einsatz der Gewerkschaften	25	12	9
jeder soll einen größeren Teil der Kosten selbst tragen	14	5	11
mehr Fachkräfte	46	65	44
anderes (bitte angeben):	3	-	-
nichts davon	2	2	2
weiß nicht	27	18	6

Abb. 3:   Einstellung zu sozialstaatlichen Themen und ehrenamtlichem Engagement (MGTT 2008/2009)

In Prozentzahlen:

	MGTT Dez. 2008 N 131 (2 Bögen nicht gezählt)	MGTT März 2009 N 135	MGTT Sept.2009 N 127
mehr privaten, freiwilligen und unbezahlten Einsatz in den Einrichtungen vor Ort	38,16	31,11	40,15
ein unbezahltes soziales Pflichtjahr für alle	10,68	21,48	18,89
mehr Selbsthilfegruppen	17,55	17,03	14,96
mehr Geld vom Staat	36,64	42,22	49,60
es gibt keine, denn der Staat ist kein Fürsorgeunternehmen, am besten soll sich jeder um seine Probleme kümmern	4,58	2,96	5,51
mehr Einsatz der Kirchen	9,16	4,44	8,66
bessere Ausbildung von Fachkräften	47,32	31,11	63,77
mehr technische Geräte, um teures Personal zu ersetzen	5,34	2,96	3,14
mehr Einsatz der Gewerkschaften	19,08	8,88	7,09
jeder soll einen größeren Teil der Kosten selbst tragen	10,68	3,70	8,66
mehr Fachkräfte	35,11	48,14	34,64
anderes (bitte angeben):	2,29	-	-
nichts davon	2,9	1,48	1,57
weiß nicht	20,61	13,33	4,72

Abb. 3:   (fortgesetzt)

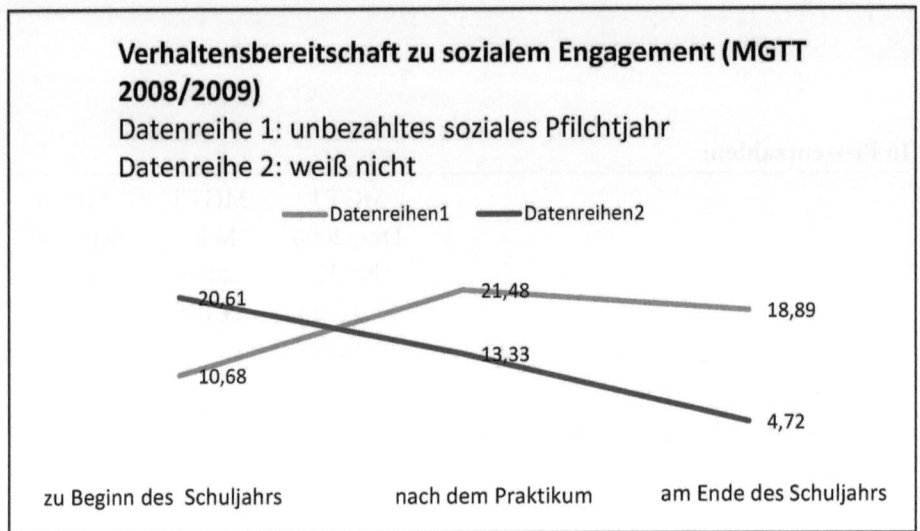

Abb. 4   Verhaltensbereitschaft zu sozialem Engagement (MGTT 2008/2009)

Dieses Ergebnis fällt auf, sobald man es mit Schulen ohne Sozialpraktikum vergleicht. Wir konnten einen solchen Vergleich in unserer größeren Evaluationsstudie von 1997/1998 (Kuld/Gönnheimer 2000) machen, aus der nun die nachfolgenden Daten stammen.

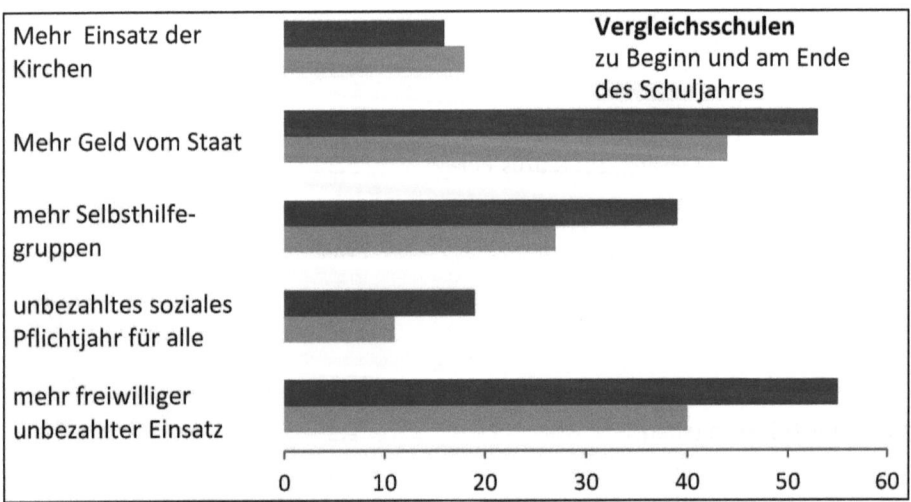

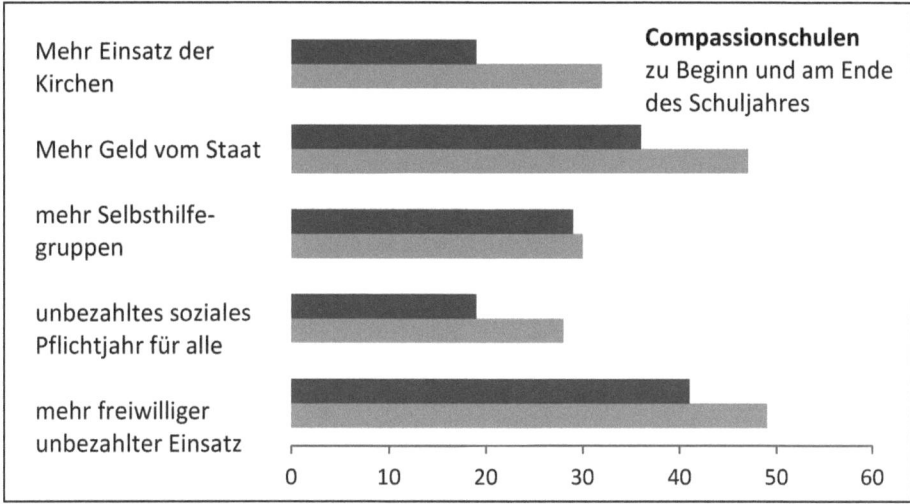

Abb. 5   Verhaltensbereitschaft zu sozialem Engagement in Compassion-Schulen
und Vergleichsschulen ohne Sozialpraktikum
Quelle: Kuld/Gönnheimer 2000, 57f.

Die Zahl derer (N ca. 300), die sich zu Beginn des Schuljahres 1997/1998 überhaupt keine Form sozialen Engagements für sich selbst vorstellen konnte (Item:
„unbezahltes soziales Pflichtjahr für alle" und „mehr freiwilliger und unbezahlter
Einsatz"), sinkt hier um rund 10%. Die Zahl derer, die von Staat, Kirchen und
Gewerkschaften mehr Engagement erwarten, steigt zwischen Schuljahresbeginn
und Schuljahrsende im Blick auf den Staat von 36% auf 47%, die Kirchen von 19%
auf 32% und die Gewerkschaften von 6% auf 13%. In den Kontrollschulen (N ca.
150), also in Schulen ohne Compassionsprojekt oder vergleichbares Sozialprojekt,
haben wir dagegen den gegenläufigen Trend. Hier sinkt mit zunehmendem Alter
die Zahl derer, die sich ein soziales Engagement für sich oder auch nur für andere,
für den Staat, die Kirchen usw. vorstellen können.

4.   Feine Unterschiede:
Sozialisationseffekte und Geschlecht (gender)

Kirchliche Jugendliche sagen in gleichem Maße wie andere, dass Eigeninteresse
und Altruismus sich für sie nicht ausschließen, aber sie sind es dann doch, die
sich – nach den Daten der Evaluation des Projekts während der Erprobungsphase 1997/98 – für aus Schülersicht „schwierige" Einsatzorte wie Behindertenheime

melden.[13] Fast die Hälfte der kirchlich engagierten Jugendlichen ging in Einrichtungen für behinderte oder alte Menschen, obwohl diese Einrichtungen zu Beginn des Schuljahrs nicht ihre erste Option darstellten. Von den kirchlich distanzierten Jugendlichen wurde diese Option von keinem einzigen angegeben. Die kirchlichen Jugendlichen scheinen sich also der Herausforderung von als „schwierig" geltenden Einsatzbereichen eher zu stellen als kirchendistanzierte. Ein Grund für diesen Unterschied kann darin gesehen werden, dass kirchlich engagierte Jugendliche in der Regel auch sozial gut integrierte Jugendliche sind. 94% der kirchlichen Jugendlichen fühlen sich von ihren Eltern sehr positiv oder positiv unterstützt. Bei den kirchendistanzierten sagen das nur 74%. Die kirchlichen erleben auch eindeutig mehr, wie Erwachsene sich über die enge Familie hinaus sozial engagieren und das offensichtlich als lohnend, erfreulich und als persönliche Bereicherung empfinden. Diese Beobachtung, dass kirchlich engagierte Jugendliche tendenziell sozialer eingestellt sind, wurde heftig diskutiert.

Heftig diskutiert wurde auch unsere Beobachtung, dass Schülerinnen in besonderem Maße auf das Projekt ansprechen.[14] Der Vergleich der Motivlagen und Erwartungen an das Projekt zum Schuljahresbeginn zeigt zwischen Schülerinnen und Schülern nämlich entscheidende Nuancen. Die Schülerinnen erwarten und versprechen sich einen größeren Zuwachs an Einsichten und neuen Erfahrungen als die Schüler. Die Schüler bilden unter der allerdings sehr geringen Zahl der Schülerinnen und Schüler, die das Projekt ablehnen, die Mehrheit. Die Schülerinnen bringen auch deutlich mehr Vorerfahrungen durch „freiwillige, unbezahlte Einsätze für andere Menschen" mit. Nicht zuletzt deshalb empfinden die Schüler den praktischen Teil des Projekts wohl deutlich stärker als Zwang: Auf einer Skala von 0 (überhaupt nicht) bis 9 (sehr stark) bewerten die Schülerinnen die Tatsache, hinsichtlich des Praktikums keine Wahl zu haben, insgesamt nur mit 2. Bei den Schülern liegt dieser Wert mehr als doppelt so hoch. Schüler nehmen aus ihrem Umfeld offenbar weniger positive Rückmeldungen auf. Während bei den Schülerinnen 54% angeben, andere Gleichaltrige würden das Projekt befürworten, äußern die Schüler dies nur zu einem Drittel. Nur knapp die Hälfte der Schüler sagt, die Eltern würden sie bei der Wahl des Praktikumsplatzes unterstützen, bei den Schülerinnen sind es 70%. In der tatsächlichen Verteilung auf die verschiedenen Einsatzbereiche gab es unter den Geschlechtern allerdings keine nennenswerten Unterschiede. Und nach dem Praktikum geben alle gleichermaßen (70%) an, intensiven Umgang mit Menschen und auch „Spaß" gehabt zu haben.

Die Schülerinnen haben tendenziell andere Befürchtungen und Erwartungen als die Schüler. Sie erwarten eher auch eine berufliche Orientierung durch das Praktikum. Im Anschluss an das Praktikum sprechen sie mehr als die Jun-

---

13   Kuld/Gönnheimer 2000, 105–112.
14   Kuld/Gönnheimer 2000, 82–91.

gen von Gefühlen der Zuneigung, Freude und Spaß. Die Schüler befürchten mehr als die Schülerinnen, sich zu langweilen oder aus dem Praktikum für sich selbst nichts herausziehen zu können, das für sie selbst von Bedeutung ist. Am Ende des Schuljahres haben sich die Werte der Erwartungen und Befürchtungen allerdings angeglichen. Die Schüler revidieren ihre Befürchtungen. Die Schülerinnen sehen sich in ihren Erwartungen bestätigt. Ein Unterschied freilich bleibt. Schülerinnen sprechen überraschend öfters von Vorbildwirkungen als die Schüler.

Es scheint, dass Schülerinnen im Compassion-Projekt die Chance haben, Haltungen zur Geltung zu bringen, die als Ausdruck weiblicher Moral gelten und von ihnen selbstverständlicher genommen werden als das die Schüler von herrschenden Männerbildern her zeigen können. Das heißt nicht, dass Schüler nicht in gleichem Maße fürsorglich und anderen zugewandt sein könnten. Das Gegenteil ist der Fall. Ein erheblicher Teil der Schüler baut im Praktikum zuvor geäußerte Befürchtungen ab und findet den Kontakt mit Kindern, alten Menschen, behinderten Menschen ausgesprochen belebend. Diese Beobachtung spricht unseres Erachtens dafür, dass im Compassion-Projekt geschlechtsspezifisch unterschiedliche Sozialisationsvoraussetzungen wirksam sind, die den Erfolg des Projekts, gemessen am Zuspruch durch die Schülerinnen und Schüler, eher stützen, aber in einer mitunter vielleicht auch ambivalenten Weise. Es könnte sein, dass Schülerinnen sich von den Anforderungen des Projekts eher in Druck bringen lassen als Jungen.

Alexandra Weber-Jung ist in ihrer 2011 publizierten Dissertation dieser Frage nachgegangen und kam zu dem Ergebnis, dass nicht das Geschlecht, sondern die Familienbiographien der Schülerinnen und Schüler über die Akzeptanz und Einschätzung des Compassion-Projekts entscheiden.[15] Schülerinnen und Schüler, die in ihrer Familie Erwachsene haben, die sich sozial engagieren und die davon auch ausführlich erzählen können, stehen dem Projekt positiver gegenüber als Schülerinnen und Schüler, die ein solches familiales Umfeld nicht haben. Das heißt aber nicht, und jetzt wird es interessant, dass diese Jugendlichen sich in dem Projekt nicht engagieren würden. Nein, es war so, dass gerade auch diese Jugendlichen ohne Modellwirkungen aus der Familienbiographie heraus von Praktikumserfahrungen erzählt haben, die für sie gut waren. Dennoch und zugleich sagten diese Jugendlichen aber auch, dass sie das Sozialprojekt unwichtig finden. Das zeigt: Das Projekt macht aus den Schülerinnen und Schülern keine anderen Menschen, aber es zeigt ihnen etwas, was sie in ihr Selbstbild jetzt vielleicht noch nicht oder überhaupt nie integrieren, aber sie haben es kennen gelernt und haben Wissen darum. Das Projekt führt also nicht zu einer pädagogischen Überwältigung. Es lehrt, dass Änderungen und Veränderungen im pädagogischen Raum langsam und manchmal kaum nachweisbar verlaufen. Aber sie finden statt. Es bewegt sich etwas.

---

15   Weber-Jung 2011.

Schluss

Ich möchte abschließend einen Schüler aus der 11. Klasse eines Gymnasiums zitieren und damit die oben dargebotenen Zahlenreihen illustrieren. Er hat sein Praktikum in einem Projekt für Obdachlose und bedürftige Menschen gemacht. In seinem Praktikumsbericht zitiert er einen Obdachlosen, der ihm erzählt habe, „der [Oberbürgermeister der Stadt] hat mir die Hand gegeben, vor den Journalisten; die haben alle fotografiert. Ich hab' ihn gefragt, ob er mir 20 Euro hat, doch der hat gemeint, er hat keine in der Tasche." Der Schüler kommentiert die Szene folgendermaßen: „Dieser Satz stammt von einem Obdachlosen, mit dem Philipp und ich uns am letzten Tag [...] in der Hirschstraße unterhalten haben. Die Situation zeigt zwei Dinge. Eine Woche früher wäre ich wohl kaum dazu gekommen, mich mit einem Obdachlosen zu unterhalten. Das Sozialpraktikum hat mich gezwungen, mich mit Menschen auseinander zusetzen, die ich sonst gar nicht beachtet habe. Die Szene zeigt aber auch, dass der Umgang mit Obdachlosen nicht immer leicht ist." (Lukas 11. Klasse).[16] Das Projekt hat diesen Jugendlichen mit einem Menschen zusammengebracht, der gesellschaftlich im Grunde aussortiert ist. Es hat ihn zur Begegnung und Auseinandersetzung mit einem Menschen geführt, der vermutlich nicht nur angenehm war, aber Hilfe braucht, aus Gründen, die wir nicht kennen. Die vorsichtige und – wie mir scheint – versteckte Solidarität mit diesem Menschen und den anderen Obdachlosen beginnt für den Schüler damit, dass er sie wahrnimmt. Der Blick des Schülers gilt dem, den er bislang übersehen hat, und dessen Geschichte. In dem Maße, wie dies gelingt, entwickelt sich Wissen, Bewusstsein und soziales Urteil. Compassion ist im Grunde ein Projekt der Solidaritätsschöpfung. Es kann wie die Schule überhaupt die Gesellschaft und die Entwicklungen, die in dieser Gesellschaft und ihrer Ökonomie ihre Wurzeln haben, natürlich nicht ändern, das wäre blauäugig. Aber es kann Bewusstsein schaffen, Aufmerksamkeit erzeugen und soziale Sensibilität fördern. Das gelingt mit diesem Projekt, wie mir scheint, in stärkerem Maße als beim Start des Projekts vorauszusehen war.

Literatur

Angele, Claudia, Forschungsmethodische Aspekte, in: Angele, Claudia u.a. (Hrsg.), Lernchance Sozialpraktikum. Wirkungen sozialen Engagements Jugendlicher in sozialen Einrichtungen, Freiburg 2012, 47–63.

Beck, Ulrich, Kinder der Freiheit. Wider das Lamento über den Werteverfall, in: Beck, Ulrich (Hrsg.), Kinder der Freiheit, Frankfurt 1997, 9–33.

---

16   Kuld 2009, 264.

Haker, Hille, „Compassion als Weltprogramm des Christentums" – Eine ethische Auseinandersetzung mit Johann Baptist Metz, in: Concilium 4 (2001), 436–450.

Hensinger, Juliana, Soziales Lernen aus der Lehrerperspektive. Eine Untersuchung zur Implementierung und Akzeptanz des Sozialprojekts Compassion. Masterarbeit – Master of Arts (MA) Pädagogische Hochschule Weingarten 2011.

Kuld, Lothar, „Früher wäre ich wohl kaum dazu gekommen, mich mit einem Obdachlosen zu unterhalten." – Wirkungen des Sozialprojekts „Compassion", in: Frech, Siegfried/Juchler, Ingo (Hrsg.), Dialoge wagen. Zum Verhältnis von politischer Bildung und Religion, Schwalbach/Ts. 2009, 252–265.

Kuld, Lothar, Sozialpraktika an Schulen – das Beispiel Montfortgymnasium Tettnang, in: Angele, Claudia u.a. (Hrsg.), Lernchance Sozialpraktikum. Wirkungen sozialen Engagements Jugendlicher in sozialen Einrichtungen, Freiburg 2012, 65–98.

Kuld, Lothar, Compassion: solidarisch handeln lernen, in: Sautermeister, Jochen/Zwick, Elisabeth (Hrsg.), Religion und Bildung – Antipoden oder Weggefährten? Diskurse aus historischer, systematischer und praktischer Sicht, Paderborn 2018 (im Druck).

Kuld, Lothar/Gönnheimer, Stefan, Compassion – Sozialverpflichtetes Lernen und Handeln, Stuttgart 2000.

Metz, Johann Baptist, Die Autorität der Leidenden. Compassion – Vorschlag zu einem Weltprogramm des Christentums, in: Süddeutsche Zeitung 24./25./26. Dezember 1997/Nr. 296, 57.

Metz, Johann Baptist, Compassion. Zu einem Weltprogramm des Christentums im Zeitalter des Pluralismus der Religionen und Kulturen, in: Metz, Johann Baptist u.a. (Hrsg.), Compassion. Weltprogramm des Christentums. Soziale Verantwortung lernen, Freiburg 2000, 9–18.

Rekus, Jürgen, Compassion – ein erlebnisbezogenes Bildungskonzept, in: Metz, Johann Baptist u.a. (Hrsg.), Compassion. Weltprogramm des Christentums. Soziale Verantwortung lernen, Freiburg 2000, 75–88.

Schlag, Thomas/Brinkmann, Frank Thomas, Art. Solidarität, in: WiReLex [online] (2016), verfügbar unter: https://www.bibelwissenschaft.de/de/stichwort/100172/ [Zugriff: 19.05.2018].

Shell-Jugendstudie: Jugend 2015, Frankfurt 2015.

Weber-Jung, Alexandra, Soziales Engagement und Geschlecht. Untersuchung zu genderspezifischen Wirkungen des Compassion-Projekts, Berlin 2011.

Weisbrod, Adolf/Kuhn, Franz/Hirsch, Friedrich, Compassion – Ein Praxis- und Unterrichtsprojekt sozialen Lernens. Menschsein für andere, in: Engagement. Zeitschrift für Erziehung und Schule 1994 (H. 2–3), 268–307.

Jugend – Engagement – Schule: Ein Mehrgewinnerspiel?

Anne Sliwka & Britta Klopsch

Das soziale Engagement Jugendlicher stärken und gleichzeitig ihre Lernmotivation, ihr Selbstkonzept und ihre Lernbereitschaft zu erhöhen, das wird bereits in vielen Schulen in Deutschland umgesetzt. Es gelingt durch ein Lernen im und für das Gemeinwesen, wie die folgenden drei Beispiele zeigen.

Naturwissenschaftliche Experimentiertage (Werner-Heisenberg-Gymnasium, Weinheim)

Die Schülerinnen und Schüler der Klasse 8 konzipieren und organisieren hier im Fach NWT (Naturwissenschaft und Technik) vier Experimentiertage für Vorschüler eines inklusiven Kindergartens zu den vier Elementen Feuer, Erde, Wasser und Luft. Sie wählen Experimente aus, suchen für jedes Element ein Maskottchen und entwickeln eine passende Geschichte zum Einstieg.

Der Stein beginnt zu reden (Kaiser-Heinrich-Gymnasium, Bamberg)

Die Schülerinnen und Schüler unterschiedlicher Klassenstufen führen im Unterricht Projekte zum Denkmalschutz in Bamberg durch: Sie recherchieren für einen Bildband und veröffentlichen diesen. Sie organisieren umfangreiche Fundraising-Kampagnen für den Denkmalschutz. Sie bieten Denkmal-Führungen in englischer, französischer und spanischer Sprache durch die Altstadt an.

Flüchtlingshilfe (Stadtteilschule am Hafen, St. Pauli, Hamburg)

Die Schülerinnen und Schüler entscheiden im Klassenrat sich für die Flüchtlinge in der benachbarten Kirche zu engagieren und sich für die Öffnung ihrer Turnhalle für die Menschen einzusetzen. Sie recherchieren zum Thema Fluchtursachen, führen Gespräche mit Verantwortungsträgern und führen eine Kampagne durch.

Ausgehend von diesen Beispielen soll im Folgenden der pädagogische Ansatz „Lernen durch Engagement" (englisch: service learning) vorgestellt, seine bildungswissenschaftliche Fundierung dargelegt und verdeutlicht werden, warum es sich lohnt, „Lernen durch Engagement" in den Kern des schulischen Lernens aufzunehmen.

1. Was ist „Lernen durch Engagement"?

Lernen durch Engagement ist eine projektorientierte Lehr- und Lernform, die fachliches und überfachliches Lernen („Lernen") mit gemeinnützigem Handeln („Engagement") verknüpft. Wichtig dabei ist, eine Balance von außerschulischem Engagement und schulischem Lernen zu erzielen. Im Bereich des Lernens bedeutet dies rund um ein Projekt im Gemeinwesen bei den Jugendlichen sowohl fachliches Wissen als auch überfachliche Kompetenzen anzubahnen und weiterzuentwickeln. Dazu können unterschiedliche Lehr-Lernformen wie kooperatives Lernen, problemorientiertes Lernen und forschendes Lernen genutzt und auch miteinander verbunden werden.

Das Engagement der Jugendlichen im Gemeinwesen bildet das Setting, von dem das Lernen ausgeht. Zwei grundlegende Formen lassen sich unterscheiden. Zum einen kann das Engagement sich in Projekten manifestieren, mit deren Hilfe Jugendliche bestimmte Probleme im Gemeinwesen lösen. Zum anderen können Jugendliche Aufgaben für das Gemeinwesen übernehmen, mit dem Ziel, dieses zu stärken. Damit sowohl die Schülerinnen und Schüler von ihrer Arbeit in Projekten lernen, als auch die Partner und Klienten im Gemeinwesen vom Engagement der Jugendlichen profitieren, müssen die durchgeführten Vorhaben bestimmten Qualitätskriterien genügen. Diese sind in Form von sechs Qualitätsstandards definiert,[1] die im Folgenden kurz erläutert werden:

a) Der reale Bedarf

   Die Projekte, die von den Schülerinnen und Schülern durchgeführt werden, müssen sich an einen authentischen Bedarf oder einem echten Problem ausrichten. Die Schülerinnen und Schüler erleben ihr Engagement damit als relevant und wertvoll und sind motiviert, sich aktiv und engagiert in die Arbeit einzubringen.

b) Die curriculare Anbindung

   Die Projekte sind explizit mit curricularen Bildungszielen der Schule verknüpft und werden als fachliche oder als fächerübergreifende Angebote im Kerngeschäft von Unterricht und Schule durchgeführt.

   Beispiel 1:

   Schülerinnen und Schüler arbeiten zwei Stunden wöchentlich in einem Pflegeheim für Demenz-Patienten. Sie spielen Gesellschaftsspiele, kochen gemeinsam mit den alten Menschen oder lesen ihnen vor. Im schulischen Fachunterricht werden flankierend die folgenden Aspekte thematisiert: Struktur und Veränderung des Gehirns, Alterungsprozesse des Körpers, demographischer Wandel, die „alternde Gesellschaft" und die Bedeutung der Pflege- und Gesundheitsberufe.

---

1   Vgl. Seifert/Zentner 2010.

Beispiel 2:

Schülerinnen und Schüler organisieren Sprachkurse und Freizeitangebote für und mit geflüchteten Menschen. Im Fachunterricht stehen die folgenden Dinge im Vordergrund: Flucht und Fluchtursachen in historischer, geographischer, ökonomischer, religiöser und politischer Perspektive, Zuwanderung und Integration sowie interkulturelle Verständigung und Integration als Herausforderung und als bewältigbare Aufgabe.

c) Die Schülerpartizipation

Die Kinder und Jugendlichen gestalten die Service-Projekte durch eigene Impulse mit. Sie sind aktiv an allen Phasen, d.h. Planung, Vorbereitung und Durchführung beteiligt. Ihre Handlungen sind eng mit dem Prinzip von „voice and choice" verbunden.[2] Das bedeutet, dass die Lernenden sich im Bewusstsein ihrer eigenen Stärken und Talente explizit in die Projektarbeit einbringen können („voice") und dass die Schülerinnen und Schüler als selbständige Individuen dazu angeregt werden, selbst Aufgaben im Projekt auszuwählen, (Teil-) Projekte zu entwickeln und durchzuführen („choice").

d) Das Engagement außerhalb der Schule

Die Projekte werden gemeinsam mit Projektpartner außerhalb der Schule durchgeführt, je nachdem, wo die Vorhaben angesiedelt sind. Projektpartner sind zum Beispiel NGOs, karitative oder kulturelle Einrichtungen, Kirchen, Vereine, Beratungsstellen oder Kindergärten. Die Schule öffnet sich damit ihrem Umfeld, nutzt aktiv außerschulische Lernorte und ermöglicht ihren Schülerinnen und Schülern mit Menschen in Kontakt zu treten, die nicht zu deren unmittelbaren persönlichen Umfeld zählen.

e) Die Reflexion

Die Schülerinnen und Schüler reflektieren ihre Erfahrungen regelmäßig und geplant im Unterricht. Die Reflexionsansätze beziehen sich dabei nicht nur auf die Handlungen und Erfahrungen, die die Schüler bereits vollzogen haben („reflection-on-action") sondern thematisieren auch gezielt künftige Handlungsweisen („reflection-for-action"). Daneben regen sie zur Reflexion innerhalb unterschiedlicher Prozessschritte des Projektes an („reflection-in-action").[3]

f) Die Anerkennung

Das Engagement der Schülerinnen und Schüler wird durch Feedback im gesamten Prozess und bei einem anerkennenden öffentlichen Abschluss gewürdigt. Die im Projekt erworbenen Kompetenzen werden differenziert zertifiziert (zum Beispiel auf einem Beiblatt zum Zeugnis), werden aber nicht im klassischen Sinne mit Schulnoten benotet. Dies bedeutet nicht, dass der Lernprozess der zugrundeliegenden Unterrichtseinheit nicht bewertet werden kann. Beim

---

2   Vgl. Sliwka 2018, 110.

3   Vgl. Schoen 1984.

„Lernen durch Engagement" steht der persönliche Kompetenzzuwachs im Vordergrund und dieser sollte eher durch formative Rückmeldung und eine verbale Beschreibung von Erfahrungen und den darin erworbenen Kompetenzen dokumentiert werden.

Die Grundsätze und Qualitätsstandards des Lernens durch Engagement stehen damit in enger Verbindung zu den „drei R" einer „aktivierende Sozialforschung".[4] Sie stellt praktisches Handeln und die fachlich-wissenschaftliche Auseinandersetzung in einen Wirkzusammenhang.[5] Kooperatives Handeln aller Beteiligten wird dabei möglich und erwünscht.

Die formulierten „drei R" stehen für die englischsprachigen Begriffe *reality*, *reciprocity* und *reflection*. Übertragen auf das Lernen durch Engagement bedeutet dies, dass sich das Engagement an realen Bedürfnissen und Problemen orientiert („reality"). Der Grundsatz der Wechselseitigkeit („reciprocity") wird erfüllt, indem alle beteiligten Parteien (Schülerinnen und Schüler genauso wie die Projektpartnerinnen und Partner) voneinander lernen. Die Reflexion („reflection") dient als verbindendes Glied zwischen der praktischen Arbeit im Projekt und der Entwicklung fachlicher und überfachlicher Kompetenzen und dem gemeinsamen Nachdenken über gesellschaftliche Herausforderungen und menschliche Möglichkeiten zu deren Bearbeitung. Erst durch die Reflexion wird der Lernzuwachs durch Handlungserfahrung im Projekt von implizitem Wissen zu explizitem Wissen transformiert und für weitere Lernprozesse nutzbar gemacht.

Die Lehrkräfte und Schulsozialarbeiter, die Engagement-Projekte anstoßen und pädagogisch begleiten, die Projektpartner im Gemeinwesen und die Schülerinnen und Schüler, die durch ihr Engagement lernen und sich entwickeln können, bilden eine Triade, die das kooperative Moment aller Projekte verkörpert. Zwischen allen drei Seiten dieses Dreiecks muss im Dialog immer wieder Übereinstimmung erzeugt werden über die Ziele des gemeinsam getragenen Vorhabens.

Methodisch ist das Vorgehen von Lehrkräften, die Service Learning begleiten, mit dem der Aktionsforschung vergleichbar. Um Lehr-Lernprozesse im Service Learning wirksam begleiten zu können, müssen sie sich zu einem gewissen Grade von der Rolle des Führenden und Gestaltenden in Lehr-Lernprozessen lösen und bereit sein, sich selbst als Lernende wahrzunehmen. Die Lehrkräfte schauen dann mit einem forschenden Blick auf die Komplexität der (neuen) Lernumgebungen, gehen vom „Charakter der Vorläufigkeit von Antworten [aus] […] und [forcieren] […] die Suche nach alternativen Lösungen."[6]

---

4   Vgl. Gerwin 1984.
5   Vgl. Moser 1989.
6   Soukup-Altrichter/Altrichter 2012, 240.

Die Leistungsrückmeldung erfolgt vor allem im Lern- und Arbeitsprozess selber und zwar durch formatives Assessment. Dabei handelt es sich um jegliche Aktivität die dazu genutzt wird, den Lernstand und Lernfortschritt von Schülern bereits während ihres Arbeitsprozesses zu ermitteln und ihnen dazu mündlich oder schriftlich Rückmeldung zu geben.[7]

2.   Die bildungswissenschaftliche Grundlage von Lernen durch Engagement

Lernen basiert auf intra- und interindividuellen Prozessen, die das Lernen der jeweils beteiligten Schülerinnen und Schüler positiv oder negativ beeinflussen können. Für die Anbahnung und Unterstützung von Lernprozessen in der Schule ist es deshalb wichtig, den Einzelnen bzw. die Einzelne in den Mittelpunkt zu rücken und auf individueller Basis Selbstregulation, Kognition und Kompetenz gleichermaßen zu stärken.

Die Ausrichtung des Lernens an der Selbstregulation als Basis jeglicher Veränderung rührt von der Erkenntnis, dass Lernen ein eigenaktiver und zugleich höchst individueller Prozess ist, der durch wirksame Anreize von außen stimuliert werden kann. Selbstregulation bedeutet in diesem Zusammenhang, dass Handlungsoptionen bewusst wahrgenommen werden, Präferenzen vor dem Hintergrund persönlicher Vorlieben und ethischer Überzeugungen abgewogen und Entscheidungen getroffen werden. Viele dieser Entscheidungen sind mit längerfristigen oder gar langfristigen Zielen von Lernenden verknüpft.[8] Kognitive, metakognitive, emotionale und motivationale Prozesse sind dabei untrennbar miteinander verbunden und können dazu genutzt werden, das eigene Verhalten hinsichtlich selbst gesetzter Ziele zu steuern. Die Fähigkeit zur Selbstregulation hängt beim Lernen durch Engagement eng mit der Metakognition – also der Fähigkeit als Lernender über sich selbst und die eigenen Entwicklungsziele nachzudenken – zusammen, da sie entscheidenden Einfluss auf die Ziel- und Zeitplanung, auf den Umgang mit Ressourcen und damit auf das Projektmanagement nimmt.

Die erforderliche Motivation basiert auf der Emotion der Schülerinnen und Schüler.[9] Wenn es den Lernenden gelingt, eine emotionale Bindung zum Lerngegenstand aufzubauen, und diesen an das eigene Leben anzuknüpfen, ist ein hohes Maß an Motivation zu erwarten. Die soziale Gruppe, in der sie lernen, hat darauf entscheidenden Einfluss, denn nur wenn die Schülerinnen und Schüler das Gefühl haben, in ihrer Kompetenz wahrgenommen und als zum Projekterfolg Beitragende wahrgenommen zu werden, können sie sich optimal entfalten. Gruppenprozes-

---

7   Vgl. Black et al. 2001; Hattie 2012.
8   Vgl. Sliwka 2018.
9   Vgl. Boekaerts 2010.

se wirken dabei als Katalysator, um die Lern- und Arbeitsmotivation aufrecht zu erhalten oder gar zu verstärken. Die Moderation dieser sozialen Prozesse ist damit eine der Kernaufgaben einer Lehrkraft im Lernen durch Engagement.

Im Bereich der Kognition ist es wichtig, Schülerinnen und Schülern die Gelegenheit zu bieten, rund um ein Service-Projekt an bereits vorhandenes Wissen anzuknüpfen, dieses neu zu konstruieren, zu vertiefen und gegebenenfalls umzustrukturieren. Dem Vorwissen kommt eine zentrale Bedeutung für die Lernleistung und die Problemlösefähigkeit zu, da es Handlungsoptionen aufzeigt und weiterführende Lernprozesse anregt.[10] Um Schülerinnen und Schüler kognitiv zu aktivieren, sollte Anregungspotenzial zum vertieften Nachdenken und zur aktiven mentalen Auseinandersetzung mit fachlichem Wissen bereitgestellt werden, das an die Service-Projekte anknüpft. So gewinnt vermeintlich „langweiliges" biologisches Fachwissen zu Insekten deutlich an Bedeutung, wenn es mit einem Service-Projekt zum Bienensterben verknüpft wird. Historisches Fachwissen zur Migration gewinnt bei den Lernenden an subjektiver Bedeutung, wenn es mit einem Unterstützungsprojekt für Menschen verknüpft wird, die heute nach Deutschland geflüchtet sind.

Gelingen kann diese Art von Lernen, wenn sich in den Engagement-Projekten herausfordernde Aufgabenstellungen in der Zone der nächsten Entwicklung[11] der Schülerinnen und Schüler ergeben oder Lehrkräfte im Projekt durch eine interessante Gesprächsführung zum Nachdenken über fachliche Inhalte anregen. Die dabei angesprochenen fachlichen Fragestellungen sollten nicht durch abrufbares Wissen beantwortet werden können, sondern vor allem Transfer und Problemlösen einfordern. Dies ermöglicht den Schülerinnen und Schülern, bekannte Sachverhalte neu miteinander zu verknüpfen oder auf neue Situationen anzuwenden. Im Idealfall werden dabei sogar kognitive Konflikte ausgelöst, d.h. die neuen Informationen stehen im Widerspruch zu dem den Schülern bereits Bekanntem, so dass vorhandene mentale Bilder herausgefordert werden. Die amerikanischen Psychologen Metz & Youniss (2005) berichten in ihrer Forschung zum Service Learning von Schülern, deren Weltbild sich veränderte als sie in einer Suppenküche für Obdachlose lernten, dass einige der bedürftigen Menschen dort früher selbst zur Mittelschicht gehörten und ein bürgerliches Leben führten. Politische Überzeugungen wurden dadurch erschüttert und es entwickelte sich ein komplexeres, „politischeres" Verständnis sozialer Realitäten in den USA bei den Schülerinnen und Schülern.

Die durch die Engagement-Projekte ausgelöste reflexive Auseinandersetzung mit kognitiven Wissensinhalten kann dazu führen, dass eigene Erfahrungen mit fachlichem Wissen verbunden werden, was die Schülerinnen und Schüler letzt-

---

10   Vgl. Ausubel 1968.
11   Vgl. Vygotsky 1978.

endlich in die Lage versetzt, aktiv ihre Wissensstrukturen zu verändern und zu erweitern.[12]

Genau durch dieses Zusammenwirken von Selbstregulation, Kognition und Emotion wird es möglich, Lernprozesse kompetenzorientiert zu gestalten. Dieses Zusammenspiel ermöglicht es Lehrkräften, aktivierende Lernumgebungen zu gestalten, die nicht nur das Verstehen einfordern, sondern die Fähigkeit zum problemlösenden Handeln in den Mittelpunkt stellen. Träges Wissen, d.h. Wissen, das nicht genutzt wird und daher kaum in Handlungs- und Problemlösesituationen aktiviert werden kann, wird so vermieden. Lernen durch Engagement bietet daher gute Voraussetzungen tatsächlich kompetenzfördernd zu wirken, geht es doch über rein deklaratives Wissen hinaus, stärkt zusätzlich prozedurales Wissen und berührt motivationale und volitionale Aspekte.[13]

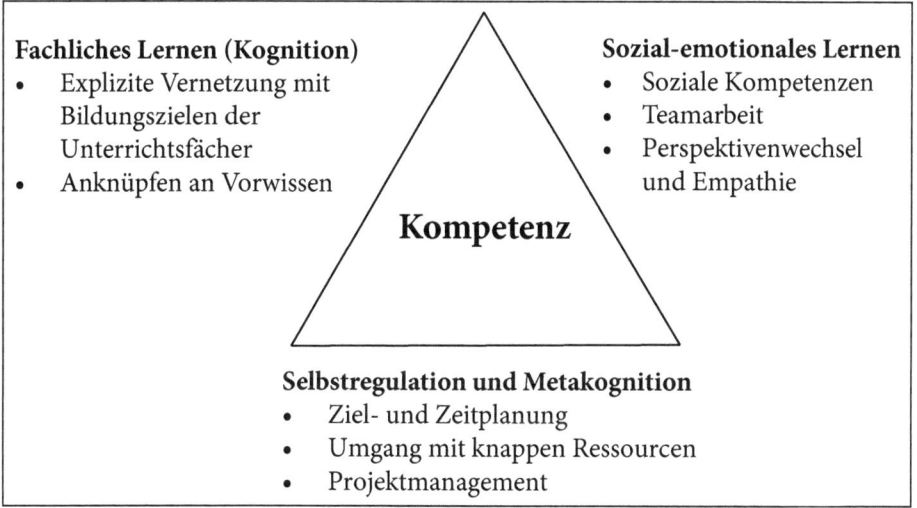

Abb. 1: Kompetenzentwicklung

Für erfolgreiche Lernprozesse durch Engagement ist es deshalb wichtig, einen dreidimensionalen Rahmen zu gestalten, der fachliches Lernen ermöglicht, jedoch gleichzeitig sozial-emotionales Lernen sowie Selbstregulation und Metakognition berücksichtigt und damit eine umfassende Kompetenzentfaltung in den Blick nimmt (vgl. Abb. 1).

---

12   Vgl. Kunter/Trautwein 2013.
13   Vgl. Weinert 2001.

Lehren und Lernen im 21. Jahrhundert: Der Beitrag von Lernen durch Engagement

Lernen im 21. Jahrhundert wird immer stärker als ein „deeper learning"[14] verstanden, also ein Lernen, das über die Wissensaneignung hinausgeht und darauf abzielt Handlungsfähigkeit auf der Grundlage von fundiertem Wissen zu ermöglichen. Schülerinnen und Schüler sollen in die Lage versetzt werden ihr schulisch vermitteltes Wissen in Handlungskontexten zur Anwendung zu bringen. Das setzt ein Lernen voraus, das neben der abstrakt-begrifflichen Wissensvermittlung auch das Lernen durch komplexe Erfahrungen miteinschließt, die das Potenzial haben träges Wissen in dem genannten Sinne transferfähig zu machen. Lernen durch Engagement hat das Potenzial zu diesem Lernen, da Schülerinnen und Schüler durch die zu gestaltenden Projekte ihr Wissen in einem Handlungskontext anwenden müssen und so in unterschiedliche Handlungskompetenzen integrieren.

Zwei Beispiele:

Schülerinnen und Schüler, die zuvor im Unterricht gelernt haben, dass Flucht und Vertreibung kein Phänomen der Gegenwart sind, sondern in unterschiedlichen historischen Epochen, das Leben von Menschen geprägt haben und dass auch ältere Menschen in Deutschland als Kinder häufig Fluchterfahrungen gemacht haben, werden Flucht nicht als singuläres Phänomen sehen, sondern als Teil der menschlichen Existenz. Dieses Wissen verändert ihre Wahrnehmung von Flüchtlingen, denen sie in einem Projekt begegnen. Wenn Sie gelernt haben, dass Flucht für Kinder häufig mit traumatischen Erfahrungen einhergeht, werden sie bestimmte Verhaltensweisen von Kindern (z.B. Angst bei unerwartetem Lärm) besser einordnen können, und ihr Verhalten den Kindern gegenüber adaptiv an die Situation anpassen können. Abstrakt erlerntes Wissen verändert im Projektkontext Haltungen und Verhaltensweisen.

Schülerinnen und Schüler, die sich fachlich mit den Folgen von Plastikteilchen im Meer auf die Veränderung der Lebensbedingungen von Meeresfauna befasst haben, werden in einem Projekt zur Plastikmüllvermeidung gegenüber Konsumenten, die sie an einem Stand vor dem Einkaufszentrum aufklären, kompetenter und überzeugender gegen die Nutzung von Plastikverpackungen argumentieren als solche, denen dieses Wissen fehlt.

Das vormals im Vordergrund stehende rein fachliche Lernen wird im Kontext eines Engagement-Projekts in eine fachliche und überfachliche Persönlichkeitsbildung überführt, indem neben fachspezifischen Aspekten zusätzlich Aspekte wie Leistungsbereitschaft, Motivation, Toleranz und Kreativität als Ziele des Lern-

---

14   Sliwka 2018, 86 ff.

prozesses zum Tragen kommen. Aspekte – die auch Bildungspläne dezidiert als Lernziele benennt.[15]

Die Fremdsteuerung der Lernprozesse durch von Lehrkräften eng geführte Lehr-Lernprozesse wird zugunsten eines höheren Maßes an Selbststeuerung und Selbstregulation verändert. Die Schülerinnen und Schüler lernen, Verantwortung für ihren Lernprozess zu übernehmen, sich selbst einzuschätzen, ihre Leistungen und Lernwege wahrzunehmen und mit Selbstvertrauen an neue Herausforderungen heranzutreten. Auch dies entspricht in hohem Maße den im Bildungsplan geforderten überfachlichen Kompetenzen und trägt dazu bei durch Erinnerungen an reichhaltige Lernprojekte lebenslange Lernprozesse anzubahnen.

Ein wichtiges pädagogisches Ziel hierbei ist die Anbahnung metakognitiver Prozesse, die durch Engagement-Projekte grundlegend unterstützt werden können. Fragestellungen, wie „Was ist für mich wichtig und bedeutungsvoll? Welche Erfahrungen und Facetten meiner Persönlichkeit möchte ich durch mein Handeln im Projekt zum Ausdruck bringen?" konfrontieren den Lernenden zwangsläufig mit seiner eigenen Lern- und Entwicklungsbiographie und ermöglichen eine Weiterentwicklung von Interessen und Talenten.

Ein zentraler Mehrwert des Lernens durch Engagement ist die Arbeit im Team, wodurch der Aspekt des kooperativen Lernens und des kollaborativen Problemlösens authentisch im schulischen Lernen abgebildet werden kann. In Projekten des Lernens durch Engagement ist die Zusammenarbeit unter den Schülern sowie mit Lehrkräften und Projektpartnerinnen bzw. -partnern natürlicher Prozess aller Projektschritte. Den Schülerinnen und Schülern wird auf diese Weise nicht nur ermöglicht, sich selbst im Team als wirksam zu erleben und gemeinsam an einem Prozess zu arbeiten, der nur im Austausch und der gemeinsamen Arbeit erfolgreich gelingen kann. Durch die Zusammenarbeit mit den Lehrkräften und den weiteren am Projekt beteiligten Personen erleben sie Gruppenprozesse die das im lehrerzentrierten Unterricht stark hierarchische Gefälle „Lehrkraft–Schülerin/ Schüler" aufzulösen vermögen und realistische lebensweltorientierte Arbeitsweisen trainieren lassen.

Ermöglicht werden durch die soziale Situation des Lernens durch Engagements auch Formen des reflexiven Lernens, d.h. des „bewussten Lernen". Schülerinnen und Schüler werden nicht mehr ausschließlich dazu angehalten, sich ein möglichst umfangreiches deklaratives Wissen anzueignen. Neben dem notwendigem Lernen von Fakten und fachlichen Inhalten steht gleichermaßen im Vordergrund, dieses Wissen reflexiv zu überdenken, auf einen Handlungskontext zu übertragen, in neuen Zusammenhängen auszuprobieren und dabei auch in Frage zu stellen. Durch diese Form der Reflexion wird vormals rein deklaratives und häufig auch

---

15   Vgl. Sliwka 2004; Ministerium für Kultus, Jugend und Sport 2016.

„träges" Wissen als prozedurales Wissen gespeichert und ist damit in neuen Handlungskontexten aktiv nutzbar.

Schließlich stellt sich noch die Frage nach der Leistungsrückmeldung beim Lernen durch Engagement. In der Pädagogik des 21. Jahrhunderts verändert sich die Bewertungslogik von der summativen Rückmeldung zur formativen und von der sozialen Bezugsnorm zur kriterialen und individuellen Bezugsnorm.[16] Bewertungsverfahren müssen zudem die Anerkennung und Zertifizierung von komplexen Team- und Einzelleistungen gleichermaßen ermöglichen. Es geht daher nicht um die Vergabe von Ziffernnoten, sondern vielmehr um differenzierte Informationen, die das Lernen unterstützen und den Kompetenzerwerb dokumentieren. Diese Formen der Leistungsrückmeldung und -dokumentation stärken den emanzipatorischen und identitätsstärkenden Anspruch des Lernens durch Engagement. Leistungen im Projekt können mit Hilfe der kriterialen Bezugsnorm mit Qualitätskriterien verglichen werden, die in einem Kompetenzraster abgebildet sind und eine Grundlage für die formative Rückmeldung bilden. Formative Rückmeldung[17] bedeutet, dass dem Lernenden anhand von konkreter verbaler Rückmeldung (mündlich oder schriftlich) ein Korridor aufgezeigt wird, in dem er sich weiterentwickeln kann. Neben dem Abgleich mit bestimmten Kriterien (z.B. sorgfältiges Arbeiten, Einhalten von Terminen, freundliche Kommunikation mit Projektpartnern, Reflexion fachlichen Wissens im Projektzusammenhang) wird es so auch möglich den individuellen Lernprozess in den Mittelpunkt zu stellen und individualisierte Rückmeldungen zu geben. Da die Lernenden in Teilen des Projekts selbständig arbeiten, gewinnen Lehrkräfte Zeit für die individualisierte Rückmeldung, die im traditionell lehrerzentrierten Unterricht zeitlich oft kaum möglich ist.

Lernen durch Engagement passt ins 21. Jahrhundert, da es komplexe Erfahrungen ermöglicht, die über das rein fachliche Lernen hinausgehen (vgl. Tabelle 1).

Tab. 1: Lernen im 21. Jahrhundert (Tabelle nach Reusser 1999, 14f.)

„Traditionelles Lernen"	Lernen im 21. Jahrhundert
Lernen von deklarativem Wissen	Lernen durch komplexe Erfahrungen
Fachliches Lernen	Fachliche und überfachliche Persönlichkeitsbildung
Fremdsteuerung	Selbstregulation
Alleine Lernen	Kooperatives Lernen
Lernen ohne metakognitive Reflexion	Reflexives Lernen
Bewertung von Einzelleistungen nach der sozialen Bezugsnorm	Anerkennung und Zertifizierung von komplexen Team- und Einzelleistungen

16   Vgl. Sliwka 2018, 72ff.
17   Vgl. Black/Wiliam 1998.

Die erfolgreiche Anbahnung solch komplexer Lernprozesse basiert auf der Berücksichtigung der Selbstbestimmungstheorie nach Edward L. Deci und Richard M. Ryan.[18] Sie formulieren die drei psychologische Grundbedürfnisse, die in ihrem Zusammenwirken die Wahrscheinlichkeit, dass ein Lernprozess zu intrinsischer Motivation führt, maßgeblich erhöhen: Nach dieser Theorie haben Lernende das Bedürfnis nach erstens Kompetenzerleben, zweitens Autonomie bzw. Selbstbestimmung und drittens sozialer Eingebundenheit. Für das Entstehen intrinsischer Motivation, die ihrerseits ein wichtiger Motor für selbstgesteuertes Lernen ist, sind das Erleben von Kompetenz, Autonomie und sozialer Einbindung eine wichtige Voraussetzung. Projekte im Bereich des Lernens durch Engagement bieten vielfältige Möglichkeiten die drei Grundbedürfnisse zu erfüllen. Dies gilt zunächst für den Bereich des Kompetenzerlebens, gerade auch für heterogene Lerngruppen. Aufgrund der unterschiedlichen Kompetenzen, die zur erfolgreichen Bewältigung der Projekte notwendig sind, können Schülerinnen und Schüler unterschiedliche Aufgaben und Rollen im Projekt einnehmen und dabei auch unterschiedliche Talente für das Projekt nutzbar machen.

Darüber hinaus können Engagement-Projekte niemals vorgefertigt dargeboten werden bzw. als abgeschlossen bezeichnet werden, sondern ermöglichen stets die Mitgestaltung und das Einbringen eigener Ideen. Aus dieser Perspektive eigenen sie sich besonders gut zur Förderung des Autonomie-Erlebens. Bezüglich der emotionalen Zugehörigkeit ist die Situation komplexer. Emotionen kommt evolutionsbiologisch gesehen eine signifikante Bedeutung für Wohlergehen bzw. Bedrohung von Individuen zu. Emotionen beeinflussen kognitive Prozesse nachhaltig. Die Motivation zum Lernen ist deshalb entscheidend von den Emotionen geprägt, die Lernprozesse begleiten.[19] Ein gemeinsames Projekt mit einem klaren Ziel und einer hohen gesellschaftlichen Relevanz hat das Potenzial soziale Zugehörigkeit erlebbar zu machen. Doch neben der Wahrnehmung einer hohen Selbstwirksamkeit und Kompetenz können in Engagement-Projekten bei den Schülerinnen und Schülern auch negative Emotionen entstehen. Gerade ambitionierte Projekte können auch Überforderung, Unterforderung, Konflikte zwischen Lehrkräften, Lernenden und Projektpartnern beinhalten, die starke Emotionen provozieren. Wenn das Lernen durch Engagement als Katalysator lernförderlicher Emotionen dienen soll, erfordert dies von den beteiligten Lehrkräften eine besondere Sensibilität und professionelle Umgangsweise.

Herausforderung der Gestaltung von Projekten des Lernens durch Engagement bleibt, das einzelne Kind und den einzelnen Jugendlichen „dort abzuholen", wo er motivational, kognitiv und sozial „steht", und damit passgenaue Lerngelegenheiten für unterschiedliche Individuen zu schaffen, die das Bedürfnis nach Kompe-

---

18   Vgl. Deci/Ryan 1993.
19   Vgl. Sliwka/Klopsch/Maksimovic 2015, 156.

tenzerleben, Selbstbestimmung und Zugehörigkeit erfüllen und so ein Fundament für erfolgreiches Lernen legen.

Wirkungsbedingungen und Wirkungen von Lernen-durch-Engagement-Projekten

Eine gelingende Einbindung der Projekte in den Schulalltag und die damit ange-stoßenen Lernprozesse erzielen – so die empirische Forschung zum Lernen durch Engagement – bei Schülerinnen und Schülern unterschiedliche Wirkungen, die im Folgenden kurz dargestellt werden.

Bestimmte Bedingungen scheinen für erfolgreiche Projekte ausschlaggebend zu sein.[20] Zunächst ist es wichtig, die Schülerinnen und Schüler aus ihrer „Kom-fortzone" herauszuholen und sie an Themenfelder heranzuführen, die eine aktive Auseinandersetzung in neuem Umfeld, innerhalb ihrer nächsten Zone der Ent-wicklung (vgl. Vygotsky 1978) ermöglichen. Dies bedeutet, dass die Schülerinnen und Schüler selbst Aufgaben wählen, die für sie herausfordernd, aber zu bewälti-gen sind. Durch die Anstrengung, die mit einem eigenen Interesse verbunden ist, können die Lernenden einerseits besser mit Rückschlägen und Hindernissen im Lernprozess umgehen.[21] Andererseits gelangen die Lernenden durch die intensive Auseinandersetzung mit einem Projekt oftmals in einen Zustand, in dem die Zeit in den Hintergrund tritt und tiefgreifendes Lernen stattfindet. Czikszentmihalyi spricht dabei von einem „flow", Friesen nennt ihn „intellectual engagement" und ein Bericht der OECD beschreibt den Zustand als „the most intense pleasure the brain can experience in a learning context."[22]

Die damit in Verbindung gebrachte Motivation bringt ein Schüler eines Lernen-durch-Engagement-Projekts auf den Punkt: „Das hätte ich nie freiwillig gemacht, jetzt würde ich es wieder tun".[23]

Eine weitere Gelingensbedingung ist die Professionalität des pädagogischen Rahmens. Die Lernprozesse der Schülerinnen und Schüler müssen in unterschied-lichem Maße angeleitet und begleitet werden, so dass für die Lernenden ein op-timaler Lernprozess möglich wird. Dies bedeutet, dass in allen Projektschritten Hilfestellungen möglich sind, diese aber nur dann genutzt werden müssen und können, wenn die Lernenden nicht selbständig und zielführend am Projekt wei-terarbeiten können. Für die Lehrkräfte bedeutet dies, einen Blick auf alle Projekte zu haben und genau zu wissen, wo die einzelnen Schülerinnen und Schüler gera-de stehen, „Flow-Erlebnisse" zuzulassen und nur bei Bedarf einzuschreiten und weiterführende Impulse zu geben. Eine Lehrkraft beschreibt dies folgendermaßen:

---

20   Vgl. Billig/Root/Jesse 2005.
21   Vgl. VCOSS 2016.
22   Czikszentmihalyi 1990; Friesen 2007; OECD 2007, 73.
23   Vgl. Sliwka 2004.

„Wenn ich gemerkt habe, die übernehmen die Verantwortung, die arbeiten, dann habe ich mich in die Beobachterrolle zurückgezogen."[24]

Ausgehend von diesen Wirkungsbedingungen können für Projekte des Lernens-durch-Engagement unterschiedliche Effekte festgestellt werden.

Die Wirksamkeit des Lernens durch Engagement bzw. die Wirkungen, die bei den beteiligten Schülerinnen und Schülern durch das Lernen durch Engagement erzielt werden, wurde hauptsächlich in der internationalen Auseinandersetzung mit Service Learning beforscht. Die meisten Studien stammen aus Nordamerika. Ob und inwieweit sich diese Daten für die Situation in Deutschland übertragen lassen, kann momentan empirisch nicht belegt werden.[25] Dennoch liegt nahe, dass sich in Deutschland bei intensiver Beforschung ähnliche Tendenzen abzeichnen werden.

In einer Meta-Analyse über die Wirksamkeit des Lernens durch Engagement konnte Heinz Reinders aufzeigen, dass diese Lehr-Lernmethode grundsätzlich Effekte in verschiedenen Entwicklungsbereichen Heranwachsender mit sich bringt.[26] Diese lassen sich, unter Berücksichtigung mehrerer zusätzlicher Studien, in drei große Bereiche einordnen: Effekte, die sich auf das Lernen direkt beziehen; Faktoren, die das Lernen unterstützen sowie Aspekte, die sich auf das gesellschaftliche Leben der Schülerinnen und Schüler beziehen.

Im Bereich des Lernens konnte gezeigt werden, dass das Lernen durch Engagement positive Effekte auf die kognitive Entwicklung mit sich bringt.[27] Der direkt damit verbundene Lernzuwachs wurde in Studien unterschiedlich stark belegt. Generell kann jedoch davon ausgegangen werden, dass sich ein besseres Verständnis der Lerninhalte durch die enge Theorie-Praxis-Verbindung einstellt[28] und darauf aufbauend die Problemlösefähigkeit ansteigt.[29]

Neben der Auseinandersetzung mit dem reinen Wissenszuwachs ließ sich belegen, dass Freude und positive Emotionen bezüglich der Lernprozesse deutlich anstiegen.[30] Auch die Schulmotivation, als das Lernen stark beeinflussende Variable, wächst durch das Lernen durch Engagement an.[31]

Im Bereich der Lebenskompetenz ließen sich eine stärkere Kooperationsbereitschaft, ein Zuwachs an ethischen Denkfähigkeiten, d.h. der moralischen Entwicklung und dem sozialen Verantwortungsbewusstsein erkennen.[32] Darüber

---

24   Vgl. Sliwka 2004.
25   Vgl. Reinders 2016.
26   Vgl. Reinders 2016, 94.
27   Vgl. Yorio/Ye 2012.
28   Vgl. bpsw. Toews/Cerny 2006; Deeley 2010.
29   Vgl. Eyler 2002.
30   Vgl. Prentice/Robinson 2010.
31   Vgl. Scales et al. 2006; Billig et al. 2005.
32   Vgl. Billig et al. 2005.

hinaus konnte belegt werden, dass ein Abbau von Vorurteilen stattfindet und eine differenziertere Wahrnehmung von Situationen erfolgt.[33] Längsschnittliche Forschungsdesigns zeigten außerdem eine höhere Engagement-Bereitschaft im Erwachsenenalter[34] sowie die gestiegene Bereitschaft zu gesellschaftspolitischer Partizipation.[35] Auch die stärkere Identifikation der Schülerinnen und Schüler mit ihrem Quartier konnte nachgewiesen werden.[36]

3.   Die Rolle der Lehrkraft in der Engagement-Förderung

In der Steuerung und der Begleitung des Lernens durch Engagement nehmen Lehrkräfte unterschiedliche Rollen ein. Hilfreich für das Verständnis dieser adaptiven Lehrerrollen ist das „Cognitive-Apprenticeship-Modell", das die amerikanischen Wissenschaftler Collins, Brown und Newmann entwickelt haben.[37] Sie beschreiben unterschiedliche Facetten des Lehrerhandelns, also quasi unterschiedliche „Hüte",[38] die die Lehrkraft sich im Prozess der Begleitung von Lernprozessen aufsetzt:

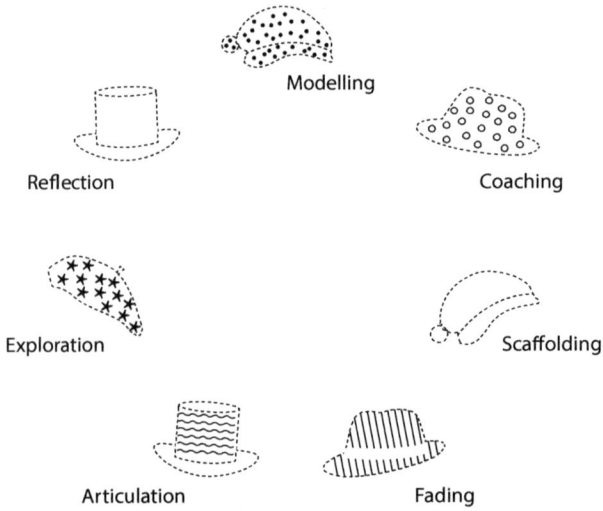

Abb 1: Die „sieben Hüte" einer Lehrkraft (Sliwka 2018, 52)

Das Modelling beschreibt das Lehrerhandeln in der ersten instruktiven Phase. Die Lehrkraft führt fachlich kompetent in das Thema ein, strukturiert das Wissen ent-

33   Vgl. Blyth et al. 1997.

34   Vgl. Kahne/Sporte 2008.

35   Vgl. Metz/Youniss 2005.

36   Vgl. Eyler 2002.

37   Vgl. Collins/Brown/Newmann 1989.

38   Sliwka 2018, 52.

lang zentraler Konzepte und veranschaulicht wichtige Prinzipien mit Hilfe von geeigneten Medien, Materialien, Experimenten und Aufgaben. Beim Lernen durch Engagement stellt sie das Engagement-Projekt vor und führt die Studierenden an fachliche Wissensbestände heran, die für die Arbeit im Projekt und das fachliche Lernen rund um das Engagement von Bedeutung sind.

In der Phase des Coachings hilft die Lehrkraft Schülerinnen und Schülern durch einen diagnostischen Blick und geschicktes Fragen beim Finden einer eigenen Fragestellung, die auf das vorhandene Vorwissen und die Interessen des Lernenden aufbaut. Beim Lernen durch Engagement hilft die Lehrkraft Schülerinnen und Schülern durch Fragen und Beratung dabei eine individuell passende Rolle im Engagement-Projekt für sich zu finden.

Während die Jugendlichen in ihren Engagementprojekten arbeiten, beobachtet die Lehrkraft ihre Lernprozesse. Das bedeutet nicht, dass sie den Lernenden ständig „über die Schulter schaut", sondern vielmehr, dass sie sensibel wahrnimmt, ob die Jugendlichen engagiert und selbständig arbeiten. Wenn das nicht der Fall ist, weil Jugendliche unter- oder überfordert sind, bietet sie konstruktive Unterstützung an und baut durch konkrete Hilfestellungen oder Wissensangebote passende „Lerngerüste" (Scaffolding). Die Lehrkraft steht mit voller Aufmerksamkeit zur Verfügung, um Jugendliche zu unterstützen und zu beraten, die Schwierigkeiten haben und im Arbeitsprozess feststecken. Selbstregulative und metakognitive Prozesse der Lernenden unterstützt die Lehrkraft, wenn sie ihre Schülerinnen und Schüler auffordert ihre Handlungs- und Denkstrategien im Engagement-Projekt durch lautes Denken offenzulegen (Articulation) oder eigene Hypothesen zu bilden (Exploration). Für die Motivation der Jugendlichen ist es essentiell, dass die Lehrkraft ihr Grundbedürfnis respektiert sich als kompetent Handelnde zu erleben. Durch Fading (also ein „sich langsam in den Hintergrund bewegen") zieht sie sich zurück, wenn die Jugendlichen eigenständig und selbstwirksam arbeiten. Immer wieder regt die Lehrkraft die Schülerinnen und Schüler an ihre Denk- und Handlungsstrategien kritisch zu evaluieren (Reflection).

Die Rolle der Lehrkraft liegt also darin, zunächst strukturiert und kleinschrittig die Schülerinnen und Schüler anzuleiten und sich dann immer weiter aus dem Lernprozess zurückzuziehen. Der Lehrende übergibt folglich nach und nach die Verantwortung für den Lernprozess an den Lernenden, dessen Kompetenz kontinuierlich ansteigt (vgl. Abb. 2).

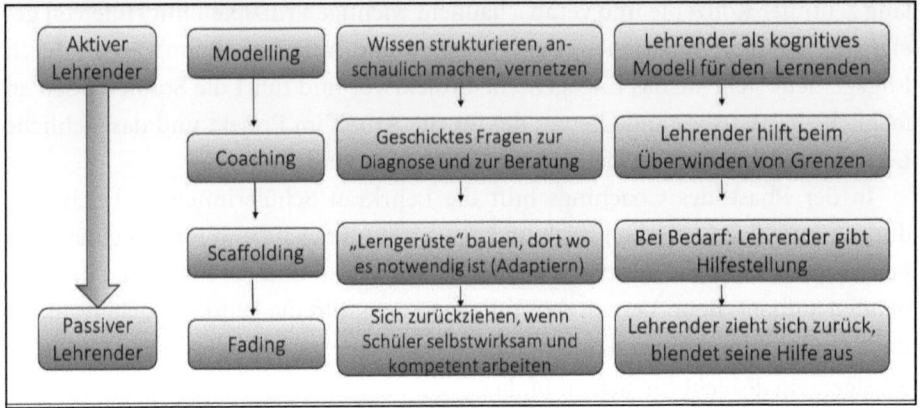

Abb. 2: Cognitive Apprenticeship (erstellt in Anlehnung an Eberle 2007, ohne Seite)

4.   „Lernen durch Engagement" im Kern schulischer Bildung

Zum Abschluss stellt sich die Frage, welchen Raum das „Lernen durch Engagement" eigentlich an Schulen einnehmen sollte. Ist es ein „Zusatzprogramm", perfekt geeignet für die AG am Nachmittag oder passt es ins Kerngeschäft von Schulen, den Unterricht? Die OECD entwickelte, basierend auf einer Delphi-Befragung,
mehrere alternative Szenarien über mögliche Rollen der Schule in der Gesellschaft
der Zukunft:[39] Im ersten Szenario zeigen sich Schulen als „bürokratische Systeme"
innovationsresistent und verharrten im Status Quo, der der Außenwelt gegenüber
weitgehend verschlossenen Schule der Industriegesellschaft. Folge in diesem Szenario ist ein gradueller Exodus von Schülerinnen und Schülern an Privatschulen,
die weniger bürokratisch organisiert sind und stärker auf Persönlichkeitsbildung
setzen, und auch von Lehrkräften, die das Arbeiten an staatlichen Schulen nicht
mehr als attraktiv erachten. Szenario C führt zu „Entschulung". Ein freier Bildungsmarkt, der je nach Bedarf passende digitale Bildungsangebote entwickelt,
führt zu einer Fragmentierung von Bildung und graduellen Auflösung der staatlichen Schule, die ihr Bildungsmonopol verliert und sich im Wettbewerb nicht
durchsetzen kann. In beiden Szenarien verliert die Schule ihre Bedeutung als Ort
zur Erzeugung gesellschaftlicher Kohäsion. Hoffnung macht allerdings Szenario
B: In diesem Bild einer Schule der Zukunft erfindet sich die Schule neu als „Zentrum des sozialen Lebens". Sie versteht sich als lernende Organisation und erhebt
bewusst den Anspruch Katalysator in der Entwicklung sozialer Kohäsion in einer
zunehmend heterogeneren Gesellschaft zu sein. In diesem Zukunftsszenario ist die
Schule eine zentrale Quelle von gesellschaftlichem Sozialkapital. Sie öffnet ihre
starre Haut und lässt osmotisch Gestaltungsbewegungen aus der Außen- in die
Innenwelt von Schule und umgekehrt zu: Freiwillige aus dem Umfeld der Schule

---

39   Vgl. OECD 2006.

kommen in die Schule und bereichern das Lernen durch verschiedene Expertisen, Schülerinnen und Schüler tragen durch soziale, kulturelle und ökologische Projekte, die im Kern von Schule entwickelt werden, zu Gestaltung des Gemeinwesens bei. So wird die Schule zu einem Motor der Entwicklung von Sozialkapital. Sie bietet unterschiedlichen Individuen und Gruppen die Möglichkeit an der Übernahme von Verantwortung zu wachsen und schafft durch die Vernetzung robuste Normen der Reziprozität und Vertrauen als zentrale Grundlage jeder zivilen Gesellschaft.

- Schülerinnen und Schüler können in authentischen Lernprojekten Talente entdecken und Kompetenzen entwickeln. Sie identifizieren sich stärker mit Schule und Gemeinde und entwickeln auch längerfristig die Bereitschaft Gesellschaft mitzugestalten.
- Schulen profitieren von einem Rückgang des Risikoverhaltens im Jugendalter. Sie entwickeln sich zu lernenden Organisationen und professionellen Lerngemeinschaften, die Bildung als Auftrag verstehen, der von der Kooperation mit externen Partnern enorm profitiert. Durch das sichtbare Engagement der Schülerinnen und Schüler werden sie öffentlich wahrgenommen und in ihrer gesellschaftlichen Bedeutung noch stärker anerkannt.
- Auch die Gemeinde bzw. der Stadtteil profitiert: durch engagierte Bürgerinnen und Bürger, die das Gemeinwesen durch ihr Engagement mitgestalten und damit zum sozialen Zusammenhalt beitragen.

So kann Lernen durch Engagement nicht nur für Jugendliche, sondern auch für Lehrkräfte und Gemeinden zu einem „Mehrgewinnerspiel" werden.

Literatur

Ausubel, David Paul, Educational Psychology. A Cognitive View, New York 1968.

Billig, Shelley/Root, Sue/Jesse, Dan, The Impact of Participation in Service Learning on High School Students' Civic Engagement, 2005, Circle Working Paper 33.

Black, Peter/Wiliam, Dylan, Inside the black box. Raising Standards through Classroom Assessment. (1998) – Verfügbar unter: https://www.rdc.udel.edu/wp-content/uploads/2015/04/InsideBlackBox.pdf. [Zugriff 21.02.2018]

Blyth, Dale/Saito, Rebecca/Berkas, Tom, A quantitative study of the impact of service-learning programs, in: Waterman, Alan S. (Hrsg.). Service Learning: Applications from the research, Mahwah, NJ, 1997, 39–55.

Boekaerts, Monique, The Crucial Role of Motivation and Emotion in Classroom Learning, in: Dumont, Hanna/Istance, David/Benavides, Francisco (Hrsg.), The Nature of Learning. Using Research to Inspire Practice, Paris 2010, 91–111.

Collins, Allan/Brown, John S./Newman, Susan E., Cognitive apprenticeship: Teaching the crafts of reading, writing, and mathematics, in: Resnick, Lauren B. (Hrsg.) Knowing, learning, and instruction: Essays in honour of Robert Glaser. Hillsdale, NJ, 1989, 453–494.

Deci, Edward L./Ryan, Richard M., Die Selbstbestimmungstheorie der Motivation und ihre Bedeutung für die Pädagogik. In: Zeitschrift für Pädagogik (2/1993), 223–239.

Dweck, Carol, Selbstbild: Wie unser Denken Erfolge oder Niederlagen bewirkt, München 2009.

Eberle, Thomas, Lernumgebungen gestalten. Cognitive Apprenticeship (2007) – Verfügbar unter: http://www.thomaseberle.de/lernumgebungen/lernumgebungen1024/cogApp.htm [Zugriff 22.02.2018]

Eyler, Janet, Reflection: Linking Service and Learning – Linking Students and Communities, Journal of Social Issues (3/2002), 517–534.

Friesen, Susan, Student engagement. Verfügbar unter: http://projects.cbe.ab.ca/elemprinc/pdfs/Friesen%20StudentEngagement.pdf. (o.J.) [Zugriff 05.02.2018]

Gerwin, James, Aktionsforschung. In: Rexilius, Günter/Grubitzsch, Siegfried (Hrsg.), Psychologische Grundbegriffe, Reinbek 1984, 17–23.

Kahne, Joseph E./Sporte, Susan E., Developing Citizens: The Impact of Civic Learning Opportunities on Students' Commitment to Civic Participation. American Educational Research Journal, Vol. 45, No. 3, 2008, S. 738–766.

Kunter, Mareike/Trautwein, Ulrich, Psychologie des Unterrichts, Bd. 3895 : Pädagogische Psychologie, Schulpädagogik, Paderborn, 2013.

Metz, Edward/Youniss, James, Longitudinal gains in civic development through school-based required service. Political Psychology, 26, 2005, 413–437.

Ministerium für Kultus, Jugend und Sport Baden-Württemberg, Bildungsplan, Stuttgart 2016.

Moser, Heinz, Aktionsforschung, in: Endruweit, Günter/Trommsdorf, Gisela (Hrsg.). Wörterbuch der Soziologie, Stuttgart 1989, 6–8.

OECD, Voice and Choice, Verfügbar unter https://www.oecd.org/site/schoolingfortomorrowknowledgebase/themes/demand/voiceandchoice.htm (o.J.) [Zugriff 09.02.2018]

OECD, Think Scenarios, Rethink Education, Paris 2006.

OECD, Understanding the brain: The birth of a learning science. Paris, 2007.

Prentice, Mary/Robinson, Gail, Improving Student Learning Outcomes with Service Learning. American Association of Community Colleges (2010) – Verfügbar unter https://eric.ed.gov/?id=ED535904 [Zugriff 21.02.2018]

Reinders, Heinz, Lernprozesse durch Service Learning an Universitäten, Zeitschrift für Pädagogik, 56(4), 2016, 531–547.

Reinders, Heinz, Service Learning. Theoretische Überlegungen und empirische Studien zum Lernen durch Engagement, Weinheim/Basel 2016.

Reusser, Kurt, „Und sie bewegt sich doch" – Aber man behalte die Richtung im Auge. Zum Wandel der Schule und zum neu-alten pädagogischen Rollenverständnis von Lehrerinnen und Lehrern, die neue Schulpraxis, Themenheft 1999, 11–15.

Scales, Peter C./Roehlkepartain, Eugene C./Neal, Marybeth/Kielsmeier, James C.,/ Benson, Peter L., Reducing academic achievement gaps: The role of community service and service learning, Journal of Experiential Education, 29, 2006, 38–60.

Schoen, Donald, The Reflective Practitioner: How Professionals Think in Action, 1984.

Seifert, Anne/Zentner, Sandra, Service Learning – Lernen durch Engagement: Methode, Qualität, Beispiele und ausgewählte Schwerpunkte, Weinheim, 2010.

Sliwka, Anne, „Freiwillig hätte ich das nie gemacht, jetzt würde ich das sofort wieder tun“: Erfahrungen mit Service Learning an deutschen Schulen. In Sliwka, A./Petry, C. & Kalb, P. E. (Hrsg.), Durch Verantwortung lernen – Service Learning: Etwas für andere tun, Weinheim, 2004, 32–57.

Sliwka, Anne/Klopsch, Britta/Maksimovic, Aleksandra, Schulkultur durch kulturelle Bildung entwickeln: Die Kulturschule als wirksame Lernumgebung, in: Fuchs, Max/Braun, Tom (Hrsg.), Die Kulturschule und kulturelle Schulentwicklung. Grundlagen, Analysen und Kritik. Band 1. Schultheorie und Schulentwicklung, Weinheim 2015, 151–164.

Sliwka, Anne, Pädagogik der Jugendphase, Weinheim/Basel 2018.

Soukup-Altrichter, Katrin/Altrichter, Herbert, Praxisforschung und Professionalisierung von Lehrpersonen in der Ausbildung. Beiträge zur Lehrerinnen- und Lehrerausbildung, Vol. 30 (2012), 238–251.

Toews, Michelle L./Cerny, Jennifer M., The impact of service learning on student development: Students' reflections in a family diversity course. Marriage & Family Review, 38(4), 2005, 79–96.

VCOSS (Victorian Council of Social Services), Creating engaging schools for all children and young people: What works. (2016) – Verfügbar unter https://elaa.org.au/.../ REP_161213_Engaging-schools-report_Final.pdf. [Zugriff 06.02.2018]

Vygotsky, Lew Semionowitsch, Mind in Society: Development of Higher Psychological Processes, Harvard University Press 1978.

Weinert, Franz, Leistungsmessungen in Schulen, Weinheim 2001.

Yorio, Patrick L./Ye, Feifei, A Meta-Analysis on the Effects of Service-Learning on the Social, Personal, and Cognitive Outcomes of Learning. Academy of Management Learning & Education, 2012, Vol. 11/1, 9–27. Verfügbar unter http://dx.doi.org/10.5465/amle.2010.0072 [Zugriff 22.02.2018].

Anderen begegnen, anders lernen – Was bewirkt Diakonisches Lernen?

Michael Fricke

Diakonisches Lernen begreift sich als „anderes" Lernen. Damit sind bestimmte Vorstellungen über die Wirkungen impliziert, die es bei den beteiligten Akteuren entfaltet. Der vorliegende Beitrag stellt zunächst konzeptionelle Merkmale Diakonischen Lernens sowie seine Berührungspunkte mit anderen Formaten sozialer Bildung dar und wendet sich dann der Frage zu, welche empirischen Daten vorhanden sind, um solche Wirkungen auf die Beteiligten abzuschätzen. Exemplarisch werden Ergebnisse berichtet und diskutiert und schließlich Schlussfolgerungen für die Frage nach der Wirkung Diakonischen Lernens gezogen.

1. Diakonisches Lernen – Merkmale und Berührungspunkte mit anderen Formaten sozialer Bildung

1.1 Konzeptionelle Merkmale Diakonischen Lernens

Vor gut 20 Jahren wurde der Begriff des Diakonischen Lernens geprägt. Zunächst galt Diakonisches Lernen als das aus einem Praktikum und einer anschließenden Reflexion bestehende soziale Praxislernen im christlichen Kontext. Im Blick waren dabei die Persönlichkeitsentwicklung der Schüler und Schülerinnen, im Besonderen die Förderung im Hinblick auf Empathie, Prosozialität und Engagement.[1] Der Ursprungsort des Diakonischen Lernens war die kirchliche Schule. In den Folgejahren weitete sich Diakonisches Lernen auf die öffentliche Schule aus und auch die Konzeptionen differenzierten sich. Neben das Persönlichkeitslernen traten weitere Begriffe, von denen drei besonders hervorzuheben sind: 1. Situiertes Lernen, 2. diakonische Bildung und 3. Verknüpfung von Lernen im und außerhalb des Klassenzimmers.

Das Modell des *situierten Lernens* versteht Diakonisches Lernen als Lernen innerhalb einer Praxis-Gemeinschaft.[2] Der Begriff stammt aus Amerika und ist dem Kontext der betrieblichen Ausbildung zuzurechnen, beispielsweise der von Schneidern oder Hebammen. Der Lehrling beobachtet, fragt und arbeitet in ausgewählten Bereichen mit und bereitet sich so auf seine spätere berufliche Tätigkeit vor. Auch wenn man das Konzept nicht vollständig auf den deutschen Kontext übertragen kann, lässt sich die Erkenntnis gewinnen, dass „das Lernen stets in ei-

---

1 Vgl. Witten 2014, 13f.; Hanisch 2000, 11–18; Diakonisches Werk der EKD 1998, 61f.

2 Vgl. Hanisch 2006, 48–53; Toaspern 2007, 69–72; Gramzow 2010, 61–66.

ner bestimmten Kultur erfolgt, in die der Lernende hineinwächst".[3] Die Lernenden erschließen sich die Kultur des Helfens in einer Initiative oder Einrichtung und nicht durch „reines Denken".

Die aufgekommene Rede von *diakonischer Bildung* hat deutlich gemacht, dass es um mehr als ein rein funktionales Lernen geht: Ein umfassendes Bildungsgeschehen ist im Blick.[4] Als Strukturelemente solcher diakonisch-sozialer Bildungsprozesse gelten: „1. Analyse der Kontexte, Räume und Rahmenbedingungen, 2. Verarbeitung der Erfahrungen in subjektiver Perspektive, 3. Konfrontation mit Erfahrungen und Bewertungen anderer, 4. Information über Strukturen und Systeme, 5. Reflexion unter normativen Gesichtspunkten (z.B. Menschenwürde, Gerechtigkeit, Nächstenliebe), 6. Auseinandersetzung mit Traditionen humaner Sinn- und Wertorientierung, 7. Erarbeitung von Handlungsperspektiven für Lernende und Betroffene in unterschiedlichen Kontexten und 8. Präsentation und Kommunikation".[5]

Ein drittes Merkmal, das in den letzten Jahren hervortrat, ist gegeben durch die Anerkenntnis der *Bedeutung des Klassenzimmerunterrichts vor und nach der Praxisphase*.[6] Diakonisches Lernen ruht auf „zwei Beinen", dem Wissen und dem Handeln.[7] Wenn man diese Kurzformel ausbuchstabiert, wird ein komplexer Lernprozess greifbar: Schülerinnen und Schüler nehmen Anliegen und Ausprägungen von Diakonie auf kognitiver und affektiver Ebene wahr, sammeln eigene praktische Erfahrungen mit diakonischem Handeln und erlernen exemplarisch Fähigkeiten des diakonischen Handelns. Sie reflektieren diese im Hinblick auf ihre Person und darüber hinausgehende gesellschaftliche Zusammenhänge. Sie vertiefen durch diese nun reflektierten Erfahrungen ihr Wissen und den Blick auf Diakonie sowie die mit ihr verbundenen biblisch-christlichen Traditionen und können zugleich ihre Haltungen, Werturteile und ihre Persönlichkeit weiterentwickeln. Der Wissenserwerb über Diakonie erweitert die Wahrnehmung der Schülerinnen und Schüler und vertieft ihr Verstehen.[8]

1.2   Berührungspunkte zu Compassion und Lernen durch Engagement

Mit dem Compassion-Lernen verbindet Diakonisches Lernen die motivationale und weltanschauliche Gebundenheit, die darin besteht, dass die Idee der Zuwendung zum Anderen mit dem Zeugnis Jesu Christi bzw. der christlichen

---

3   Witten 2014, 25.

4   Vgl. Boës 2013, 32.

5   Schmidt/Zitt 2004, 71–74; vgl. Boës 2013, 38.

6   Vgl. Witten 2014, 19 und Kramer 2015, 12, ähnlich Merkel 2009, 86.

7   Fricke/Dorner 2015, 15.

8   Ebd., 79.

Tradition vorgegeben ist. Diakonie bedeutet, den Anderen in seiner Angewiesenheit wahrzunehmen, im Bewusstsein selbst angewiesen zu sein. Compassion und Diakonisches Lernen entstanden beide im Kontext kirchlicher Schulen. Compassion-Projekte finden statt in der Verbindung von fachlichem Unterricht und praktischem Einsatz in einer sozialen Einrichtung.[9] Während Diakonisches Lernen (überwiegend) durch den evangelischen Religionsunterricht und dessen Inhalte determiniert ist, gibt es jedoch in den Compassion-Projekten keine inhaltliche Vorgaben, seitens welchen Fachunterrichts der praktische Einsatz gestartet und später reflektiert wird. Erwünscht ist gerade die Beteiligung unterschiedlicher Fächer sowie fächerverbindendes Arbeiten.[10] In dieser Hinsicht gibt es strukturelle Berührungspunkte zwischen Compassion-Lernen und Lernen durch Engagement (Service Learning), einer „Lehr- und Lernform, die gesellschaftliches Engagement von Schüler/innen mit fachlichem Lernen im Unterricht verbindet".[11] Dieses Engagement erfolgt im sozialen, ökologischen, politischen oder kulturellen Bereich, dabei jedoch ohne weitere inhaltliche Festlegung. Mit seiner inhaltlichen Bindung an den Religionsunterricht unterscheidet sich Diakonisches Lernen also von Compassion- und Service-Lernen, allerdings ist Diakonisches Lernen auch in anderen Fächern denkbar und wird dort immer wieder praktiziert.

Allen drei geht es um ein Lernen, das sich vom „normalen" Lernen unterscheidet: Normal ist Unterricht, der ausschließlich im Klassenzimmer stattfindet, einem geschützten, aber zugleich isolierten Rahmen. Normal ist, wenn die Lehrkraft eine Schlüsselstellung bei der Umsetzung des Curriculums einnimmt und die Schülerinnen und Schüler sich den Impulsen und Aufforderungen der Lehrkraft sowie Vorgaben des Curriculums entsprechend führen lassen, d.h. überwiegend reaktiv sind. Normal ist (auch nach der Implementierung der Kompetenzorientierung), wenn sie Wissen erwerben, das zu guten Teilen „träge" ist.

Compassion-Lernen, Diakonisches Lernen und Service Learning, sind „anders", weil sie zwar im Klassenzimmer beginnen, aber dann neue Räume und Orte aufsuchen. An diesen Orten sind nicht mehr Lehrkraft und Curriculum, sondern andere Menschen und Widerfahrnisse prägend. Der Lernprozess ist weniger kontrollierbar. Es wird eine andere Art von Wissen erworben, Wissen, das auf eine Praxis bezogen ist. Die drei Ansätze sind eingebettet in einen pädagogischen und religionspädagogischen Diskurs, der die besondere Didaktik außerschulischer religiöser Lernorte als notwendig und gewinnbringend ansieht.[12] Sie sind Teil einer schon früher bekannten, jetzt neu gelebten Schulpraxis.

---

9   Vgl. Kuld/Gönnheimer 2000, 30.
10   Vgl. Kuld/Gönnheimer 2000, 63–69.
11   Seifert/Zentner/Nagy 2012, 13.
12   Vgl. Schulte 2013.

Diakonisches Lernen wirbt mit dem Motto „Anderen begegnen, anders lernen"[13]. Das „andere" Lernen wird dadurch ausgelöst, dass Schülerinnen und Schüler ihren Klassenraum verlassen, um Menschen zu begegnen. Was hier im Vordergrund steht, geschieht im Schulalltag zwar auch, jedoch nicht im Sinne eines explizten Gegenstands des Lernens. Hinzu kommt, dass sich die Menschen an den außerschulischen Lernorten in besonderer Weise von den Schülerinnen und Schülern unterscheiden: durch das Alter, die Lebensweise und den Grad von Krankheit bzw. Gesundheit und von sozialer Marginalisierung bzw. Teilhabe.

Wenn man die Idee der „Begegnung mit dem Anderen" fortführt, ergeben sich interessante Perspektiven für das Gemeinsame der drei genannten Formate sozialer Bildung. Grundlage dafür ist die philosophische Betrachtung von E. Lévinas (1906–1995): „Der Mensch als Anderer kommt von Außen auf uns zu – als Getrennter – oder Heiliger – als Antlitz. Seine Exteriorität – d.h. sein Appell an mich – ist seine Wahrheit."[14] Lévinas formulierte diesen Gedanken aus der Erfahrung des nationalsozialistischen Totalitarismus und der Shoa. Der in seiner Andersheit zum Verschwinden gebrachte Andere wurde auch philosophisch für Lévinas zu einer Schlüsselfigur. Lévinas fragte, wie das Subjekt, das Ich, sich zum anderen stellen soll. Seine Antwort lautete: Das Subjekt darf sich nicht selbst zur Totalität machen, zur alles bestimmenden Wirklichkeit. Im Gegenteil, der Andere soll mir unbedingter Anspruch sein. Ich als Subjekt bin, *sub iectum*, dem Anspruch des Anderen unterworfen.

Von Lévinas' Ansatz lassen sich in die genannten Konzepte sozialer Bildung zwei Aspekte aufnehmen: (1) Der Andere in seiner Andersheit kommt von außen auf mich zu. Er hat mir etwas zu sagen, was ich mir selbst nicht sagen kann. Seine Wahrheit hat Bedeutung für mich. Sein Antlitz fordert mich heraus.[15] (2) Die Wahrheit, die Erfahrungen und die Perspektiven dieser Anderen werden im Diakonischen Lernen, Compassion-Lernen und Service Learning nicht nur in der Begegnung mit ihnen erlebt, sondern auch zum Gegenstand des Lernens und Reflektierens gemacht.

2.   Frage nach der Wirkung Diakonischen Lernens

Die Frage nach der Wirkung Diakonischen Lernens lässt sich auf zweifache Weise stellen: 1. Welche Wirkungen hat Diakonisches Lernen im religionspädagogischen Diskurs? Und 2. Welche Wirkungen hat Diakonisches Lernen auf die beteiligten Akteure?

---

13   Vgl. www.diakonisches-lernen.de.
14   Lévinas 1987, 421.
15   Hier nimmt Lévinas Bezug auf die Bedeutung göttlichen „Antlitzes" in Rosenzweigs Werk „Stern der Erlösung", vgl. Rosenzweig 1921, 529f.

2.1   Auswirkungen auf den religionspädagogischen Diskurs

Diakonisches Lernen hat in der Religionspädagogik, die sich einerseits als Ort der Theoriebildung und andererseits als Feld der Gestaltung und Reflexion von Praxis versteht, auf verschiedenen Ebenen Wirkungen entfaltet. (1) Es wird mittlerweile als ein eigenständiges Konzept schulischer und gemeindlicher religionspädagogischer Arbeit verstanden.[16] (2) Speziell es im Bereich des ethischen Lernens gilt es neben dem thematisch-problemorientierten Unterricht und dem Modell der Entwicklung der ethischen Urteilsbildung als ein eigener didaktischer Ansatz ethischer Bildung.[17] (3) In kirchlichen Schulen hat es sich zu einem wichtigen Merkmal der Profilierung entwickelt.[18] (4) Während das Thema „Diakonie" seit jeher fester Bestandteil der bundesdeutschen Lehrpläne im evangelischen Religionsunterricht ist, etabliert sich dort nun auch „Diakonisches Lernen", wie die Analyse der bayerischen Lehrpläne zeigt:[19] In der Grundschule erproben Schülerinnen und Schüler „einfache Formen diakonischen Lernens im schulischen Umfeld" (Jg. 1/2) und außerschulisches Lernen bei „Tafeln" oder „Nachbarschaftsprojekten" (Jg. 3/4). In der Mittelschule (Jg. 7) praktizieren sie Diakonisches Lernen „an einem konkreten Beispiel im Lebensumfeld." Nach einer Phase der persönlichen Annäherung, der Information und der Auseinandersetzung mit biblisch-diakonischen Grundtexten diskutieren sie „Gründe und Motivation für eigenes diakonisches Handeln und entwickeln Möglichkeiten, sich vor Ort zu engagieren." Im Gymnasium entwickeln sie im Lernbereich Nächstenliebe und Diakonie (Jg. 7) „Ideen für christlich motiviertes Handeln und aktive Nächstenliebe." Sie prüfen „Möglichkeiten, Grenzen und persönlicher Gewinn angemessenen Helfens im näheren gesellschaftlichen Umfeld anhand eines aktuellen Beispiels christlich motivierter Nächstenliebe" und können „ggf. ein Projekt diakonischen Lernens an einem außerschulischen Lernort" durchführen.

2.2   Auswirkungen auf die beteiligten Akteure

Der Frage nach den Wirkungen auf die Beteiligten nachzugehen, ist möglich und naheliegend: Möglich, weil Diakonisches Lernen keine Erscheinung des Augenblicks mehr ist, sondern bereits auf eine – wenn auch überschaubare – Geschichte zurückblickt. Naheliegend, weil sie sich aus Konzeption und Selbstverständnis Diakonischen Lernens unmittelbar ergibt. So lässt sich das o.g. Motto des Diakonischen Lernens „Anderen begegnen, anders lernen" nicht nur als Programm verste-

---

16   Vgl. Dorner 2017a und 2017b.
17   Vgl. Schröder 2012, 631–639.
18   Vgl. Gramzow 2010, Adam 2008, siehe z.B. auch: http://www.evgym-siegen.de/zusammen-lernen/diakonisches-lernen/und http://www.ev-schule-lichtenberg.de/schul-abc/diakonisches-lernen/.
19   Siehe zu den nachfolgenden Zitaten http://www.lehrplanplus.bayern.de/.

hen, sondern auch als eine persönliche, deutende Äußerung auf dem Hintergrund von Erlebtem. Von Interesse sind also insbesondere die möglichen Wirkungen auf die involvierten *Akteure*: Schülerinnen und Schüler, Lehrpersonen und Personen, die an den außerschulischen Lernorten die Lernenden begleiten. Im Folgenden liegt der Fokus auf den Schülerinnen und Schülern.

Die Frage nach der Wirkung bestimmter Konzeptionen in Lehr-Lern-Kontexten ist bekanntermaßen komplex.[20] Unterricht hat viele Wirkungen, darunter beabsichtigte und nicht beabsichtigte. Für eine entsprechende Untersuchung muss nicht nur geklärt werden, welche davon erforscht werden sollen, sondern auch, welche Ebenen des Lernens von Bedeutung sein sollen – des deklarativen Wissens, der Handlungskompetenzen, der Metakompetenzen (Reflexion) und der Einstellungen.[21] Sodann ist zu fragen, ob die Effekte aus der Innensicht der Beteiligten oder aus der Außensicht – beispielsweise als beobachtbares Verhalten oder Wissensbestände – erhoben werden (oder beiden), ob bei den möglichen Effekten die Startbedingungen der Lernenden zu berücksichtigen sind sowie, ob Vergleiche zu Probanden angestellt werden sollen, die kein Diakonisches Lernen absolvierten.

3.   Übersicht der vorliegenden Daten aus empirischen Untersuchungen

Diakonisches Lernen wurde empirisch untersucht von Hanisch, Gramzow und Hoppe-Graff (2004), Toaspern (2007) und Gramzow (2010). Diese Untersuchungen entstammen dem Umfeld der Leipziger Universität und basieren auf Daten, die an kirchlichen Schulen gewonnen worden sind. Die Daten sind mit einem systematischen Anspruch erhoben worden, d.h. zum einen mit verschiedenen Messzeitpunkten, also der Erhebung der Kenntnisse und Einstellungen vor Beginn des Projekts und der entsprechenden Erhebung am Ende des Projekts, meist über den Zeitraum eines Jahres. Zum anderen beziehen die Untersuchungen neben den Projektgruppen Kontrollgruppen ein. Die Leipziger Untersuchungen ähneln sich in der Anlage der Untersuchung von Kuld und Gönnheimer (2000), die die Wirkung von Compassion-Projekten an mehrheitlich kirchlichen Schulen untersuchen. Aus dem Bereich des Service Learnings bei MINT-Fächern gibt es eine Untersuchung von Reinders et al. (2017), die mit verschiedenen Messzeitpunkten, dabei jedoch ohne Kontrollgruppe operiert.

Daneben gibt es Daten aus der Initiative Diakonisches Lernen in Bayern, wie sie bei Fricke und Dorner (2015) aus dem Umfeld der Universität Regensburg vorliegen. Sie beruhen auf Gruppeninterviews, die mit den beteiligten Schülerinnen und Schülern im Anschluss an oder im weiteren Kontext der praktischen Erfah-

---

20   Vgl. Helmke 2010, 84f.
21   Vgl. z.B. Fricke/Riegel 2011.

rungen geführt wurden.[22] Die beteiligten Personen stammen von öffentlichen und kirchlichen Schulen. Die Gruppeninterviews sind bis jetzt nur exemplarisch inhaltsanalytisch ausgewertet worden.

4.   Darstellung der Untersuchungsmethoden und -ergebnisse

Eine erste Untersuchung zum Diakonischen Lernen legten Hanisch et al. (2004) vor. Sie fragten anhand von Items in offenen und geschlossenen Formaten, welches Verständnis Schülerinnen und Schüler einer evangelischen Schule (in Leipzig) von Diakonie haben sowie welche Erwartungen und Erfahrungen sie an das und mit dem Profilfach „Diakonie" haben, das an dieser Schule angeboten wird. Es gab zwei Messzeitpunkte, einen am Anfang und einen Ende des Schuljahres. Damit sollte überprüft werden, ob ein „Lernzuwachs" zu beobachten ist.[23] Die Befragten waren aus der 7. Klasse, es handelte sich um einen kleinen Personenkreis (N = 11). Als Schwäche der Untersuchung erwies sich, dass die Befragten lediglich am Profilfach „Diakonie" teilnahmen, nicht jedoch an Praktika an außerschulischen Orten, da diese erst ab dem 9. Jahrgang vorgesehen sind.[24] Allerdings wurden die enthaltenen methodischen Überlegungen sowie einige der Items später von Toaspern und Gramzow genutzt.

Die Arbeit von Toaspern (2007) ist überwiegend programmatisch ausgerichtet, enthält jedoch eine flankierende Untersuchung an Schülerinnen und Schülern des 11. Jahrgangs einer Berliner Evangelischen Schule (N = 40). Toaspern führte diese vier Wochen nach dem von den Lernenden absolvierten sozialdiakonischen zweiwöchigen Praktikum durch, um zu erfahren, wie die Beteiligten ihren Praktikumsort wahrnahmen und wie sie ihre Erfahrungen einordnen. Eine vierwöchige Phase der inhaltlichen und organisatorischen Vorbereitung war dem Praktikum vorausgegangen.[25] Es handelt sich um 50 Items, bei denen auf einer fünfstufigen Likertskala („trifft völlig zu" … „trifft gar nicht zu") Zustimmung bzw. Ablehnung erfragt wird. Beispiele aus den Items sind:

> „33. Die Erfahrungen, die ich während des Praktikums gemacht habe, sind ein Teil meiner Persönlichkeit geworden.

> 44. Ich konnte bei einzelnen Mitarbeitenden spüren, dass ihr christlicher Glaube Einfluss auf ihr berufliches Handeln hat.

> 51. Ich halte die diakonische Arbeit, die ich kennen gelernt habe, für eine zeitgemäße Form christlichen Engagements für Hilfebedürftige.

---

22   Vgl. Fricke/Dorner 2015, 81 und 87.
23   Vgl. Hanisch et al. 2004, 93f.
24   Vgl. Hanisch et al. 2004, 79 und 127.
25   Toaspern 2007, 59.

52. Im Praktikum habe ich eine Vorstellung davon bekommen, was es bedeutet, jemandem zu dienen."[26]

Die Probanden sollen zusätzlich 10 Items auswählen und kurz begründen, warum sie jeweils zutreffen bzw. nicht zutreffen. Toaspern charakterisiert seine Untersuchung als „Praxisversuch", „der die Arbeit einerseits vor der Gefahr einer Theoriebildung jenseits der tatsächlichen Praxis schützt, andererseits den Ausführungen die notwendige Konkretion und Anschaulichkeit verleiht", dabei aber nicht den Anspruch einer „umfassenden Verifikation" vertritt.[27] Toaspern berichtet neben Häufigkeitsverteilungen auch exemplarisch Begründungen der Befragten und flicht sie in seine konzeptionellen Überlegungen zum Diakonischen Lernen ein. Die Befunde ergeben in ihrer Verteilung kein eindeutiges Bild. Item Nr. 44 zur spürbaren christlichen Motivation der Mitarbeiter erhält deutliche Ablehnung (Werte der fünfstufigen Likertskala von Zustimmung bis Ablehnung: 0/6/9/17/8); Item Nr. 51 zur Einschätzung der Zeitgemäßheit der diakonischen Arbeit deutliche Zustimmung (10/14/9/5/2) und Item Nr. 52 zur Entwicklung einer Vorstellung darüber, was es bedeutet, jemandem zu dienen, deutliche Ablehnung (2/10/5/6/16).[28] Ein erklärender Schülerkommentar dazu lautete: „Ich bin doch kein Sklave!".[29] Item Nr. 33 zur bleibenden Auswirkung des Praktikums auf die eigene Persönlichkeit erhält weit mehr Ablehnung als Zustimmung bei beträchtlicher Unentschiedenheit (3/9/10/13/5).[30]

Gramzow führte eine umfassende „Evaluationsstudie" an Schülerinnen und Schülern einer evangelischen Schule in Baden-Württemberg durch, die das Wahlpflichtfach Diakonie anbietet, das von einem Drittel der Lernenden belegt wird.[31] Dadurch ergab sich eine günstige Konstellation für eine vergleichende Untersuchung. Die Untersuchungsgruppe mit Schülerinnen und Schülern, die das Fach Diakonie belegen („Diakoner"), steht der der Kontrollgruppe mit denen, die das Fach nicht belegen („Nichtdiakoner"), gegenüber.[32] Gramzow wählt die 9. bzw. 12. Jahrgangsstufe aus, in der ein wöchentliches bzw. ein Blockpraktikum absolviert wird[33] und strukturiert die Studie in Vor- und Nachuntersuchung, die in ihren Messzeitpunkten 12 Monate auseinanderliegen. Er erhebt also nicht nur den Querschnitt, sondern auch den Längsschnitt, um „Einstellungsveränderungen" zu erfas-

---

26   Toaspern 2007, 299–307.
27   Ebd., 59.
28   Ebd., 237f.
29   Ebd., 269.
30   Ebd., 176.
31   Gramzow 2010, 165ff.
32   Ebd., 171, 182.
33   Ebd., 167f.

sen.[34] Als Erhebungsmethoden kommen Fragebogen und Interviews zum Einsatz. In der Querschnittserhebung nehmen 170 Probanden (davon 90 aus der Untersuchungsgruppe und 70 aus der Kontrollgruppe) und in der Längsschnitterhebung N = 94 (55 gegenüber 39) teil.[35] Im Hinblick auf den möglichen „Lernerfolg" konzeptualisiert Gramzow fünf Bereiche: Persönlichkeitsentwicklung (Wertorientierung und Handlungsmaßstäbe, Empathie, Geschlecht, personale Kompetenzen), soziale Kompetenz (Selbst- und Fremdeinschätzung, Kommunikations- und Kooperationsfähigkeit, Lösen sozialer Problemstellungen), theologische Orientierung (Begriffe und Lesarten von Diakonie, in der diakonischen Handlung leitende Handlungsmotive, Gottes- und Menschenbild, gesellschaftliche Bedeutung von Diakonie), professionelle Orientierung (Kommunikations- und Arbeitsabläufe, Handlungsfelder und Berufsbilder, Diakonierelevante Grundbegriffe wie Hilfe, Behinderung, Krankheit, Leid) und Methodenkompetenz (Verfassen von Berichten, Organisation von Praktika und Projekten).[36]

Die Fragebogenuntersuchung arbeitet zum einen mit Items von bereits etablierten Tests zu Selbstwertgefühl und Persönlichkeit.[37] Das geschlossene Format mit verschiedenstufigen Likertskalen überwiegt. Zum anderen gibt es halboffene und offene Items, die schon bei Hanisch et al. (s.o.) eingesetzt wurden, etwa zum Diakonieverständnis und zu den Erfahrungen im Praktikum.[38] Die Daten aus den geschlossenen Items werden unter Prüfung der Reliabilitätskennwerte einer Faktorenanalyse unterzogen. Die mündliche, leitfadengestützte qualitative Befragung erfolgte bei 5 Probanden aus der 12. Klasse bzw. 3 Probanden aus der 9. Klasse zu ihren Praktika (Block bzw. wöchentlich), dabei wurden die Älteren dreimal (vor, während, danach), und die Jüngeren zweimal (vor und danach) befragt.[39] Daneben werden von den Lernenden verfasste Praktikumsberichte herangezogen. Die Interviews werden inhaltsanalytisch ausgewertet und bestimmten Kategorien zugeordnet.[40]

Zu den Ergebnissen der quantitativen Untersuchung, die hier nur exemplarisch berichtet werden können: Die Daten geben keine Hinweise darauf, „dass ein besonderer Diakonieunterricht das Selbstbild fördert", ferner erweisen sich die Größen „Empathie" und „Perspektivenwechsel" als nur „begrenzt voneinander unterscheidbare Merkmale".[41] Der Empathiewert bei den Diakonikern der 9. Klasse war nach den Praktika rückläufig, während bei der Kontrollgruppe dieses Phänomen

---

34　Gramzow 2010, 173.
35　Ebd., 184.
36　Ebd., 148–156.
37　Ebd., 174.
38　Zum kompletten Fragebogen vgl. Ebd., 589–617.
39　Ebd., 190f.
40　Ebd., 200.
41　Ebd., 215 und 218.

nicht auftrat. In der 11. Klasse war dieser Effekt nach dem Praktikum wesentlich schwächer.[42] In anderen Bereichen, etwa bei Selbstkonzept, religiöser Verbundenheit und beim Diakonieverständnis gab es keine signifikanten Unterschiede zwischen den beiden Gruppen, hier waren die altersbedingten Unterschiede zwischen Jahrgang 9 und 11 entscheidender.[43]

Aus der materialreichen qualitativen Erhebung können nur wenige Äußerungen dargestellt werden, die die von Gramzow formulierten Kategorien Persönlichkeitsentwicklung, soziale Kompetenz und theologische Orientierung repräsentieren. Dabei ist vor allem der Vergleich zwischen den Schüleräußerungen vor und nach dem Praktikum aufschlussreich: Eine Schülerin der 9. Klasse gibt in der Voruntersuchung an, den Diakonieunterricht zu besuchen, „weil ich dort etwas fürs Leben lerne und nicht nur auswendig lernen muss, sondern mit Menschen zusammen bin!" In der Nachuntersuchung wird diese programmatische, etwas klischeehafte Aussage konkretisiert und dadurch in ein anderes Licht gerückt: „Es war sehr sinnvoll, da ich nun weiß, wo meine Grenzen liegen".[44] Eine Schülerin der 12. Klasse, die im Hospiz arbeitete, antwortete in der Voruntersuchung auf die Frage nach den Aufgaben von Diakonie facettenreich, aber zugleich etwas oberflächlich: „Obdachlose, Altersheim, Hospiz, Krankenhaus, Behinderte!", in der Nachuntersuchung wird die Antwort wesentlich tiefgehender und argumentativ formuliert: „Hilft Leuten, die es nötig haben; lässt Leute in schweren Situationen nicht allein; schenkt Liebe und Hoffnung; setzt den Wert auf Unmaterialistisches; nimmt alle Leute an."[45] In ihrem Bericht ergänzt sie, man lerne, „dass man durch ein solches Praktikum sein Leben ganz anders wahrnimmt. Es ist nichts Weltbewegendes, aber Dinge, die einem vorher wichtig waren, rutschen vielleicht in den Hintergrund." Das Praktikum ermöglicht eine begründete Sicht der Dinge: „Meiner Meinung nach ist das Hospiz eine notwendige Einrichtung. Man sollte sich von dem, was zum Leben mit dazu gehört, nicht einfach wegdrehen und die Menschen in dieser Situation alleine lassen, sondern vor allem in dieser Zeit ihnen fest zur Seite stehen."[46]

5.   Diskussion

Wie sind die berichteten Befunde im Hinblick auf die Intentionen des Diakonischen Lernens einzuordnen? Zunächst lohnt ein Blick auf Ergebnisse der erwähnten „Nachbar"-Untersuchungen. Kuld und Gönnheimer untersuchten die Wirkungen von Compassion-Projekten bei Schülerinnen und Schüler der Sekundarstufe

---

42   Gramzow 2010, 221–224.
43   Ebd., 257 und 263.
44   Ebd., 406 und 409.
45   Ebd., 482f.
46   Ebd., 492 und 494.

(7.–12. Jg.). Sie befragten in einer Fragebogenstudie die Untersuchungsgruppe von 300 Probanden und die Kontrollgruppe von 150, die kein Compassion-Projekt erlebt hatten. Ein eindeutiges Ergebnis ist, dass es bei den Compassion-Probanden zu einer Steigerung der Einschätzung der Lebensrelevanz von Unterricht kommt.[47] Auch bei der Frage nach der Prosozialität zeigten sich signifikante Unterschiede zwischen den Gruppen. Das Item fragte nach der Zustimmung zu dem Satz „… wenn man hilfsbereit ist und Friedenstiftet, steht man langfristig besser da als wenn man das Gegenteil tut." Während am Ende des Schuljahres bei der Kontrollgruppe die Zustimmung sinkt (von 84 auf 79%), steigt sie bei der Untersuchungsgruppe (von 81 auf 89%). Die Autoren deuten dies als Beleg, dass die direkte Begegnung mit Hilfebedürftigen die Disposition zu Prosozialität festigt.[48] Allerdings steht diesem Befund gegenüber, dass die Kontrollgruppe aufgrund der Zusammensetzung (mehrheitlich kirchliches Mädchengymnasium) am Anfang des Schuljahres über höhere Werte beim prosozialen Hintergrund verfügte als die Untersuchungsgruppe, z.T. bedingt durch Erfahrungen im praktischen Engagement.[49] Hier stellt sich also die Frage, wie diese Befunde letztlich einzuordnen sind, zumal der Zuwachs nur an einem einzigen Item gemessen wird und nicht an einer Skala, die durch mehrere Items repräsentiert wird.

Reinders et al. untersuchten Effekte beim Service Learning in MINT-Fächern. Diese Fragebogenstudie im Prä-Post-Design wurde jedoch ohne Kontrollgruppe durchgeführt, flankierend wurden Lerntagebuchreflexionen genutzt. Sie hat zum Ergebnis, dass die Schülerinnen und Schüler (N = 165) diese Form des Unterrichts gerne besucht und als intensiv erlebt haben. Am Ende steht eine angestiegene spezifische Reflexionsfähigkeit, jedoch sind die Endwerte im Hinblick auf die Einstellungen der Probanden zu den Themen Nachhaltigkeit, Solidarität, soziale Gerechtigkeit und Umweltbewusstsein insgesamt unverändert gegenüber den Anfangswerten geblieben.[50]

Liest man beide Untersuchungen im Hinblick auf ihre globalen Aussagen zusammen, ergibt sich kein einheitlicher Befund jenseits der Tatsache, dass die Lernenden auf eine intensive Zeit zurückblicken. Damit ist unklar, inwieweit die beim sozialen Lernen intendierten Lerneffekte tatsächlich eintreten.

Uneinheitlichkeit und Unklarheit begegneten auch bei den berichteten Ergebnissen zu den Wirkungen des Diakonischen Lernens. Bei Gramzow fielen der sinkende Empathiewert nach den Praktika bei stabilen Werten der Kontrollgruppe sowie die fehlenden signifikanten Unterschiede zwischen Untersuchungs- und Kontrollgruppe bei Selbstkonzept, religiöser Verbundenheit und Diakoniever-

---

47   Kuld/Gönnheimer 2000, 76.
48   Ebd., 54f.
49   Ebd., 52ff.
50   Reinders et al. 2017, 88–94.

ständnis auf, bei Toaspern die mehrheitlich ablehnende Aussage zu den Wirkungen auf die eigene Persönlichkeit.

Welche Folgerungen ergeben sich daraus?

1) Notwendigkeit einer differenzierten Betrachtung und Interpretation: Mit Reinders et al. ist etwa zu fragen, unter welchen Bedingungen bestimmte Lerneffekte zu erwarten sind[51] und mit Gramzow, wie sich bestimmte Ergebnisse erklären lassen. Zu den gesunkenen Empathiewerten überlegt er, auch im Licht der Ergebnisse der 11. Klasse, dass die Befragten möglicherweise erkennen, dass die Besuchten „normale" Menschen und nicht in erster Linie Mitleid und Empathie wollen oder brauchen. Zum anderen ist es möglich, dass sich Schülerinnen und Schüler nach der ersten Begegnung mit „realen" Menschen realistischer einschätzen, also anders als sie zuvor über sich gedacht haben.[52]

2) Hinterfragen scheinbar selbstverständlicher Begrifflichkeiten: Diakonisches Lernen strebt „Persönlichkeitslernen" an. Nimmt man nur die mehrheitlich ablehnenden Schüleraussagen in Toasperns Studie als Referenz, stellt sich die Frage, ob diese Erwartung angesichts der kurzen Dauer der Maßnahme überhaupt sachgemäß ist. Es spricht viel dafür, hier in größeren Zeiträumen zu denken, bevor Veränderungen der „Persönlichkeit" eintreten können. Womöglich muss man überhaupt über die Verwendung des Begriffs nachdenken, nachdem in der Entwicklungspsychologie mit „Persönlichkeit" gerade „die Gesamtheit der Eigenschaften und Verhaltensdispositionen eines Menschen, die ihn zeitlich relativ stabil und über verschiedene Situationen hinweg charakterisieren und von anderen unterscheiden"[53] bezeichnet wird und damit Veränderungen eher als untypisch erscheinen. Aber auch Veränderungen auf der Ebene von „Werte" und „Einstellungen" (z.B. Empathie) bedürfen vermutlich längerer Erfahrungs- und damit auch Beobachtungszeiten.[54]

3) Anerkenntnis der Ausschnitthaftigkeit der Daten: Die Daten, etwa auch die aus den qualitativen Untersuchungen bei Gramzow, sind ihrer Natur nach Momentaufnahmen. Sie zeigen sehr plastisch auf, welche Veränderungen die Probanden an sich feststellen, etwa hinsichtlich der Perspektiven, die sie bei sozialen und theologischen Fragen einnehmen, aber auch hinsichtlich des eigenes Verhaltens. Aber damit ist noch nicht sichergestellt, dass diese neuen Perspektiven auch für die Zukunft festliegen. Es ist möglich, dass sie prägend sein werden, aber es hat sich noch nicht erwiesen. Auch hier könnten nur längere Beobachtungszeiträume mehr Aufschluss geben.

---

51   Reinders et al. 2017, 116.
52   Gramzow 2010, 504.
53   Hannover/Greve 2012, 544.
54   Ähnlich Reinders et al. 2017, 117.

In den vorgestellten Studien zeigt sich jedoch etwas sehr wichtiges: die Bedeutung der Nachuntersuchung. Im empirischen Setting hat sie zunächst die Funktion, die Veränderung gegenüber dem ersten Messzeitpunkt zu erheben. Darüber hinaus hat sie eine weitere Funktion: Sie gibt den Beteiligten den Anlass, über das Erlebte nachzudenken, es gedanklich und affektiv zu ordnen und sich zu artikulieren. Durch diesen Prozess der Reflexion wird das Erlebte zu einer Erfahrung. Die Studien von Gramzow (s.o. Interviews, Berichte) sowie von Reinders (Reflexionstagebücher)[55] sind hier reichhaltige Fundgruben. Sie machen kenntlich, welche Wirkungen die Schülerinnen und Schüler an sich selbst sehen. Diese selbst zugeschriebenen Wirkungen bilden neben von „beobachtbaren" ein wichtiges Fundament. Im Umkehrschluss ist jedoch auch zu folgern: Wenn die Reflexion fehlt, bleibt die praktische Aktion ein Torso. In einer von mir durchgeführten Schülerbefragung mit Teilnehmern eines Projektes im Diakonischen Lernen in der gymnasialen Oberstufe kam zum Ausdruck, dass im Unterricht selbst keine Reflexion der Praxis, gerade auch im Hinblick auf die eigene Person, stattfand. Vielmehr wurde die Reflexion erst durch die Befragung selbst angestoßen, hier zur Frage „Hast du etwas gelernt?": Ein Teilnehmer antwortete: „Vielleicht muss man dazu sagen, dass wir ins kalte Wasser geschmissen wurden und innerhalb des Unterrichts nie über unsere Projekte ein bisschen ausgesprochen haben, also dass jeder sein Ding gemacht hat und jeder quasi selber damit fertig werden musste, keine Erfahrungen geteilt wurden, ausgetauscht wurden, besprochen wurden. […] deswegen empfinde ich das auch sehr angenehm, was wir jetzt hier alles so besprechen." In der Studie von Kuld und Gönnheimer fand sich ein Ergebnis, das in eine ähnliche Richtung geht: Nur 25% der Probanden der Untersuchungsgruppe sagten, der Unterricht habe „zum Nachdenken über sie selbst" beigetragen. (Allerdings wurde nicht untersucht, was die einzelnen Probanden im Unterricht genau erlebten).[56] Veränderungen werden also im außerschulischen Lernort angestoßen, sie bedürfen jedoch der Reflexion und Einbindung in den Klassenzimmerunterricht, um zu „Erfahrungen" zu werden.

6.   Fazit

Im Hinblick auf die Eingangsfrage ist festzuhalten: Wirkungen lassen sich erheben als Selbstzuschreibungen der Beteiligten und Beobachtungen bzw. Überprüfungen von außen. Die Selbstzuschreibungen, zumindest die hier vorgestellten, sind eindeutig, bleiben jedoch auch der Überprüfung von außen entzogen. Die Beobachtungen von außen waren in den Ergebnissen nicht eindeutig (darüber hinaus fragten einige Items lediglich Ansichten und keine beobachtbaren Handlungen ab).

---

55   Vgl. Reinders et al. 2017, 65–77.
56   Kuld/Gönnheimer 2000, 59.

Aus wissenschaftlicher Sicht ist deswegen Zurückhaltung geboten, was die globale Feststellung von Wirkungen Diakonischen Lernens angeht. Dies muss man nicht als Makel verstehen, zumal in der Lehr-Lern-Forschung insgesamt das Bewusstsein dafür gewachsen ist, dass lineare Korrelationen von einzelnen Merkmalen oft nicht das „Ganze" erklären können, sondern es eines mehrperspektivischen Herangehens bedarf, um bestimmte Effekte zu wahrzunehmen und erklären.[57]

Die hier vorgenommene Auswertung regt ferner dazu an, zu diskutieren, inwiefern im Diskurs relevante Begriffe wie Persönlichkeitslernen, Empathielernen oder Werteentwicklung im Zusammenhang mit den vergleichsweise kurzen Aktions- sowie Beobachtungszeiträumen wirklich sachgerecht sind. Vielleicht muss man hier zu moderateren Aussageweisen kommen.

Die Selbstauskünfte der Befragten zeigen, welche Vertiefungen und Konkretisierungen bei Einzelnen möglich sind, wenn die intensive Beschäftigung einer entsprechenden Reflexion unterzogen wird. Es wäre wünschenswert, dass die Anbieter von Formaten sozialer Bildung, sei es Diakonisches Lernen, Compassion oder Service Learning, die Ebene der Reflexion noch stärker in ihre Lernprogramme integrieren würden, damit die beteiligten Schülerinnen und Schüler Deutungen vornehmen können, die das Erlebte zu Erfahrungen werden lassen. Idealerweise verbinden sich die Reflexionen mit den anderen Inhalten des fachbezogenen Klassenzimmerunterrichts. Somit ließen sich die Wirkungen sozialer Bildung vertiefen.

Literatur

Adam, Gottfried, Diakonisch-Soziales Lernen. Eine Zwischenbilanz in weiterführender Absicht, in: Eurich, Johannes/Oelschlägel, Christian (Hrsg.), Diakonie und Bildung. Heinz Schmidt zum 65. Geburtstag, Stuttgart 2008, 362–374.

Boës, Walter, Diakonische Bildung. Grundlegung einer Didaktik diakonischen Lernens an der Schule, Leipzig 2013.

Diakonisches Werk der EKD (Hrsg.), Diakonie-Lernen. Auswahlbibliographie von Materialien für Religionsunterricht, Konfirmandenunterricht und Christenlehre, bearbeitet v. Markus Wild unter Mitarbeit v. Uwe Becker u.a., Stuttgart 1998.

Dorner, Martin: Diakonisches Lernen, in: Karcher, Florian/Freudenberger-Lötz, Petra/Zimmermann, Germo (Hrsg.), Selbst glauben. 50 religionspädagogische Methoden und Konzepte für Gemeinde, Jugendarbeit und Schule, Neukirchen-Vluyn 2017a, 95–107.

Dorner, Martin, Methoden zum Diakonischen Lernen, in: Karcher, Florian/Freudenberger-Lötz, Petra/Zimmermann, Germo (Hrsg.), Selbst glauben. 50 religionspädagogische Methoden und Konzepte für Gemeinde, Jugendarbeit und Schule. Neukirchen-Vluyn, 2017b, 194–206.

---

57   Vgl. Helmke 2010, 84f.

Fricke, Michael/Dorner, Martin, Werkbuch Diakonisches Lernen, Göttingen 2015.

Fricke, Michael/Riegel, Ulrich, Als wir barfuß über den Boden Gottes laufen konnten. Eine empirische Pilotstudie zum leiblichen Lernen im Religionsunterricht der Grundschule, Göttingen 2011.

Gramzow, Christoph, Diakonie in der Schule. Theoretische Einordnung und praktische Konsequenzen auf der Grundlage einer Evaluationsstudie, Leipzig 2010.

Hanisch, Helmut, Dimensionen diakonischen Lernens, in: Diakonisches Werk der EKD (Hrsg.), Schule und Diakonie. Orte sozialen Lernens, Stuttgart 2000, 11–18.

Hanisch, Helmut, Diakonisch-soziales Lernen als Impuls zur Persönlichkeitsentwicklung, in: Adam, Gottfried et al. (Hrsg.), Unterwegs zu einer Kultur des Helfens. Handbuch des diakonisch-sozialen Lernens, Stuttgart 2006, 43–55.

Hanisch, Helmut/Gramzow, Christoph/Hoppe-Graff, Siegfried, Diakonisches Lernen – Konzeptionelle Annäherungen auf empirischer Grundlage, in: Hanisch, Helmut/Schmidt, Heinz (Hrsg.), Diakonische Bildung. Theorie und Empirie, Heidelberg 2004, 76–170.

Hannover, Bettina/Greve, Werner, Selbst und Persönlichkeit, in: Schneider, Wolfgang/Lindenberger, Ulman (Hrsg.), Entwicklungspsychologie, 7., vollst. überarb. Aufl. Weinheim/Basel 2012, 543–561.

Helmke, Andreas, Unterrichtsqualität und Lehrerprofessionalität. Diagnose, Evaluation und Verbesserung des Unterrichts, Seelze-Velber 2010.

Kramer, Jens, Diakonie inszenieren: Performative Zugänge zum diakonischen Lernen, Stuttgart 2015.

Kuld, Lothar/Gönnheimer, Stefan, Compassion – Sozialverpflichtetes Lernen und Handeln, Stuttgart 2000.

Lévinas, Emmanuel: Totalität und Unendlichkeit. Versuch über die Exteriorität, München 1987.

Merkel, Rainer, Auf einem Bein kann man nicht stehen! Diakonisches Lernen durch Praxiserfahrung und Unterricht. Ausschnitte einer Unterrichtseinheit für die Sekundarstufe II, in: Loccumer Pelikan (2009) 2, 85–93.

Reinders, Heinz et al., Service Learning in den MINT-Fächern. Ergebnisse einer wissenschaftlichen Begleitstudie bei Schulen in Bayern und Sachsen-Anhalt. Schriftenreihe Empirische Bildungsforschung, Band 35, Würzburg 2017.

Rosenzweig, Franz, Der Stern der Erlösung, Frankfurt a. M. 1921.

Schmidt, Heinz/Zitt, Renate, Fürs Leben lernen: Diakonisches Lernen – diakonische Bildung, in: Hanisch, Helmut/Schmidt, Heinz (Hrsg.), Diakonische Bildung. Theorie und Empirie, Heidelberg 2004, 56–75.

Schröder, Bernd, Religionspädagogik, Tübingen 2012.

Schulte, Andrea, Jeder Ort – überall. Didaktik außerschulischer Lernorte, Stuttgart 2013.

Seifert, Anne/Zentner, Sandra/Nagy, Franziska, Praxisbuch Service Learning. „Lernen durch Engagement" an Schulen, Weinheim 2012.

Toaspern, Huldreich David, Diakonisches Lernen. Modelle für ein Praxislernen zwischen Schule und Diakonie, Göttingen 2007.

Witten, Ulrike, Diakonisches Lernen an Biographien. Elisabeth von Thüringen, Florence Nightingale und Mutter Teresa, Leipzig 2014.

Internetquellen

Diakonisches Lernen – http://www.diakonisches-lernen.de/[Zugriff 22.04.2018].

Evangelisches Gymnasium Siegen – http://www.evgym-siegen.de/zusammen-lernen/diakonisches-lernen/[Zugriff 10.05.2018].

Evangelische Schule Lichtenberg – http://www.ev-schule-lichtenberg.de/schul-abc/diakonisches-lernen/[Zugriff 10.05.2018].

LehrplanPlus – http://www.lehrplanplus.bayern.de/[Zugriff 25.03.2018].

Zur Beziehung zwischen Diakonischem Lernen und Inklusion

Sabine Ahrens & Ingrid König

Einführung

Bisher scheinen die Fachdiskurse zu Diakonischem Lernen[1] und Inklusion isoliert voneinander zu verlaufen. Überschneidungen und Bezüge werden nicht thematisiert. Das mag an kirchlichen und akademischen, bildungsbezogenen oder sozialpolitischen Versäulungen der Debatten und auch an regionalen Verortungen von Konzepten liegen. Im Folgenden wird ein erster Versuch unternommen, die Beziehung zwischen Diakonischem Lernen und Inklusion in den Blick zu bekommen und unterschiedliche Perspektiven partiell zu verschränken.

Narratives Sprechen erlaubt den Blick auf das Besondere, ist subjektiv, anschaulich, situativ, konkret – Qualitäten, die für Inklusion bedeutsam sind. Deshalb untersuchen wir zunächst einen literarischen Text der britischen Autorin Jane Gardam, der die emotionale, soziokulturelle und hermeneutische Dimension des Themenfeldes sichtbar werden lässt. Dann beschreiben wir einige charakteristische Schnittmengen und Herausforderungen, die die Fachdiskurse zu Diakonischem Lernen und Inklusion verbinden könnten. Anschließend stellen wir mit „un-behindert miteinander leben" ein langjährig erprobtes, ausdrücklich inklusiv ausgerichtetes Praxismodell vor, das auf der ortsnahen Kooperation zwischen schulischem Religionsunterricht im Gymnasium und einer inklusiv orientierten, kirchlichen Jugendarbeit basiert. Um Aspekte der vielschichtigen Beziehung zwischen Inklusion und Diakonischem Lernen zu beschreiben, bieten wir also mehrere Betrachtungswege an. Vielfältige Diskurse und Sprachformen gehören wesenhaft zur Inklusion. Inklusion erfordert das Querdenken, den interdisziplinären Dialog, die milieuübergreifende Verständigung und ihre Einwanderung in unsere Alltagsbeziehungen. Davon ist unser Vorgehen geprägt. Wir möchten zeigen, dass Diakonisches Lernen ein praktikabler, niederschwelliger und variabler Baustein sein kann, um inklusionsorientierte Prozesse anzuregen und in kleinen Schritten voranzubringen.

---

[1]   Im Folgenden beziehen wir uns auf die aktuelle Darstellung im Werkbuch Diakonisches Lernen von Fricke/Dorner 2015.

1. Diakonisches Lernen und Inklusion im Spiegel einer literarischen Erzählung

1.1 Über die Brücke gehen – Das Sozialprojekt

„Zwei Jungen gingen über die Brücke. Es waren etwas ältere Schüler aus der Privatschule auf der reichen Seite des Flusses. Einen Nachmittag pro Woche mussten sie sich um andere Menschen kümmern. Sie halfen alten Leuten, die niemanden hatten, der sie liebte, und kleinen Kindern, die Schwierigkeiten in der Schule hatten. Das war eine feste Einrichtung.“[2] So beginnt Jane Gardams Erzählung „Die Rettung“. Die Rahmenhandlung bildet ein sogenanntes „Sozialprojekt“. Erzählt wird aus der Perspektive eines privilegierten und eloquenten Schülers, dem ein kleiner Junge, Henry Wu, innerhalb dieses Schulprojektes „zugeteilt“ wird. Die Geschichte besitzt eine unaufdringliche religiöse Färbung und einen leisen, trokkenen Humor. Viele Motive sind mit den Themen der gegenwärtigen Inklusionsdebatte verwandt. Die Hauptfiguren werden zunächst nicht durch irgendeine „Andersartigkeit“, sondern durch ihre „Andersörtlichkeit“[3] charakterisiert. Der eine Junge wohnt auf der reichen Seite der Stadt und besucht eine Privatschule. Er wird mit seinem Familiennamen Pratt, genannt. Seine Themen sind Prüfungsvorbereitungen und Leistungsdruck. Der andere, Henry Wu, wohnt auf der „schwierigen Seite des Flusses“.[4] Auf der einen Seite ist „der Zoo, die ganzen Museen, der Tower of London und jede Menge hübsche Geschäfte.“[5] Auf der anderen Seite gibt es nichts als „Schule (oder Schwänzen), Fernsehen, Bett und dann wieder Schule“,[6] sagt die Lehrerin. Das Ganze spielt in London. Henry Wu ist jünger als Pratt, „fast sieben“ und „ein kleiner Chinese“[7]. „Ich werde Immigranten kennenlernen“,[8] sagt Pratt. Die Ressourcen sind klar verteilt. Es herrscht ein separierendes Schulsystem, verbunden mit sozialer Ungleichheit, die sich auch im Wohnumfeld und in diskriminierenden Zuschreibungen manifestiert. Das Gefälle ist deutlich, ebenso wie der Zusammenhang von Herkunft und Bildungserfolg. Das entspricht den gesellschaftlichen Analysen zu Inklusion und Bildungsgerechtigkeit.

Doch über den Fluss, der die beiden Welten voneinander trennt, führt eine Brücke, und darüber fährt ein öffentlicher Bus. Der Bus bildet einen besonderen Zwischenraum. Er wird buchstäblich zum Inklusionsvehikel. Die Transitbewegung ist Basis der Begegnung, so wie das Aufsuchen von außerschulischen Orten eine

---

2   Gardam 2017, 197.
3   Evangelische Kirche im Rheinland/Pädagogisch-Theologisches Institut der EKiR 2014, 43.
4   Gardam 2017, 198.
5   Ebd., 199.
6   Ebd., 198f.
7   Ebd., 199.
8   Ebd., 203.

Kernbewegung Diakonischen Lernens ist. Das findet hier nicht im Klassenraum, auch nicht in einem als diakonisch gekennzeichneten Sonderraum, sondern „auf der Straße" statt.[9]

„Die Idee ist ja, dass ihr sie (...) mitnehmt und ihren Horizont erweitert."[10] So wird von der Lehrerin das „Sozialprojekt" einführend erläutert. Zielformulierungen sind: helfen, mitnehmen, sich kümmern, unterstützen. Die einen gelten als Akteure, die anderen werden sprachlich in den Objektstatus versetzt, und ihre Hilfsbedürftigkeit steht im Vordergrund. Damit befindet sich die Lehrkraft nicht auf der Höhe der Diskussion. Dennoch wissen wir, dass sich diese Deutungsmuster auch in der Realität verlässlich einschleichen. Sie sind unter anderem unserer Tradition geschuldet, in der christlich-diakonisch geprägtes, soziales Handeln als Wohltätigkeit und Barmherzigkeit verstanden wurde und nicht selten mit einem Hauch von Herablassung verbunden war.[11] Auch im „Sozialprojekt" unserer Geschichte werden zunächst asymmetrische Beziehungen etabliert. Aber sie beginnen sich im Verlauf zu verändern. Eine Szene im Bus deutet das an. „Auf dem Heimweg sah Henry Pratt nicht an, setzte sich aber zu ihm auf die lange Bank. (…) und Henry saß so weit weg von Pratt, wie es nur ging. Aber er saß auf derselben Bank."[12]

Aus den Gesprächen zwischen Pratt und seinem Klassenkameraden erfährt man, dass die Jungen mit der Künstlichkeit der arrangierten Begegnungen fremdeln, ebenso wie mit dem Jargon sozialer Arbeit. Unbehagen, Unsicherheit und Scham sind spürbar. Sie machen sich untereinander mit boshaften Sprachspielen Luft: „Den würde ich nicht benachteiligt nennen, sondern unangenehm."[13] „Henry ist kein Immigrant. Er ist Dummigrant. Oder einfach ein Ignorant. Ehrlich gesagt habe ich keinen Bock mehr auf ihn."[14] Überhaupt wird hier von niemandem politisch korrekt gesprochen. Auch von einer Reflektion der „Sozialprojekte" im Schulunterricht wird nichts erzählt. Anders als in den Konzepten Diakonischen Lernens gibt es hier keinen didaktisch organisierten Metadiskurs.

---

9   Dazu Fricke/Dorner 2015, 35.

10   Gardam 2017, 198.

11   Vgl. Fricke/Dorner 2015, 69.

12   Gardam 2017, 212.„Die Bank ist ein gleitender Übergang vom Fürsichsein zum Zusammensein". (Böhringer 2004, 121.) sagt der Kulturphilosoph Hannes Böhringer. Die Bänke im Bus sind ein wichtiger, auch symbolisch bedeutsamer Austragungsort im Kampf gegen die „Rassentrennungen" in der US-amerikanischen Bürgerrechtsbewegung der 60er Jahre gewesen und da verbunden mit der Erinnerung an Rosa Parks. So gesehen greift diese knappe Szene im Verlauf unserer Erzählung einen Urmoment der Menschenrechtsbewegung auf, die heute mit dem Leitbild Inklusion fortgesetzt wird.

13   Gardam 2017, 201.

14   Ebd., 204.

Dagegen wird das Ringen um Worte, das leise Verschieben und Verändern der Wahrnehmung und ihrer Muster nachvollziehbar. Hier folgt die literarische Sprache der Strategie der „De-Thematisierung"[15]. Das gilt auch für die Weise, wie Henry Wu beschrieben wird. Henry Wu spricht nicht. „Er sagt nie etwas."[16] Auch nicht in seiner Muttersprache. Sein unbestimmtes Schweigen ist ein zentrales Motiv. „Hat er irgendetwas Schlimmes erlebt?"[17] Pratt versucht herauszufinden, warum sich Henry so verhält, aber das wird nicht geklärt. Das Anderssein des Kindes wird nicht auktorial definiert. Es gibt keine Diagnose. Weder von Traumatisierung ist die Rede, noch von Autismus oder Behinderung. „Er ist nur sehr verschlossen."[18] „Er macht keine Mannschaftsportarten. Und auch nichts anderes."[19] Er ist einfach da.

Die kommunikative und soziale Herausforderung, die sein So-Sein darstellt, muss hier individuell gestaltet, sie muss (und darf) von Pratt in Eigenverantwortung mit eigenen Ressourcen bewältigt werden. Er versucht es mit einem Besuch im öffentlichen Park. Es stellt sich heraus, dass Henry Wu sich für Vögel interessiert. Er sucht ihre Nähe und genießt das Vertrauen der Tiere. „In diesem kalten Wintertrimester ging Pratt jeden Mittwoch mit Henry Wu in den Park und lief mit seinem aufgeschlagenen Französisch- oder Physikbuch auf und ab, während Henry die Vögel beobachtete und schwieg."[20] Die Bücher wirken wie Schutz und Barriere zugleich, machen den Lesenden in der Öffentlichkeit als Angehörigen einer Bildungselite erkennbar und können als Symbol der Distanzierung gelten. „Sie waren ein seltsames Paar."[21]

Aber kaum merkbar entwickelt sich eine Lernpartnerschaft zwischen den beiden Jungen. Ihr Nebeneinander vermag zwei parallele, individuell unterschiedliche, zieldifferente Lernwege anzudeuten: Der eine liest ein Lehrbuch um eine Prüfung vorzubereiten, der andere beobachtet Tiere und ist dabei auf dem Weg zur Sprache. Henrys erstes gesprochenes Wort „Schwan" weist darauf hin.[22] Die beiden Lernwege und ihre Eigenzeitlichkeit gelten in inklusiver Perspektive als gleichwertig.

---

15   Vgl. Katzenbach 2015, 25. Im fachwissenschaftlichen Teil beschreiben wir diesen Zusammenhang näher.
16   Gardam 2017, 203.
17   Ebd.
18   Ebd.
19   Ebd., 199.
20   Ebd., 203.
21   Ebd., 202.
22   In der Schöpfungsgeschichte geschieht mit der Benennung der Tiere der erste kreative Sprechakt der Menschen, der von Gott ausdrücklich eingeleitete und autorisierte Beginn der Sprachgeschichte (1. Mose 2,19f.).

Das „Sozialprojekt" gewinnt durch seine Verstetigung, atmet aber auch eine gewisse Langeweile – und endet zunächst in Überdruss und Abwehr. An diesen „ganzen fürchterlichen Nachmittagen"[23] ist kein Fortschritt für Pratt zu erkennen. „Ich kümmere mich nicht mehr um ihn, wenn er nicht mal aufsteht und hallo sagt. Oder wenigstens lächelt."[24] sagt er der begleitenden Sozialarbeiterin, beendet zwischenzeitlich die Treffen und konzentriert sich auf seine Prüfungen. Überhaupt spielt der Erfolgsdruck eine größere Rolle im Erleben der Schüler der Privatschule, als in ihrem coolen Habitus anfänglich sichtbar wird. Erst als die Prüfungen vorbei sind, entwickelt sich die Geschichte vom verordneten Sozialprojekt zu einer freiwilligen Aktivität und solidarischen, fast freundschaftlichen Beziehung.

Der einzige private Raum, der in der Erzählung eine Rolle spielt, ist die Wohnung von Henrys Familie. Sie wird als fremder, unübersichtlicher Ort beschrieben, in dem Pratt sich trotz seiner Unbeholfenheit willkommen fühlt, wo er Gastfreundschaft und emotionale Offenheit erlebt. Beim zweiten Besuch wird er wie ein Sohn empfangen. Die interkulturelle, familiäre Öffnung geschieht hier allerdings nur in eine Richtung. Ein Gegenbesuch bei Pratts Familie findet nicht statt. Die Grenzen von Inklusion als Fragen der „feinen Unterschiede", von Habitus, Milieu, Kleidung, Status, Vermögen und Bildung scheinen auf, sind jedoch der eigenen Phantasie überlassen. Es bleibt, den Wert einer Vielfaltskultur zu entdecken und im Rahmen von grenzüberschreitenden, zugleich zeitlich begrenzten Begegnungen schätzen zu lernen, ohne die gesellschaftlichen Spaltungen einer neoliberalen Welt dabei zu übersehen oder herunterzuspielen. Das ist die paradoxe Aufgabe, die in Gardams Text auf der literarischen Ebene bearbeitet wird. Und eine Aufgabe von Diakonischem Lernen im Horizont von Inklusion wäre damit u.E. auch umrissen.

1.2 Irgendetwas ist vom Himmel gefallen – Die religiöse Dimension

Es gibt eine paradiesisch anmutende Szene, die an die „Vogelpredigt" des Franz von Assisi erinnern kann. Der Legende nach spricht er zu „einer großen Menge von Vöglein aller Art".[25] In unserer Erzählung heißt es: „Auf dem Rasen, und auf dem Wasser waren große Mengen Vögel, sämtliche Enten des Parks, Tauchenten und Pelikane und Gänse und Zwergtaucher und Teichhühner und Stockenten"[26] und mittendrin das Kind. „Henry Wu stand still da."[27] Eine geheimnisvoll kommunikative Situation wird angedeutet, in der Lebewesen sehr unterschiedler Art

---

23   Gardam 2017, 208.
24   Ebd.
25   Feld 2017, 43.
26   Gardam 2017, 210.
27   Ebd.

als Geschöpfe (Gottes) in ihrer Vielfalt miteinander verbunden sind. Hier erscheint das Schweigen des Kindes nicht mehr als Defizit.[28]

Der Höhepunkt der Geschichte spielt in der Weihnachtszeit, und auch hier spielt ein Vogel eine Rolle. Das Ereignis, das die „Geburt" der eigenen Stimme einleitet, wird wie der Sturz eines Engels erzählt. Der Bus, der die beiden Jungen auf die andere Seite bringen soll, macht plötzlich eine Vollbremsung. „Irgendetwas ist vom Himmel gefallen", sagte Pratt zu Henry Wu. „Was Großes."[29] Und mitten auf der Straße sitzt ein Schwan, „ein schimmernder, stummer Vogel mit Engelsflügeln."[30] So seltsam und fremd wirkt er hier, wie ein Spiegelbild von Henrys Existenz.[31]

Auf einmal handelt Henry überraschend souverän. Er, der sich offenbar als einziger mit Schwänen auskennt, wird zur Hauptperson, fasst beherzt zu, bugsiert den Vogel, der zunächst leblos erscheint, in einen Korb und trägt maßgeblich zu seiner Rettung bei. Der rettende Engel ist Henry Wu selbst; und so, als hätte er mit dem Schwan zugleich sein eigenes Leben in die Hand genommen. „Du wirst eines Tages mal mit Tieren arbeiten. Ich würde sogar sagen, wenn du groß bist, bekommst du meinen Job. Du hast ein Händchen dafür."[32] sagt der Schwanenwart. Keine Rede von einer therapeutischen Absicht, keine heilpädagogisch angelegte Lernsituation, aber die Erfahrung von Selbstwirksamkeit, Kompetenz, öffentlicher Anerkennung

---

28   Vielleicht wäre Franziskus tatsächlich als ein früher Inklusionstheologe zu entdecken. Seine prophetische Theologie, mit der er auf Seiten der Armen steht, hat eine radikal politische Dimension. Sie spiegelt sich in einer besonderen Schöpfungstheologie, welche die Einheit der Schöpfung und die Gleichrangigkeit aller ihrer unterschiedlichen Geschöpfe proklamiert. (Feld 2017, 54f.) Er ruft zum Lob und zu unbedingter Wertschätzung ihrer Vielfalt auf, durchkreuzt duale Bewertungssysteme in seinem „Sonnengesang" (Feld 2017, 56f.) und ringt um ein friedliches Zusammenleben. Mit dieser mystisch gefärbten Theologie kann auch das Schweigen des Jungen eine spirituelle Dimension gewinnen. Das Kind wird, wenn man dieser Assoziation folgt, hier in die Gemeinschaft der Heiligen gestellt, die eine inklusive Grundfigur des christlichen Glaubensbekenntnisses ist. Die Verbindung zu Franz von Assisi als einer wichtigen Heiligen-Figur christlicher Ikonografie lässt sich als Gegenbild zu einer unbarmherzigen Dämonisierung lesen, die Menschen mit Behinderung getroffen hat. „Triffst du dich gar nicht mehr mit deinem chinesischen Dämon?" fragt Pratts Klassenkamerad an anderer Stelle (Gardam 2017, 212.) Was hier nur scherzhaft angedeutet wird, hat dennoch eine lange historische Tradition. Ich erinnere nur an Luthers Wechselbalg oder an den Glöckner von Notre Dame.

29   Gardam 2017, 214f.

30   Ebd., 216.

31   „I was such a strange duck" sagt Sir Simon Rattle, der damalige Leiter der Berliner Philharmoniker, als er in dem Film „Rhythm Is It" nach seiner Kindheit befragt wird. Der Film dokumentiert ein künstlerisches Inklusionsprojekt, in dem Schüler-/innen von unterschiedlichen Berliner Schulen bzw. Schulformen zu einem gemeinsamen Tanzprojekt zusammen kommen. Es ließe sich auch als ein Projekt zum Inklusiven Lernen der Philharmoniker und ihres Dirigenten betrachten.

32   Gardam 2017, 217f.

und die Eröffnung einer Zukunft. Auf dem Rückweg im Bus „setzte sich Henry neben Pratt auf einen Zweiersitz"[33], und er probiert in anrührender Ausgelassenheit
sein erstes Wort aus. Damit endet die Erzählung. „Hwan, sagte er. „Hwan, Hwan,
Swan. Schwan, Schwan, SCHWAN".[34]

Die religiöse Dimension der Erzählung verweist auf die Deutungsoffenheit der
Realität. In unserem Kontext kann sie auch auf die Unverfügbarkeit von Bildungsprozessen und das Wunder inklusiver Wendungen aufmerksam machen. Außerdem wird hier eine spirituelle Dimension im Erleben der beiden Jungen angedeutet. Soziales Lernen kann sich mit religiösem Erleben verschränken, ohne dass es
als solches identifiziert werden muss. Auch dafür spricht dieser Text.

2. Die Beziehung von Diakonischem Lernen und Inklusion im Horizont der fachwissenschaftlichen Debatte

2.1 Inklusion

„Der Begriff Inklusion markiert das Leitbild eines umfassenden gesellschaftlichen
Paradigmenwechsels, mit dem Separierung überwunden, Teilhabe für alle gleich-
berechtigt ermöglicht und Vielfalt wertgeschätzt werden soll."[35] So formuliert eine
aktuelle kirchliche Veröffentlichung mit Leitlinien zur Bildungsarbeit in evangelischer Verantwortung den Kerngedanken. Inklusion zielt auf die Ermöglichung
von Teilhabe und die Wertschätzung der Vielfalt menschlicher Daseinsformen
auf der Basis von sozialer Gleichheit und Gerechtigkeit. Dabei muss zwischen
gleichwertiger Unterschiedlichkeit, also egalitärer Differenz von Menschen und
ihren Lebensverhältnissen und sozialer Ungleichheit unterschieden werden. Angestoßen durch die UN-Behindertenrechtskonvention (BRK), die 2009 ratifiziert
wurde, ist Inklusion zum Gegenstand breiter wissenschaftlicher und öffentlicher
Diskussionen geworden, hat Selbstklärungsprozesse und Selbstverpflichtungen
von Kommunen, Institutionen und auch in Kirche und Diakonie angeregt. Die
meiste Aufmerksamkeit nimmt dabei jedoch die kontrovers geführte Auseinandersetzung über schulische Inklusion ein.

Im Zuge der BRK ist Inklusion zunächst auf den Kontext Behinderung bezogen worden. Mittlerweile hat sich aber ein erweitertes Verständnis von Inklusion
etabliert, das eine Vielfalt von Aspekten der Heterogenität umfasst, die soziale Diskriminierungen zur Folge haben können. Dazu gehören Alter, Geschlecht, Körper,
kulturelle und soziale Herkunft, Migration, religiöse Zugehörigkeit und sexuelle
Orientierung. Unter dem Begriff der Intersektionalität wird versucht, die Wechsel-
wirkungen dieser Aspekte zu beschreiben.

---

33   Gardam 2017, 218.
34   Ebd. Im Englischen lautet so auch der Titel der Erzählung „Swan".
35   Evangelische Kirche im Rheinland 2017, 19.

In den aktuellen Konzepten zum Diakonischen Lernen ist Inklusion als Stichwort nicht zu finden. Dennoch werden viele Themen der Inklusion berührt. Durch die Vielfalt der diakonischen Arbeitsfelder überschreitet Diakonisches Lernen die Engführung des Inklusionsgedankens auf das Thema Behinderung. Inklusion kann hier außerdem aus der Fixierung auf schulische Inklusion gelöst und als gesamtgesellschaftliches und auf den Sozialraum bezogenes Leitbild wahrgenommen werden. Im Folgenden werden wir einigen Aspekten nachgehen, die sich im Blick auf die aktuelle Inklusionsdebatte ergeben.

2.2   Inklusive Momente

Inwieweit man sagen kann, dass Diakonisches Lernen gleichzeitig inklusionsorientiertes Lernen ist, hängt weitgehend vom Inklusionsbegriff ab. Wenn wir der Definition folgen, die sich zunächst in Abgrenzung zur Integration etabliert hat, dann hat Inklusion mit Diakonischem Lernen wenig zu tun, solange es unter der Bedingung von struktureller und organisierter Separation im Bildungssystem stattfindet. Wenn wir Inklusion dagegen als Leitidee einer demokratisch orientierten Gesellschaft verstehen, dann können wir ressourcenorientiert auf die Wirklichkeit von Bildungsprozessen schauen und inklusiven Momenten Beachtung verschaffen, ohne die Radikalität des Inklusionsgedankens zu schmälern. Dazu hilft das Modell der „Inklusiven Momente", das Platte/Krönig entwickelt haben. Bei inklusiven Momenten geht es nicht „um kleine Inseln des Gelingens", sondern um Momente, die das „radikale Anliegen des Begriffs „Inklusion" in konkreter Wirklichkeit und Wirksamkeit aufzeigen."[36] Als „Momente des Anstoßes" wird ihnen eine zukunftsweisende Energie zuerkannt, die eine Weiterbewegung auszulösen vermag. Theologisch findet sich ein ähnlicher Gedanke im Senfkorngleichnis und anderen Reich-Gottes-Gleichnissen formuliert, die eine Struktur von „schon und noch nicht" kennzeichnen.[37] Zur Beachtung von inklusiven Momenten gehört ebenso die „Wahrnehmung von Barrieren und Diskriminierung"[38], also von Exklusion.

Platte/Krönig arbeiten in ihrer Darstellung auch mit narrativen Formen, die gleichwertig angelegt sind. Von daher kann die Erzählung von Jane Gardam als eine literarische Gestaltung inklusiver Momentaufnahmen gelten. Den Blick für inklusive und exklusive Momente zu schärfen, könnte auch als Ziel Diakonischen Lernens beschrieben werden.

---

36   Platte/Krönig 2017, 13.
37   Evangelische Kirche im Rheinland/Pädagogisch-Theologisches Institut der EKiR 2014, 44.
38   Platte/Krönig 2017, 19.

2.3   Inklusionsentwicklung in Kultur, Struktur, Praxis

Im Anschluss an die Indizes für Inklusion ist es üblich geworden, drei Dimensionen von Inklusion zu unterscheiden, nämlich die der Kultur, der Struktur und der Praxis. Im Licht dieser Unterscheidung kann man sagen, dass es eher Schnittfelder zwischen Diakonischem Lernen und Inklusion gibt, sofern es die Kultur und die Praxis betrifft. Die Ziele Diakonischen Lernens als eine Form sozialen Lernens liegen im Bereich von Haltungen und Werten, die sich mit inklusiv orientierten Kompetenzen überschneiden. Auf der Seite der Praxis geht es um das Kennenlernen, Mitgestalten und Einüben als „temporäre Mitarbeiter"[39] an außerschulischen Lernorten. Wenn die Praxis an diesen diakonisch konnotierten Lernorten selbst inklusiv orientiert ist, werden sich natürlich inklusive Aspekte der Lernerfahrungen verstärken.

2.4   Rückwirkungen auf die Schulkultur

Diakonisches Lernen im Horizont von Inklusion ist nicht von den Fragen nach Bildungsgerechtigkeit, nach inklusiver Schulkultur und Didaktik befreit. Denn Inklusion ist zwar nicht nur, aber eben auch eine bildungspolitische Leitidee. Als Konzept schulischen sozialen Lernens zielt Diakonisches Lernen zwar nicht von sich aus auf Veränderungen der Schulkultur oder des Schulsystems. Es kann dennoch inklusionsfördernd auf die Schulkultur zurückwirken, wie es in unserem Praxismodell langfristig geschehen ist. Hier hat das kooperierende Gymnasium begonnen, Schüler/innen mit Behinderung aufzunehmen. Solche Rückwirkungen in Richtung eines pluralitätsoffenen, heterogenitätsfähigen, partizipativ ausgerichteten Schullebens wären ausbaufähig. Besonders wirksam scheint das im Blick auf die Haltungen der Lehrkräfte zu sein, die sich im Rahmen von Diakonischem Lernen verändern können. Auch für die Lehrkräfte ist der Kontakt mit diversen diakonischen, außerschulischen Lernorten meist neu. Auch sie agieren hier als Lernende und dürfen sich als solche verstehen. Auch das liegt auf der Linie inklusiven Lernens.

2.5   Diakonisches Lernen in Beziehung zum inklusiven Religionsunterricht

Diakonisches Lernen ist weitgehend als ein Bestandteil des evangelischen Religionsunterrichtes und auch an staatlichen Schulen etabliert. Mittlerweile existieren ausgearbeitete Konzepte für einen inklusiven Religionsunterricht, bzw. für eine „Religionspädagogik der Vielfalt". Die Konzepte Diakonischen Lernens werden

---

39   Fricke/Dorner 2015, 96.

dort, soweit wir sehen, nicht erwähnt,[40] obwohl es lohnend wäre, die Zusammenhänge ausführlich darzustellen. Wichtige Merkmale des Diakonischen Lernens sind die Förderung von Beziehungen, von Kontaktfähigkeit und einer wertschätzenden Haltung, die Einbeziehung von emotionalen Aspekten des Lernens, die Einübung von Fremdverstehen, die Erweiterung der Lernwege und Aneignungsformen durch körper- und erfahrungsorientierte Formen, sowie durch außerschulisches, praktisch orientiertes, individualisiertes, offen gestaltetes Lernen. Diese Merkmale überschneiden sich mit denen, die in den „Zehn Grundsätzen für inklusiven Religionsunterricht"[41] aufgeführt werden. Und sicher gibt es noch weitere Übereinstimmungen. Die zehn Grundsätze bieten Kriterien in Kurzform an, mit denen Diakonisches Lernens inklusionsorientiert weiterentwickelt werden könnte.

Besonders im Horizont der Arbeiten von Thorsten Knauth könnte die „wechselseitige Verschränkung von Gerechtigkeit und Anerkennung"[42] also die sozioökonomische und die kulturell-evaluative Seite, die Knauth auf die Religionspädagogik bezieht, für das Diakonische Lernen im Horizont von Inklusion durchbuchstabiert werden.

2.6   Inklusion als Empowerment

Nach Mai-Anh Boger liegt im Empowerment eine wesentliche Herausforderung von inklusiv orientierten Bildungsprozessen. Bezogen z.B. auf Kinder mit Behinderung zielt Empowerment nach Boger darauf, dass es ihnen trotz Stigmatisierungen gelingt, ein positives Selbstbild zu entwickeln und „die Erfahrung zu machen, dass man nicht allein ist."[43] Durch die Begegnungen, die im Rahmen von Diakonischem Lernen an außerschulischen Lernorten stattfinden, können für beide Seiten positive Gemeinschaftserfahrungen gemacht werden. Für nicht Betroffene geht es um die Fähigkeit zu einer solidarischen Haltung, zu Empathie und um Sensibilisierung für Diskriminierungsprozesse. Letzteres deckt sich weitgehend mit den Zielen Diakonischen Lernens und auch mit vielen Aussagen der Schüler/innen. „Wenn es ihnen egal ist, wie du aussiehst, dann sollte es uns doch auch egal sein, und wir sollten sie mehr in unsere Gemeinschaft miteinbeziehen", sagt Leon nach dem Praktikum in der inklusiven Jugendarbeit.[44]

---

40   Z.B. bei Nord 2016, Knauth 2015 und Comenius-Institut 2014.
41   Comenius-Institut 2014, B2/M1.
42   Knauth 2016, 50.
43   Boger 2015, 52.
44   Die Äußerung stammt aus dem hier dokumentierten Projekt „un-behindert miteinander leben".

2.7   Inklusion als Dekonstruktion

Ein wichtiges Merkmal von Inklusion ist eine Denkbewegung, die man als Dekonstruktion beschreibt. Dekonstruktion beschreibt Boger[45] als die Auflösung oder zumindest Flexibilisierung von binären Codes und Wirklichkeitskonstruktionen wie behindert – nichtbehindert, schwarz – weiß, jung – alt, gesund – krank, einheimisch – fremd zugunsten der Anerkennung einer offenen menschlichen Vielfalt. Die Kritik an diesen selbst schon separierend wirkenden Zwei-Gruppen-Theorien ist eine Kernbewegung von Inklusion. Schüleräußerungen machen deutlich, dass im Rahmen von Diakonischem Lernen Erfahrungen gemacht werden können, die schon als solche Dekonstruktionsbewegungen bei den Lernenden auslösen. „Ich bekam ein ganz anderes Bild von behinderten Menschen. Man muss sie nicht wirklich besonders behandeln, sondern ganz normal wie alle anderen Leute auch." sagt Giulia. „Jetzt sehe ich die Menschen aus einem anderen Blickwinkel als bisher, weil sie doch Menschen sind, genauso normal wie wir, genauso empfindsam wie wir." sagt Anna.[46] Wenn die außerschulisch gewonnenen Eindrücke in den schulischen Phasen im Horizont von Inklusion reflektiert werden, dann könnte Diakonisches Lernen zunehmend in inklusionspädagogischer Praxis Bestand gewinnen. Dazu gehört, dass auch auf der Ebene des Wissens Inklusion zum Thema gemacht und u.a. ein „Begriff von allgemeinen Menschenrechten"[47] auch mithilfe der jeweiligen Rechtstexte entwickelt wird.

2.8   Thematisierung und De-Thematisierung

Im Zuge der Inklusionsbewegung hat man, wie gesagt, darauf gezielt, Differenzkategorien wie behindert – nichtbehindert aufzulösen. Dabei will man vermeiden, dass z.B. Menschen mit Behinderung nur unter der Optik dieser Kategorie wahrgenommen und vorurteilsbedingte Klischees weiter verfestigt werden. Im Gegenzug birgt diese Vermeidung aber die Gefahr, dass gruppenbezogene Benachteiligungen und Diskriminierungen unsichtbar gemacht werden. Katzenbach plädiert dafür, das „Spannungsverhältnis von Thematisierung und De-Thematisierung" bezüglich der Differenzkategorien aktiv aufzunehmen.[48]

---

45   Vgl. Boger 2015, 53.
46   Die Äußerungen stammen aus dem hier dokumentierten Projekt „un-behindert miteinander leben".
47   Boger 2017, 52.
48   Katzenbach 2015, 25. Im Sprachraum einer poetisch-fiktionalen Form kann das Verhältnis von Thematisierung und De-Thematisierung nuanciert bearbeitet werden. Auch deshalb haben wir als Einstieg in das Themenfeld eine literarische Erzählung gewählt. Das könnte sich auch für schulische Projekte mit fächerübergreifender Perspektive empfehlen.

In der Beziehung von Diakonischem Lernen und Inklusion bildet sich diese Spannung insofern ab, als die nicht unproblematische Kategorie „diakonisch" eine Richtung angibt, die „entnormalisiert" und auf Hilfebedarf hinweist. Gleichzeitig wäre es unsinnig, den Hilfebedarf und andere Bedarfe unsichtbar zu machen oder unter der Hand wieder mit Scham zu belegen. Die Spannung spiegelt sich außerdem in der Beziehung zwischen den Metadiskursen im schulischen Unterricht und den Begegnungen an den außerschulischen Lernorten, also im *„Reden über"* und den realen Begegnungen *mit* betroffenen Menschen.[49] Im Horizont von Inklusion wird angestrebt, dass Begegnungen auf Augenhöhe geschehen und die Betroffenen als Subjekte, als auskunftsfähige und „selbstredende" Menschen erfahrbar werden, deren Existenz und Individualität in Diagnosen und Kategorisierungen keineswegs abgebildet werden kann. So ist es unerlässlich für inklusionsorientiertes Lernen, dass die Lernenden das Risiko realer Begegnungen und damit auch die Gefahr ihres Scheiterns auf sich nehmen. Und das „Risiko der Begegnung" gehört zum konzeptionellen Kern des Diakonischen Lernens.

2.9   Spaß

Jugendliche berichten häufiger davon, dass ihnen die Mitarbeit in diakonisch konnotierten Handlungsfeldern „Spaß" gemacht habe.[50] Das widerspricht einem gängigen Vorverständnis diakonischen Handelns, das von Begriffen wie „dienen, mitleiden, mitfühlen, helfen" geprägt ist. Die Jugendlichen zeigen sich überrascht von der eigenen Freude, aber auch von der Lebensfreude der betroffenen Menschen. Das ist ein Schritt in Richtung Normalisierung. Der Fokus wird von der eigenen Leistung, dem diakonischen Dienst, zu einem positiven Lebensgefühl hin verschoben, das zu verbinden vermag. Geteilte Freude, geteilte Gefühle sind ein wichtiger Schlüssel zum Dasein des anderen, das zunächst fremd und defizitär erscheint. Dabei ist unbenommen, dass auch das Hilfehandeln zur Lebensfreude beiträgt. Eine Lehrerin, die Mit-Initiatorin unseres Praxismodells gewesen ist, schreibt: „Es macht mir Spaß, meine Schüler in einem neuen Umfeld zu erleben. (...) Ganz besonders genieße ich die Möglichkeit, mit den Schülern einer 12 bei gemeinsamen Spielen mit den Kindern mit Behinderung lachen und scherzen zu können. Die Freude aneinander ist hier deutlich zu spüren, das Helfen und Dienen tritt als selbstverständliche Notwendigkeit in den Hintergrund." Zach schreibt im Rückblick: „Ich habe viele nützliche Dinge gelernt, wie man mit Menschen mit Behinderungen umgeht und wie schwer es doch für sie ist, den Alltag zu bewältigen

---

49   „Nicht ohne uns über uns", das Motto des Europäischen Jahres der Menschen mit Behinderungen 2003, ist auch zum Grundsatz der UN-Behindertenrechtskonvention erhoben worden.

50   Vgl. Fricke/Dorner 2015, 97.

(…) auch wie freudig die Menschen sind, wie fröhlich sie ankommen, um sich zu vergnügen und Spaß zu haben."

2.10 Außerschulische Lernorte und Schule im Sozialraum

Im Zusammenhang Diakonischen Lernens wird der Blick auf die Relevanz von außerschulischen Lernorten gelenkt.[51] Außerschulische Bildungsorte ebenso wie informelle Bildungsprozesse können für eine inklusionsorientierte Lebensgestaltung von Kindern und Jugendlichen von großer Bedeutung sein, betont Bettina Bretländer und erweitert damit die weitgehend auf schulisches Lernen verengte Perspektive der bildungspolitischen Inklusionsdebatte. Bezogen auf die Praxis Diakonischen Lernens kann man sagen, dass Jugendliche hier ihren Sozialraum besser kennenlernen. Sie treffen auf Orte und Menschen, die ihnen zumeist unbekannt sind, die aber zu bürgerschaftlichem Engagement anregen, für eigenen Hilfebedarf bedeutsam werden oder zur beruflichen Orientierung beitragen können.

Schule öffnet sich in Projekten des Diakonischen Lernens für den Sozialraum und geht Bildungspartnerschaften mit diakonischen Akteuren vor Ort ein. Auch solche Orte, die von sich aus nicht auf Bildungsarbeit ausgerichtet sind, werden dabei zu Akteuren von Bildungsprozessen. Bettina Bretländer betont, dass der Aufbau von Kooperationen auf Augenhöhe und die Wertschätzung aller am Prozess beteiligten Akteure im Horizont von Inklusionsförderung zusammengehörten und unbedingt wünschenswert sind. „Inklusion kann gelingen, wenn die Potenziale und Synergien eines Sozialraums gesehen und genutzt werden", fasst Bretländer[52] zusammen.

Diakonisches Lernen kann zur Entwicklung im Quartier beitragen, denn es fördert Vernetzung im Stadtteil und zwischen den Institutionen, die nicht selten der schwerfälligere Teil von Inklusionsbewegungen sind. „Unter sozialräumlichen Gesichtspunkten sind Schulen ein Teil der Nachbarschaft. (…) Begegnungen oder offizielle Kooperationen zwischen Schulen und Diakonischen Initiativen fördern die Lebensqualität im Quartier", heißt es bei Fricke/Dorner[53]. Die sozialräumliche Perspektive ist im Diakonischen Lernen konzeptionell verankert, aber ein Bezug zur Inklusion wird auch hier nicht begrifflich ausgewiesen. Es wäre lohnend, ihn zukünftig herzustellen und weiter auszuführen, auch weil im Selbstverständnis von Schulen die sozialräumliche Verortung sowie die Chancen und Herausforderungen, die darin liegen, oft vernachlässigt werden. Im schulischen Index für Inklusion finden sich viele Impulsfragen, um diese Perspektive weiterzuentwickeln. Durch das Diakonische Lernen ist der sozialräumliche Kontakt in der jeweiligen Schule zwar partiell, aber doch strukturell verankert.

---

51   Vgl. Bretländer 2015.
52   Bretländer 2015, 187.
53   Fricke/Dorner 2015, 96.

2.11 Integrale Diakonie

Im Konzept Diakonischen Lernens von Fricke/Dorner soll das Verständnis von Diakonie nicht auf die Institution begrenzt werden, sondern Diakonie meint hier „eine große und vielfältige Welt, die mit den elementaren Aspekten des Menschseins zu tun hat, mit seinen Befindlichkeiten, Bedürfnissen und Beziehungen"[54]. Diakonie wird nicht als Sonderraum etikettiert, sondern Diakonie ist, wie die Autoren sagen, „integral" zu verstehen. Das zielt auf eine Normalisierung diakonischen Handelns ebenso wie auf die Normalität von Hilfebedarf. Diese Perspektive wiederum hilft, die Spaltung von Autonomie und Abhängigkeit, von Hilfehandeln und Bedürftigkeit[55] auf der symbolisch-kulturellen Ebene abzubauen und liegt auch damit auf der Linie von Inklusionsentwicklungen. Außerschulische Projekte Diakonischen Lernens, insofern sie an Praxisorten institutioneller Diakonie stattfinden, können zudem auf der praktischen Ebene dazu beitragen, die Sonderwelten diakonischer Einrichtungen und ihre Grenzen durchlässig zu machen. Es können Kontakte entstehen, die eine annehmende Atmosphäre im Sozialraum unterstützen und zu einer „Entdiakonisierung des Blicks" auch in der Öffentlichkeit beitragen.[56]

2.12 Interreligiöse Dimension im Diakonischen Lernen

Grenzüberschreitende Perspektiven, die unter dem Stichwort „Kooperation angesichts von Grenzen"[57] konzeptionell ausgewiesen und biblisch begründet werden, zeichnen das Konzept und die Praxis des Diakonischen Lernens auf vielen Ebenen aus. Fricke/Dorner heben hervor, dass Schüler/innen im Diakonischen Lernen erleben können, wie sich diakonisches Handeln für hilfesuchende Menschen unabhängig von ihrem Glaubensbekenntnis und ihrer Religionszugehörigkeit öffnet. Ebenso gibt es die Erfahrung, dass sich christliche, konfessionslose und muslimische Schüler/innen im Klassenverband gemeinsam diakonisch betätigen. Das kommt auch dem Modell von Thorsten Knauth entgegen, der Interreligiosität als Merkmal einer Religionspädagogik der Vielfalt markiert, sie aber nicht nur als Dialog zwischen Religionen, sondern auch intersektional versteht: „Interreligiöses Lernen verbleibt nicht im inneren Bezirk von religiösen Bedeutungen (...) sondern sucht Religion bevorzugt in sozialen und gesellschaftlichen Kontexten (...) und in Verknüpfung mit ethischen, politischen, philosophischen und weltanschaulichen Fragen auf"[58]. Diese Verknüpfungen leistet Diakonisches Lernen als Bestandteil

---

54   Fricke/Dorner 2015, 79.
55   Vgl. ebd., 31.
56   Das entspricht den Veränderungen, die an kirchlichen Orten und in diakonischen Arbeitsfeldern in Richtung Inklusion angestrebt werden.
57   Fricke/Dorner 2015, 42f.
58   Knauth 2015, 60.

von Religionsunterricht auf sehr konkrete und zudem praktische Weise. Wenn wir die interreligiöse Dimension Diakonischen Lernens in inklusiver Ausrichtung weiterdenken, dann könnte soziales Handeln und seine Ethik als Matrix einer interreligiösen, interkulturellen, Grenzen überschreitenden Verbundenheit in den Blick genommen werden.

2.13 Theologie der Inklusion

Wenn man nach den theologischen Grundlagen fragt, die für die Beziehungsbestimmung von Diakonischen Lernen und Inklusion eine Rolle spielen, dann gleichen sich die Themen weitgehend. Die Feinheiten und jeweiligen Verschiebungen zu beschreiben, würde hier zu weit führen. Das Werkbuch Diakonisches Lernen führt unter den Stichworten Verletzlichkeit, Leiblichkeit, Gemeinschaft, Wertschätzung, Gerechtigkeit, Fürsprache, Nachbarschaft und Kooperation angesichts von Grenzen[59] wesentliche Themen auf, die auch in der inklusiv orientierten Theologie eine Rolle spielen und führt sie auf biblische Grundlagen zurück. Dabei beziehen sich die Autoren auch auf aktuelle Leitbilder der Diakonie.[60] Hier wie dort geht es besonders um die Erarbeitung einer inklusiven Anthropologie. „Wir brauchen keine Theologie für Menschen mit einer Beeinträchtigung. Wir brauchen eine Theologie für alle Menschen, weil jede/r beeinträchtigt und verletzlich ist. (…) Was uns wirklich verbindet, sind unsere Zerbrechlichkeit und unsere Unterschiedlichkeit."[61] lautet das Fazit des Religionspädagogen Bert Roebben im Kontext von Behinderung. Folgerichtig spielt in inklusiv-orientierten theologischen Zusammenhängen das Menschenbild eine hervorgehobene Rolle.[62] Dabei geht es zum einen um die Überschreitung einer anthropologischen Engführung, „bei der das menschliche Ebenbild Gottes auf bestimmte Menschen begrenzt ist und andere (behinderte, schwarze, homosexuelle, alte) Menschen ganz oder weitgehend ausschließt".[63] Dieser Gedanke zielt auf den Anspruch aller Menschen auf die volle Gottebenbildlichkeit. Das führt zu einer Weite im Gottesbild, die in der Fülle biblischer Gottesprädikationen und im trinitarischen Bekenntnis schon angelegt ist. In der Trinität wird das Sein Gottes als Beziehung verstanden, als Vielheit in der Einheit. Klaus Eberl weist auf den Beziehungsaspekt der Gottebenbildlich-

---

59   Fricke/Dorner 2015, 24–43.

60   Über Inklusion im kirchlich-diakonischen Selbstverständnis und die anstehenden Veränderungen in diakonischen Arbeitsfeldern orientiert der Text von Klaus Eberl 2016.

61   Roebben, zitiert nach Pithan 2017, 199.

62   Entsprechend ist in unserem Praxisprojekt das Diakonische Lernen im Lehrplan dem Thema Menschenbild und Gottesebenbildlichkeit zugeordnet.

63   Pithan 2017, 196.

keit hin und beschreibt die Menschenwürde als „unverfügbare und unverlierbare Schöpfungsgabe", die sich in der Gottebenbildlichkeit begründet.[64]

Auch hier kann es nicht um eine Sondertheologie der Inklusion gehen, sondern um eine kritische Revision traditioneller theologischer Denkmuster ebenso wie um die Aktivierung einer Fülle von biblischen und theologischen Ressourcen,[65] die für die Inklusionsentwicklung in christlichem und interreligiösen Kontext fruchtbar sein könnte.[66] Zu ihrem Wesen gehört, dass eine inklusiv orientierte biblische Theologie jede Form von religiösem Fundamentalismus ausschließt und die Erhaltung und Entwicklung von demokratischen Gesellschaften unterstützt.

3.   Diakonisches Lernen und Inklusion im Spiegel eines Praxismodells

3.1   Inklusion, Kirche und Gemeinde

„Das Gemeinwesen Kirche wird (…) selbst zum Bewährungsort für Inklusion."[67] fasst Klaus Eberl die aktuelle Herausforderung aus der Perspektive der verfassten Kirche zusammen. Inklusion löst den Blick auf die Diakonie ab und leitet ihn

---

64   Eberl 2016, 112.

65   Vgl. das Kapitel: Eine theologische Spurensuche zur Inklusion, in: Evangelische Kirche im Rheinland/Pädagogisch-Theologisches Institut der EKiR 2014, 36–44.

66   Bonhoeffer hat einen inklusionstheologischen Ansatz formuliert, der eine verblüffende Aktualität besitzt und in seiner Komplexität viele Aspekte verbindet, die jetzt in der Theologie der Inklusion ausgearbeitet werden. Der im Folgenden zitierte Bonhoeffer-Text hat schon zu Beginn des Projektes „un-behindert miteinander leben" im Jahr 2002, also weit vor der Inklusionsdebatte, eine grundlegende Rolle gespielt und ist zum theologischen Motto sowie zum Unterrichtsgegenstand geworden. Das macht bewusst, dass auch im Rahmen von Diakonischem Lernen inklusionstheologische Forschungsarbeit betrieben wird bzw. wurde, die im akademischen Kontext meist unbemerkt bleibt.„In seiner geschöpflichen Freiheit wird mir nun der Andere Grund zur Freude, während er mir vorher nur Mühe und Not war. Gott will nicht, dass ich den Andern nach dem Bilde forme, das mir gut erscheint, also nach meinem eigenen Bilde, sondern in seiner Freiheit von mir hat Gott den anderen zu seinem Ebenbilde gemacht. Ich kann es niemals im Voraus wissen, wie Gottes Ebenbild im Anderen aussehen soll, immer wieder hat es eine ganz neue, allein in Gottes freier Schöpfung begründete Gestalt. Mir mag sie fremd erscheinen, ja ungöttlich, bevor ich es ergriff. Nun wird Stärke und Schwachheit, Klugheit und Torheit, begabt oder unbegabt, fromm oder weniger fromm, nun wird die ganze Verschiedenheit der Einzelnen in der Gemeinschaft nicht mehr Grund zum Reden, Richten, Verdammen, also zur Selbstrechtfertigung sein, sondern sie wird Grund zur Freude aneinander und zum Dienst aneinander." (Bonhoeffer 1988, 79) Die unterrichtende Lehrerin schreibt: „Wie hervorragend dieses Motto zu unseren Nachmittagen mit behinderten Kindern passte, verblüffte uns selbst."

67   Eberl 2016, 117.

hin zur Gesamtheit kirchlicher Orte, die auch als Akteure im Gemeinwesen eine wichtige Rolle spielen können. Der Weg von „Barmherzigkeit und Fürsorge hin zu Gerechtigkeit und Teilhabe"[68] gibt die Richtung an und wird sehr unterschiedlich umgesetzt. Die Kirchengemeinde in Meckenheim hat diesen Weg schon sehr früh, weit vor der Inklusionsdebatte, noch unter dem Leitbild der *Integration* eingeschlagen. Gruppenangebote für Kinder und Jugendliche mit und ohne Behinderung gehören nahezu seit Gründung der Kirchengemeinde zu ihrem Arbeitsschwerpunkt. Eltern wünschten sich diese wohnortnahen Angebote für ihre Kinder mit Behinderungen, die durch den Besuch von wohnortfernen Kindertagesstätten und Förderschulen ausgesondert waren und wenige Begegnungsmöglichkeiten mit anderen Gleichaltrigen aus dem Wohnviertel hatten. Die inklusive Arbeit in der Gemeinde ist also ursprünglich durch den Impuls von Eltern behinderter Kinder entstanden. Dadurch wurde ein Perspektivwechsel eingeleitet, der herkömmliche Strukturen und Haltungen veränderte. Mit Beginn dieser Angebote haben sich diese Familien der Gemeinde zugehörig gefühlt.

Entsprechend will sich die inklusiv orientierte Kinder- und Jugendarbeit, die im Gemeindezentrum stattfindet, nicht als *diakonische* Praxis verstanden wissen. Sie begreift sich nach innen als *normale* Kinder- und Jugendarbeit. Dennoch konnte sich dieser „normalisierende" Blick nach außen nicht wirklich durchsetzen, und die Jugendarbeit gilt als *diakonische* Aktivität der Gemeinde. Insofern ist auch für dieses Praxis-Modell „Diakonischen Lernens" der Begriff des Diakonischen umstritten und deckt sich nicht mit dem Selbstverständnis der Akteure, obwohl es inhaltlich und strukturell dem Konzept des Diakonischen Lernens entspricht.

3.2   Ein Projekt entsteht – Institutionen kooperieren im Sozialraum

Das Meckenheimer Modell, das ich im Folgenden mit dem Fokus auf inklusive Merkmale darstelle, trägt den programmatischen Titel „un-behindert miteinander leben". Schüler/innen der gymnasialen Oberstufe im Fach Evangelische Religion besuchen für einen begrenzten Zeitraum inklusive Gruppenangebote der Kirchengemeinde und setzen sich im Unterricht mit dem Thema Behinderung und Inklusion auseinander. Das Projekt existiert seit 2002. Es findet in Kooperation zwischen der Evangelischen Kirchengemeinde in Meckenheim und dem benachbarten Konrad-Adenauer-Gymnasium, einer städtischen Schule, statt.

Die Zusammenarbeit beider Institutionen ist durch die Initiative zweier Einzelpersonen angestoßen worden. Die Religionslehrerin des Gymnasiums, die damals gleichzeitig Leiterin der Fachschaft evangelische Religion und Presbyterin der Kirchengemeinde gewesen ist, und ich, die Gemeindepädagogin der Kirchengemeinde, sind aufeinander zugegangen. Ich bin von meiner Ausbildung her Lehrerin und

---

68   Eberl 2016, 118.

habe mich, nachdem ich in meiner Kirchengemeinde Familien mit behinderten Kindern begegnet bin, der Gemeindepädagogik zugewandt. Bis 2014 leitete ich den Arbeitsbereich Inklusion in der Kirchengemeinde. Inzwischen hat sich das Modell etabliert und wird auf beiden Seiten von wechselnden Kolleginnen weitergeführt.

Die Schülerinnen und Schüler des nahe gelegenen Gymnasiums begegnen Kindern mit Behinderungen normalerweise selten. Es war unser Anliegen, den Schüler/inne/n dieses Themenfeld nahe zu bringen, das außerhalb ihrer Erfahrungs- und Lebenswelt liegt. Denn in einem separierenden Schulsystem leben die Kinder und Jugendlichen voneinander getrennt. Vor allem wollten wir also die jungen Menschen selbst mit einander in Kontakt bringen, um Erfahrungen mit dem jeweils anderen zu ermöglichen. Dabei haben wir unsere Begleitung angeboten.

In unserer Zusammenarbeit zeigen sich inklusive Ansätze und inklusive Entwicklungsschritte werden deutlich: als Expertinnen unserer Fachbereiche besuchen wir den jeweils anderen Ort und bringen dort unsere Kompetenz ein. Das Thema Inklusion wird von der Kirchengemeinde in die Schule getragen. Diese schafft in einem schulinternen Lehrplan dafür die Voraussetzungen. Die Lehrkräfte am Gymnasium kommen durch das Projekt mit den Themen Behinderung und Inklusion in Kontakt. Die wechselseitige Begegnung schafft Beziehungen und Kompetenz im Umgang miteinander. Gleichzeitig entsteht zunehmend eine Vernetzung im Sozialraum. Nach einigen Jahren werden als direkte Folge des Projektes junge Menschen mit Behinderungen als Schüler/innen im Gymnasium aufgenommen. Das geschieht vor allem durch die Initiative von Eltern der am Projekt beteiligten Religionslehrerin hin. Die dazu nötigen Baumaßnahmen leiten auf kommunaler Ebene eine fruchtbare Integrations-Debatte ein und etablieren das Thema in der Öffentlichkeit der Kleinstadt, noch vor der rechtlichen Verankerung von Integration/Inklusion durch die UN-Behindertenrechtskonvention.

3.3   Das Kirchenzentrum als Raum für inklusive Begegnungen

Das Gemeindezentrum „Die Arche" zeigt die typische Bauweise eines multifunktionalen Gemeindehauses, wie es in den 1980er Jahren gebaut wurde: Eine weites Foyer, ein multifunktionaler Gottesdienstraum, der barrierefreie Zugang zu allen Räumen, eine große Küche und die freundliche Atmosphäre machen das Haus zu einem beliebten Ort im Wohnviertel. Das Viertel entstand als relativ homogenes Neubaugebiet mit jungen Familien zur gleichen Zeit wie die Kirchengemeinde. Getrennt durch eine Bundesstraße liegt das Gymnasium im nächsten Stadtteil und ist zu Fuß gut erreichbar.

Das Meckenheimer Projekt bringt zwei lokale Institutionen, Kirchengemeinde und Gymnasium miteinander in Verbindung. Die Schüler/innen können hier Kirche als einen barrierearmen Ort kennenlernen,[69] an dem Begegnungen stattfinden, die in ihrer Schule nicht vorkommen und auch in der Öffentlichkeit wenig Raum finden: die Begegnung von Menschen mit und ohne Behinderungen. Dafür bietet sich das Kirchenzentrum als ein weitgehend barrierefreier, niederschwelliger und geschützter Ort an, an dem diese Begegnung inszeniert werden kann. Wie in einer schützenden Nische können durch ein vorsichtiges Aufeinander-zu-Gehen Erfahrungen wachsen, die die Einzelnen handlungsfähiger werden lassen und zu einer veränderten persönlichen Haltung führen.

Vielen Schüler/inne/n sind Menschen mit Behinderungen fremd. Das „Fremde" in einem geschützten Raum und in einer inszenierten Begegnung zu erleben, in einer Gruppe, einem Gottesdienst, einer Gemeindeveranstaltung, zusammen mit Menschen, die dieses schon kennen, das bietet Möglichkeiten einer Annäherung. Diese Annäherung kann Fremdsein überwinden und Anderssein als Ausdruck der menschlichen Vielfalt zur Geltung bringen. „Die Haltung der Offenheit und der respektvollen Neugier für andere Menschen und Akteure am Ort ist Ausdruck des christlichen Menschenbildes und der Ebenbildlichkeit Gottes, die uns in jedem Menschen begegnet."[70] heißt es in einem konzeptionellen Text zu inklusiver Gemeindeentwicklung.

3.4   Die Partner: Inklusive Jugendarbeit und Evangelischer Religionsunterricht

Die inklusive Arbeit umfasst eine in Gruppen organisierte Kinder- und Jugendarbeit, sowie mehrwöchige Freizeiten und beratende und unterstützende Angebote. Das Herzstück sind die beliebten inklusiven Ferienfreizeiten. Es gibt ein großes Team aus ehrenamtlichen Jugendlichen und Erwachsenen, die jeweils zuständig sind für die Gestaltung der Freizeitprogramme sowie für Assistenzdienste, die die Teilnehmer/innen mit Behinderungen benötigen. Der Schwerpunkt bei der Vorbereitung des Teams liegt in der Hinführung zu einer inklusiven Haltung, zu einer Haltung des Miteinanders. „Diese Haltung des Miteinanders bedeutet, den anderen mit seinen Fähigkeiten und Kompetenzen in den Blick zu nehmen."[71] Partizipation und Kommunikation auf Augenhöhe aller Beteiligten sind dafür die Grundlage. Die Ermöglichung von Partizipation, also die Bewegung vom „Für zum Mit", ist für uns ein ganz wesentliches und handlungsleitendes Merkmal von Inklusion. „Eine Haltung des Miteinanders bedeutet in diesem Zusammenhang

---

69   Barrierefreiheit ist ein Strukturmerkmal von Inklusion. Dabei geht es nicht nur um „die physischen Barrieren wie Treppen, Schwellen, Beleuchtung etc., sondern auch die Barrieren in meinem Kopf, in meiner Sprache, meiner Kultur, meinem Milieu." Stoffregen 2017, 129.
70   Ebd., 127.
71   Ebd., 128.

auch immer ein Füreinander und einen wechselseitigen Mehrwert an Lebensqualität für alle.“[72] Die Gemeinschaft, die Wertschätzung gegenüber jedem und jeder
einzelnen und der gemeinsame Spaß werden am häufigsten hervorgehoben, wenn
Jugendliche über ihren Gewinn sprechen, den sie bei ihrer Beteiligung erleben.
Durch das Schulprojekt werden außerdem immer wieder Jugendliche motiviert,
als Ehrenamtliche in die Freizeitarbeit der Kirchengemeinde einzusteigen.

Das städtische Gymnasium hat für den Religionsunterricht in der gymnasialen
Oberstufe einen schulinternen Lehrplan veröffentlicht.[73] In den Rahmenbedingungen für die fachliche Arbeit wird die Kirchengemeinde als außerschulische Koope-
rationspartnerin mit dem Projekt „un-behindert miteinander leben“ genannt. Das
Projekt wird dort kurz umrissen und sowohl der verbindliche Besuch der Schü-
ler/innen in den Gruppenstunden der Kirchengemeinde, als auch die Mitwirkung
von Mitarbeitenden der Kirchengemeinde als externe Experten im Unterricht
werden festgeschrieben. Ein besonderes Gewicht wird dabei der Möglichkeit von
originären Begegnungen beigemessen, „da sich auf diese Weise religiöse Lernprozesse anregen lassen, die anderweitig nicht induziert werden können“.[74] Das Projekt ist im ersten Schulhalbjahr der Oberstufe angesiedelt. Das Halbjahresthema
im Lehrplan lautet „Auf der Suche nach Identität und meinem Weg durchs Leben“.
Darunter wird das Unterrichtsvorhaben „Einander annehmen – Schwächen akzeptieren“ mit unserem Projekt konkretisiert. Die theologischen Schwerpunkte im
Lehrplan heißen: „Der Mensch als Geschöpf und Ebenbild Gottes“ sowie „Schöp-
fungsverantwortung und der Umgang mit Leben“.[75]

3.5   Zur Durchführung des Projektes „un-behindert miteinander leben“

Gemeinsam mit den Lehrkräften des Religionskurses entwirft die Mitarbeiterin der
Kirchengemeinde einen Zeitplan für mehrere Unterrichtsbesuche, die Teilnahme
an den Gruppenstunden und die abschließenden Reflexionsphase im Unterricht.
Die Lehrkräfte räumen dem Projekt unterschiedlich große Zeitkontingente ein,
so dass die Themenauswahl für die Unterrichtsphase jeweils danach entschieden
wird. Die Praxisphase in den Gruppenstunden enthält wenigstens drei Besuche; sie
kann durch einen Besuch in der Werkstatt für Menschen mit Behinderungen oder
z. B. durch die Mitarbeit in einem temporären, inklusiven Kunstprojekt erweitert
werden.

In der Unterrichtsphase besucht die Mitarbeiterin der Kirchengemeinde den
Religionsunterricht als Referentin und übernimmt für die abgesprochene Zeit die

---

72   Ebd.
73   Siehe www.meckenheim-kag.de.
74   Ebd.
75   Ebd.

Verantwortung für das Unterrichtsgeschehen. Die Lehrkräfte sind anwesend. Die Schüler/innen bringen sehr unterschiedliche Erfahrungen zum Thema Behinderung mit. Oft erscheinen ihnen Menschen mit Behinderungen fremd, und sie haben vor Kontakten Angst. Eine Begegnung wird eher vermieden als gesucht.

Tom schreibt: „Ich hatte bis jetzt nicht wirklich mit einem behinderten Menschen zu tun gehabt. Wenn ich so jemand auf der Straße sah, wusste ich nicht, wie ich mich benehmen soll (...) nun denke ich, wenn ich jetzt einem Menschen mit Behinderung auf der Straße begegne, werde ich ihn als normalen Menschen wahrnehmen." Leon sagt: „Für mich hat sich meine ganze Einstellung geändert, ich bin nicht mehr so verkrampft gegenüber Menschen, die eine Behinderung haben."

3.6   Sachliche Inhalte und Informationen

Eine Annäherung an das Thema Behinderung soll im Unterricht im Klassenraum zunächst durch die Aneignung von Wissen stattfinden. Es werden Fragen geklärt: Welche Behinderungen gibt es? Wie entstehen Behinderungen? Wie leben Menschen mit Behinderung in Kindergarten, Schule, Beruf? Wie wohnen sie? Welche Hilfen gibt es? Welche Rechte haben Menschen mit Behinderungen? Was ist die Behindertenrechtskonvention? Was sagen Kirche und Diakonie? Was bedeutet „Inklusion"? Das Ziel der informativen Unterrichtsphasen ist es

- sachliche Informationen zum Thema Behinderung, zu Lebenswelten der Menschen mit Behinderung, zur UN-Behindertenrechtskonvention (BRK), zu Inklusion zu geben
- das Arbeitsfeld „Inklusive Gemeindearbeit" der Kirchengemeinde vorzustellen
- den Bezug zu den theologischen Inhalten des Lehrplans herzustellen (Menschenbild/Gottesebenbildlichkeit/Schöpfungsverantwortung)
- die Praxisphase zu begleiten und abzuschließen.[76]

3.7   Selbsterfahrungen als persönliche Zugänge

Selbsterfahrungsübungen ergänzen die informativen Phasen um einen persönlichen Zugang zu ermöglichen. Dabei werden ganzheitlich konzipierte Methoden aus der Jugendarbeit bzw. inklusiven Arbeit verwendet, die eine körperlich-sinnliche Dimension haben. Sie ergänzen das intellektuelle Lernen und finden bei den Schüler/inne/n großen Anklang. Sie folgen den für sie ungewöhnlichen Aufgabenstellungen mit großer Sensibilität und Aufmerksamkeit und können sich in der anschließenden Auswertung sehr gut zu ihren Erfahrungen äußern. In der Unter-

---

76   Verschiedene Unterrichtsmethoden lösen sich dabei ab: Gruppenarbeit, Unterrichtsgespräche und selbstständige Vorbereitung als Hausaufgaben (z.B. mit Recherchen im Internet). Dabei kommen vielfältige Materialien zum Einsatz, z.B. Arbeitsblätter, Broschüren, Originaltexte wie die BRK in Leichter Sprache u.a.

richtspraxis haben sich verschiedene, einfache Übungen bewährt, die eine Selbst-
erfahrung ermöglichen, z.B. das Führen und Geführt-Werden mit geschlossenen
Augen in Klassenraum und Treppenhaus, oder eine Übung zum Essen-Reichen
und Gereicht-Bekommen, also „gefüttert" zu werden. Über den Klassenraum hinaus machen die Schüler/innen auf dem Schulhof und im nahegelegenen Geschäfts-
viertel Erfahrungen mit dem Rollstuhl. Dort bekommt die Übung den Charakter
einer Quartiers-Erkundung, in der die Barrierefreiheit der Bereiche überprüft
wird. Dabei wird in den Gruppen die Zusammenarbeit gefordert und Vertrauen
gefördert. Und die Schüler/innen machen Erfahrungen in der Öffentlichkeit und
mit dem öffentlichen Blick. Für das Gelingen ist eine gute Anleitung und einfühl-
same Auswertung im Klassenraum wichtig.

3.8   Die Praxisphase in der Kirchengemeinde

Der Besuch in den Gruppenstunden im Gemeindezentrum ist ein wesentlicher
Baustein. Für viele Schüler/innen findet hier erstmals ein Kontakt mit Menschen
mit Behinderungen statt. Um einen „Zooeffekt" zu vermeiden, werden die Schü-
ler/innen in kleine Besuchergruppen eingeteilt. Die Gäste sind in der Gruppe sehr
willkommen, bietet doch der „Besuch" neue Kontaktmöglichkeiten für die Grup-
penteilnehmer. Häufig bringen die Schüler/innen auch neue Themen, Spiele und
Anregungen mit. Der Rahmen der Gruppenstunden ist vorgegeben. Neben den
Begrüßungs- und Abschiedsritualen gibt es meistens ein kreatives, musikalisches
oder spielerisches Angebot; auch Spaziergänge, kleine Ausflüge oder gemeinsames
Essen sind beliebt. Dabei können sich die Gäste auf unkomplizierte Weise einklin-
ken. Es hat sich eine Aufgabenverteilung bewährt, die über die häufig vorhandene
Befangenheit hinweg hilft. Beim ersten Besuch sind organisatorische Aufgaben
geeignet, z.B. Getränke zu verteilen oder Spiele aufzubauen. Für die weiteren Besuche können die Schüler/innen als Team eine Kreativ-Aktion, ein Spiel oder einen
Spaziergang vorbereiten.

Nach der Gruppenstunde ist eine Fragerunde und eine Feed-Back-Runde wichtig. Zunächst können die Schüler/innen Fragen stellen, die das aktuell Erlebte betreffen. Danach teilen sie ihre Befindlichkeit mit. Nach dem ersten Besuch wird oft
von Beklommenheit, Angst und Sorge vor der ungewohnten Begegnung berichtet.
Diese Gefühle ändern sich nach den weiteren Besuchen erstaunlich schnell: am
Ende des Projekts berichten sie von Vorfreude auf die Gruppe, Spaß bei der Teilnahme, Akzeptanz und Bewunderung für die Menschen mit Behinderungen und
einem Umgang auf Augenhöhe. Durch die Besuche der Schüler/innen im Gemeindezentrum geschieht ein wechselseitiges Kennenlernen und damit eine Inklusionsbewegung in beide Richtungen. Durch das Betreten eines geschützten Raumes
wird dort gleichzeitig ein Fenster nach außen geöffnet. Und für die Schüler/innen
ohne kirchliche Bindung kommt es außerdem zu einer qualifizierten, partizipativ

gestalteten Begegnung mit einer lokalen Kirchengemeinde. Kilian schreibt: „Ich meine, dass jeder, der in der Arche ist, eine wichtige Aufgabe hat, und es deshalb so gut funktioniert."

3.9   Andere Lebenswelten kennenlernen – Ein Besuch in der Werkstatt

Wenn es möglich ist, das Projekt zeitlich auszudehnen, bietet sich der Besuch in der ortsnah gelegenen Werkstatt für behinderte Menschen (WfbM) als weiterer Baustein an. Die Schüler/innen lernen einen Teil der Lebenswelt behinderter Menschen in der Praxis kennen und ergänzen ihr theoretisch erworbenes Wissen. Gleichwohl ist der Besuch in der WfbM, einer Großeinrichtung der Behindertenhilfe, in der Menschen mit Behinderungen die Mehrheit bilden und die Gegebenheiten für die Schüler/innen fremd sind, eine für sie gänzlich neue Erfahrung. Manchmal fühlen sich die Jugendlichen von einer so großen Zahl behinderter Menschen verunsichert. Eine sorgfältige Vorbereitung und Begleitung ist wichtig. Gleichzeitig werden die Gäste von den Mitarbeitenden der WfbM in der Regel freudig willkommen geheißen. Häufig treffen die Schüler/innen dort Menschen, die sie schon als Teilnehmende aus den Gruppenstunden in der Kirchengemeinde kennen, von denen sie auch ihrerseits erkannt werden. Es wird deutlich, dass die persönliche Beziehung die Sichtweise und Haltung der Schüler/innen positiv beeinflusst. Der Besuch der WfbM hinterlässt immer einen starken Eindruck. Die jungen Menschen zeigen sich häufig von der Leistungsfähigkeit der Mitarbeitenden der WfbM beeindruckt

3.10 Einen persönlichen Ausdruck finden – Kunst als inklusives Moment

Inklusive Kunstprojekte, an denen Jugendliche und Erwachsenen mit und ohne Behinderungen teilnehmen, ergänzen von Zeit zu Zeit die Gruppenangebote in der Gemeinde. So ergibt sich ab und an die Möglichkeit, dass auch Schüler/innen daran teilnehmen. Im gemeinsamen Prozess der Umsetzung künstlerischer Techniken und der Suche nach einem je eigenen, persönlichen Ausdruck erleben sich die Teilnehmenden als Gleichberechtigte und begegnen sich im Austausch auf Augenhöhe. Ein Kunstprojekt, in dem Bilder mit textilen Materialien gestaltet wurden, konnte in Kooperation mit einem Stoffladen im Quartier durchgeführt werden. Die Ausstellung der Werke im Schaufenster des Ladens fand eine gute Resonanz im Quartier, stärkte das Selbstbewusstsein der Teilnehmenden mit und ohne Behinderungen und machte sie im Ort bekannt.

3.11 Der Abschluss der Praxisphase im Unterricht

Nach der Praxisphase in den Gruppen, den Kunstprojekten oder Besuchen in der WfbM kommt der abschließenden Reflexion im Unterricht eine besondere Bedeutung zu. Die Schüler/innen äußern im vertrauten Rahmen ihre persönlichen Erfahrungen im Umgang mit den Menschen in der Gruppe. Sie reflektieren ihre Einstellung und ihre Haltung gegenüber Menschen mit Behinderungen. In der Reflexionsphase wird eine Verbindung zwischen den theologischen Aussagen zur Gottesebenbildlichkeit und den Erfahrungen im Umgang mit den Menschen mit Behinderungen hergestellt. Die Unterrichtsinhalte der Vorbereitungsphase, also die Bekenntnisse der Kirche und Aussagen der Diakonie werden mit den eigenen Erfahrungen und mit der gesellschaftlichen Stellung von Menschen mit Behinderung verglichen. So beginnt sich der Blick der Schüler/innen auch für eine exkludierende, gesellschaftliche Praxis zu schärfen. Ein Projektbericht der Schüler/innen schließt die Unterrichtseinheit ab.

3.12 Auswertung: Diakonisches Lernen und Inklusion

Das Projekt zwischen Schule und Kirchengemeinde führt Menschen zusammen, die sich an ihren jeweiligen Orten nicht begegnen würden. In ihren Abschlussberichten erzählen die Schüler/innen von ihren Vorbehalten und Unsicherheiten zu Beginn der Praxisphase, und sie beschreiben die Veränderungen, die sich nach der Begegnung und den gemeinsamen Aktivitäten mit Menschen mit Behinderung bei ihnen vollzogen haben. Eine Schülerin schreibt: „Die Lebensfreude der Kinder und ihre frohe und offene Art stecken an und ließen anfängliche Befangenheiten verschwinden." Esther schreibt: „Als wir im Stuhlkreis saßen, wurde mir nochmal bewusst, dass man auch ohne richtig sprechen zu können kommunizieren kann. (...) Jetzt kann ich Menschen mit Behinderung besser verstehen, und mir wurden viele Unsicherheiten im Bezug auf den Umgang mit behinderten Menschen genommen."

Dem Thema „Inklusion" kommt in diesem Projekt eine besondere Bedeutung zu. Es soll darum gehen, Behinderung als eine der vielfältigen Erscheinungsformen menschlichen Lebens zu begreifen. Das Kennenlernen unterschiedlicher Lebensumstände soll nicht primär zum Helfen auffordern, sondern zunächst zur Wahrnehmung unterschiedlicher Daseinsformen. Es wird ein Umgang auf Augenhöhe angestrebt. Die Qualität einer Begegnung hängt von der Wertschätzung des Anderen ab. Diese setzt die Akzeptanz unterschiedlicher Lebensformen und Gegebenheiten (z. B. Behinderungen) voraus, die als gleichwertig zur je eigenen anerkannt werden. Felix schreibt: „Obwohl sich alle Menschen in unterschiedliche Richtungen mit unterschiedlichen Charakteren entwickeln, wissen wir, dass wir alle gleich sind, egal ob mit oder ohne Behinderung. Genau das empfinde ich, wenn ich an die Zeit in der Arche zurückdenke."

In der Verschiedenheit der Menschen eine Vielfalt zu entdecken, die den Reichtum solcher Gruppen ausmacht, ist den meisten Schüler/inne/n geglückt. Diakonisches Lernen ist Inklusion Lernen, wenn in der menschlichen Verschiedenheit ein eigener und besonderer Wert erkannt wird, und diakonisches Handeln in der Wertschätzung dieser Vielfalt geschieht. David schreibt: „Man sollte jeden Menschen respektieren und akzeptieren, wie er ist und eine Behinderung oder ähnliches als eine Besonderheit ansehen, die diesen Menschen zu etwas Einzigartigem macht." Maja schreibt: „Vorher waren die Gruppenmitglieder einfach Personen mit einer Behinderung für mich. Mein Vorurteil war, dass die Behinderung im Vordergrund stehen wird. Durch das Praktikum habe ich gelernt, dass das, was die Person auszeichnet, nicht ihre Behinderung ist, sondern ihr einzigartiger liebevoller und witziger Charakter."

Kylie schreibt: „Nach dem Projekt hat sich für mich einiges geändert: ich fühle mich sicherer im Umgang mit ihnen (...); ich habe gelernt, dass diese Menschen total normal sind und sie oft viel offener und herzlicher sind." Anna schreibt: „Jetzt sehe ich die Menschen aus einem andern Blickwinkel als bisher, weil sie doch Menschen sind, genauso normal wie wir, genauso empfindsam wie wir."

Die Schüler/innen eines Gymnasiums sind anderen jungen Menschen mit Behinderung begegnet. Durch den erlebten Umgang auf Augenhöhe können sie sich selbst eine inklusive Haltung aneignen. „Das Projekt war wichtig, eine theoretische Auseinandersetzung hätte nicht ausgereicht, um zu verstehen, was Behinderung bedeuten kann und um zu begreifen, wie Gleichberechtigung und Integration notwendig aber auch machbar sind." heißt es in einem Artikel der Schulzeitung aus der Anfangszeit des Projektes.[77]

Die Erfahrungen im Projekt führten auch bei den Lehrkräften zu einer veränderten Sichtweise. Es geht nicht mehr primär darum, dass sich die Schüler/innen des Gymnasiums als die Starken und Überlegenen verstehen, die zum Helfen gefordert sind und die Kinder mit Behinderungen als die Schwachen, auf Hilfe Angewiesenen zu unterstützen haben. Vielmehr geht es um die Unterstützung einer uneingeschränkten und gleichberechtigten Teilhabe am Leben, die exemplarisch in der Gruppe, beim Zusammensein der Verschiedenen eingeübt wird. Diakonisches Lernen wird zum Lernprozess für inklusive Strukturen, wenn durch die geleistete Unterstützung das Recht auf Teilhabe aller verwirklicht wird.

---

77   Clausen/Göbel 2005.

Literatur

Adam, Gottfried/Hanisch, Helmut/Schmidt, Heinz/Zitt, Renate (Hrsg.), Unterwegs zu einer Kultur des Helfens. Handbuch des diakonisch-sozialen Lernens, Stuttgart 2006.

Aktion Mensch e.V./Arbeitsgemeinschaft der Evangelischen Jugend in Deutschland e.V. (aej)/Diakonie Deutschland (Hrsg.), Auftrag Inklusion. Perspektiven für eine neue Offenheit in der Kinder- und Jugendarbeit. Inhaltliche Grundlagen, Handlungsempfehlungen und Anregungen für die Praxis, Bonn/Hannover/Berlin 2015.

Böhringer, Hannes, Harte Bank. Kunst Philosophie Architektur, Berlin 2004.

Boger, Mai-Anh, Theorie der Trilemmatischen Inklusion, in: Schnell, Irmtraud (Hrsg.), Herausforderung Inklusion. Theoriebildung und Praxis, Bad Heilbrunn 2015, 51–62.

Bonhoeffer, Dietrich, Gemeinsames Leben, München 1988.

Bretländer, Bettina, Inklusive Bildung ist mehr als Schule – zur Relevanz von Jugendhilfe bzw. außerschulischer Bildungsarbeit für inklusive Bildungsprozesse, in: Schnell, Irmtraud (Hrsg.), Herausforderung Inklusion. Theoriebildung und Praxis, Bad Heilbrunn 2015, 181–195.

Clausen, Julia/Göbel, Sandra, Wenn man in der Schule (doch) fürs Leben lernen kann. Ein Bericht über ein praktisches Projekt im Rahmen des Religionsunterrichts, in: Blick.Schule 24 (2005), 95–97.

Comenius-Institut (Hrsg.), Inklusive Religionslehrer_innenbildung. Module und Bausteine. Inklusion – Religion – Bildung, Bd. 2, Münster 2014.

Eberl, Klaus, Aus theologischer Perspektive: Inklusion im kirchlich-diakonischen Selbstverständnis, in: Degener, Theresia/Eberl, Klaus/Graumann, Sigrid/Maas, Olaf/Schäfer, Gerhard K. (Hrsg.), Menschenrecht Inklusion. 10 Jahre UN-Behindertenrechtskonvention – Bestandsaufnahme und Perspektiven zur Umsetzung in sozialen Diensten und diakonischen Handlungsfeldern, Göttingen 2016, 104–122.

Evangelische Kirche in Deutschland (Hrsg.), Es ist normal, verschieden zu sein. Inklusion leben in Kirche und Gesellschaft. Eine Orientierungshilfe des Rates der Evangelischen Kirche in Deutschland, Gütersloh 2014.

Evangelische Kirche im Rheinland/Pädagogisch-Theologisches Institut der EKiR (Hrsg.), Da kann ja jede/r kommen. Inklusion und kirchliche Praxis. Eine Orientierungshilfe der Evangelischen Kirche im Rheinland, 3. Aufl. Düsseldorf 2014.

Evangelische Kirche im Rheinland (Hrsg.), Leitlinien für die Bildungsarbeit der Evangelischen Kirche im Rheinland 2017 ff., Düsseldorf 2017.

Feld, Helmut, Franziskus von Assisi, 4. Aufl. München 2017.

Fricke, Michael/Dorner, Martin, Werkbuch Diakonisches Lernen, Göttingen 2015.

Gardam, Jane, Die Rettung, in: Dies., Die Leute von Privilege Hill. Erzählungen, München 2017, 197–218.

Grabe, Christiane, Kirche und Diakonie als Impulsgeber und Träger inklusiver Quartiersentwicklung, in: Pithan, Annebelle u.a. (Hrsg.), „...dass alle eins seien" – Im

Spannungsfeld von Exklusion und Inklusion, Forum für Heil- und Religionspädagogik Bd. 7, Münster 2013, 47–53.

Katzenbach, Dieter, Zu den Theoriefundamenten der Inklusion – Eine Einladung zum
Diskurs aus der Perspektive der kritischen Theorie, in: Schnell, Irmtraud (Hrsg.),
Herausforderung Inklusion. Theoriebildung und Praxis, Bad Heilbrunn 2015,
19–32.

Knauth, Thorsten, Gerechtigkeit und Anerkennung als Schlüsselbegriffe in einer Re-
ligionspädagogik der Vielfalt, in: Heinrich-Schaffrick, Pia/Schaffrick, Matthias
(Hrsg.), Theologie der Teilhabe. Gemeinschaft, Beziehung, Begegnung. FS Rolf
Heinrich, Berlin 2016, 49–72.

Knauth, Thorsten, Inklusive Religionspädagogik. Grundlagen und Perspektiven, in:
Nord, Ilona (Hrsg.), Inklusion im Studium Evangelische Theologie, Leipzig 2015,
49–68.

Nord, Ilona, Inklusion als Thema der Praktischen Theologie und Religionspädagogik.
Eine Orientierung, in: Theologische Literaturzeitung 141 (2016), 11.

Pithan, Annebelle, Dis/Ability, Geschlecht und inklusive Religionspädagogik, in:
Knauth, Thorsten/Jochimsen, Maren A., Einschließungen und Ausschließungen.
Zur Intersektionalität von Religion, Geschlecht und sozialem Status für religiöse
Bildung, Münster/New York 2017, 181–204.

Platte, Andrea/Krönig, Franz, Inklusive Momente. Unwahrscheinlichen Bildungsprozessen auf der Spur, Weinheim/Basel 2017.

Stoffregen, Jörg, Vom Für zum Mit – Gemeinde mit allen gestalten, in: Wuckelt, Agnes/
Pithan, Annebelle, Mach mir Platz, dass ich wohnen kann. Lebensräume eröffnen
und Barrieren abbauen, Forum für Heil- und Religionspädagogik Bd. 9, Münster
2017, 125–135.

Religionsunterricht und politisches Lernen

Bernhard Grümme

Wer je Gelegenheit hatte, ein Altenheim zu besuchen, wird die Tristesse nicht vergessen, die sich oft dort inmitten einer strukturell bedingten Unterversorgung mit kompetenten Pflegekräften breit macht. Umso eindrücklicher sind Erfahrungen, die deren Bewohner mit engagierten jungen Menschen machen, wenn sie sich um sie sorgen, sie betreuen, ihnen vorlesen oder zuhören. Solche Erfahrungen sind nicht aus persönlicher Initiative erwachsen. Sie sind Teil eines pädagogischen Arrangements sozialen Lernens. Neben dem Diakonischen Lernen, dem Service Learning hat vor allem das Compassion-Projekt eine prominente Bedeutung erlangt, das zudem noch in verschiedenen Bundesländern institutionell wie curricular abgesichert wurde. Es zielt in einer Verbindung von erlebnispädagogischen, reflexiven und pragmatischen Momenten auf die „Entwicklung sozial verpflichteter Haltungen wie Solidarität, Kooperation und Kommunikation mit Menschen, die aus welchen Gründen auch immer auf die Hilfe anderer angewiesen sind".[1] Dispositionen zu Altruismus, zu Kooperationsbereitschaft, Prosozialität, Zuwendung, Wohlwollen, zu Empathie mit Leidenden und Solidarität sollen in der engen Verbindung von Erfahrung und unterrichtlicher Reflexion angelegt werden, wobei oft der RU den schulischen Referenzpunkt bildet.

Die erkennbare klare Akzentuierung des sozialen Lernens wird jedoch bei manchen ihrer Befürworter erweitert in den Bereich des politischen Lernens. Zwar verhindern die Grenzen schulischen Lernens die unmittelbare gesellschaftliche Transformation. Weil die Schule wie keine andere gesellschaftliche Einrichtung oder wie andere soziale oder zivilgesellschaftliche, kirchliche Milieus eben alle Heranwachsenden erreicht, kann die Schule zwar „nicht die Probleme der Gesellschaft lösen, aber sie kann zeigen, wie man diese Probleme reflektiert und welche Lösungsansätze es gibt und welche Folgen diese Lösungen zeitigen".[2] Gleichwohl versteht sich das Compassion-Projekt als „Maßnahme gegen den sozialen Kältetod. Das Compassion-Projekt ist insofern politisch".[3] Hiermit wird freilich eine Unterscheidung von Sozialem Lernen und Politischem Lernen in Anspruch genommen, die klärungsbedürftig ist.

Soziales Lernen als Form des Ethischen Lernens versucht Kinder zu Solidarität und vernünftiger Selbst- und Mitbestimmung anzuleiten. Es zielt auf Bereitschaft und Fähigkeit zur Kommunikation, zu Kooperation, zu Solidarität und einem ver-

---

1   Kuld 2008, 13; vgl. Kuld 2016.
2   Kuld 2004, 13.
3   Kuld 2000, 10.

antwortlichen Konfliktlösungsverhalten, zu einer stabilen Ich-Identität, sozialen Empfindsamkeit, Perspektivenübernahme, sie visiert Toleranz, Kritikfähigkeit und angemessenen Umgang mit Regeln an.[4] Soziales Lernen ist ethisch, interkommunikativ ausgerichtet. Personale, soziale Kompetenzen in Bezug auf Ich, die peergroup, die Familie, die Gemeinschaft stehen im Zentrum.

Politisches Lernen hingegen zielt auf politische Mündigkeit. Es bewegt sich im Lichte der Kategorien, Konzepte und Begriffe von politischen Institutionen der Entscheidung, der Kontrolle und der Herrschaftsexekution, es geht in ihm um Macht, Rechtsordnung, Ideologie und Manipulation, Herrschaft und Interesse, um Sinn und Funktion politischer Institutionen, um die normative Ausrichtung des Politischen. Es geht um Loyalität und Kritik, um Unterstützung und Transformation.[5] Gegenüber der Face-to-face-Interaktion ist also politisches Lernen systemisch, strukturell ausgerichtet und bezieht sich auf gesamtgesellschaftliche und politische Kontexte.[6]

Auch wenn die konkrete Verhältnisbestimmung dieser Unterscheidung strittig ist, für manche untergräbt sie die politische Relevanz des Sozialen, für andere würdigt sie gerade die jeweils spezifische Logik,[7] so ist eine Differenzierung doch von hoher Bedeutung. Würde man sie unterlaufen, käme es zu Kategorienfehlern, die in der Politischen Bildung kritisch analysiert werden. Ihr geht es vor dem Hintergrund des Beutelsbacher Konsenses um mündige Urteilsbildung und Handlungsfähigkeit der Lernenden.[8] Demnach wäre es in der Tat naiv, zu meinen, man könne in den überschaubaren Kommunikationen des Sozialen bruchlos das Große lernen. „Die Handlungslogik bei der Konfliktregelung zwischen Schülern in einer Klasse oder auf einem Schulhof ist eine andere als die Handlungslogik von Akteuren im politischen System, beispielsweise in einem Parlament".[9] Man warnt vor einer Parallelisierungsfalle, die die Eigengesetzlichkeiten der Lebenswelt Schule, des Sozialen und des Systems Politik unterschlägt. Distanzlos lasse sich nicht an die Lebenswelt anknüpfen, um daraus dann Erkenntnisse für politische Bildung zu ziehen. Vielmehr liege das eigentliche Problem darin, „wie in der Lebenswelt der Schüler/innen das Politische entdeckt oder wie im Politischen die Relevanz für die Lebenswelt erkannt werden kann".[10] Dazu gehören dann auch die Thematisierung strukturell-politischer Themen sowie die Verwendung strukturell-politischer Kategorien als Reflexions- und Orientierungsprinzipien. Deshalb ist ein integra-

---

4   Vgl. Herdegen 1999, 34f.
5   Vgl. Massing 2007, 31–33.
6   Vgl. Grümme 2009, 40–43.
7   Vgl. Wohnig 2017, 64–67 und 354–401.
8   Vgl. Sander 2008, 43–108.
9   Sander 2007, 79.
10   Massing 2007, 29.

les Konzept weiterführend, das beide Formen unterscheidet und aufeinander bezieht.[11]

In dieser Verhältnisbestimmung liegt zugleich der Beitrag zu einem Defizit der Compassionpädagogik. Sie kann nicht hinreichend selbstreflexiv klären, inwieweit sie sich selber schützen kann vor der problematischen Tendenz, Heilmittel und Reparaturwerkstatt gesellschaftlicher Konflikte zu sein und damit letztlich affirmativ zu wirken. Eine um von politischen Kategorien entkernte Form Sozialen Lernens liefe Gefahr, „sich von einer vorherrschenden Aktivierungs- und bürgerschaftlich erweiterten Partizipationsideologie vereinnahmen zu lassen und damit bestehende politische und gesellschaftliche Machtansprüche und Herrschaftspositionen zu perpetuieren statt sie kritisch zu reflektieren".[12] Diese Gefahr ließe sich dann minimieren, wenn die Denkkategorien des Konzeptes über interpersonale Kategorien bis in strukturelle Kategorien hineinstoßen würden, die über das soziale, zivilgesellschaftliche Miteinander auch strukturelle Interessen, Herrschaftsbedingungen, Machtzusammenhänge und wirtschaftliche Zusammenhänge bedenken und dies selbstreflexiv auf die eigenen Grenzen und die eigene Ideologieanfälligkeit beziehen.[13]

Doch stellt sich in alldem noch ein grundsätzlicheres Problem, das den RU selber betrifft: Ist mit einer solchen Qualifizierung des Compassion-Projekts als Ort des sozialen wie des politischen Lernens nicht bereits die Grenze des RU überschritten? Hat nicht der RU sein Proprium im Religiösen, wie eine von Schleiermacher her inspirierte, gegenwärtig sehr einflussreiche kulturhermeneutische Bildungstheorie des RU meint? Anstatt das Evangelium auf einen politischen und sozialen Handlungsimpuls zu reduzieren, gehe es im RU doch „in erster Linie" darum, sich selbst und die Welt „deuten zu lernen, bevor daraus Handlungsimpulse entbunden werden (und zwar wahrscheinlich umso nachhaltiger, je weniger sie als ethische Imperative formuliert werden)".[14] Hauptsächlich komme es schulischen Bildungsprozessen religiöser Art darauf an, zu einem „Weltbetrachtungsexperiment" einzuladen: „Anders als in authentischer religiöser Praxis selbst, aber mit Bezug auf die Sprachformen religiöser Praxis, sollen die Lernenden sich selbst und die Welt – und damit auch die Wissensbestände und Geltungsansprüche anderer, z.B. wissenschaftlicher Weltsichten – probeweise in eine religiöse Perspektive rücken".[15] Schule dürfe die Gegenstände des Lebens nur in „ästhetisch-reflexiver Gebrochenheit" thematisieren, so Bernhard Dressler aus religionspädagogischer

---

11   Bittlingmayer/Gerdes/Sahrai/Scherr 2013, 270f.; vgl. Wohnig 2017, 64–66.
12   Bittlingmayer/Gerdes/Sahrai/Scherr 2013, 271.
13   Vgl. Eis 2017, 22–33.
14   Dressler 2004, 1372.
15   Dressler 2005, 95.

Sicht wie auch – mit anderem Zugriff – Dietrich Benner aus allgemeinpädagogischer Sicht.[16]

Die kritische Potenz gegenüber allen historisch so verhängnisvollen politischen Instrumentalisierungen religiöser Bildung liegt auf der Hand.[17] Doch eine solche Beschränkung aufs Religiöse kann den gesellschaftlich und politisch affirmativen Tendenzen nicht kraftvoll, gut begründet und orientiert widerstehen, wie wir dies exemplarisch an der Compassionpädagogik festgestellt haben. Kulturhermeneutisches, ästhetisches wie soziales Lernen allein bleiben zu schwach. Zudem wird der überschießende Wahrheitsanspruch der jüdisch-christlichen Tradition, die im RU in Anspruch genommen wird, unterschätzt. Der RU würde faktisch entpolitisiert. „Denn indem der Christ die definitive Trennung des Privaten vom Öffentlichen nachvollzogen hat und sich aus den Angelegenheiten von Wirtschaft und Wissenschaft, Öffentlichkeit und Politik heraushält, liefert er die Welt dem Modernisierungsprozess aus. Die Widerstände, die die Religionen den Fortschritten von Wissenschaft und Forschung oder auch der globalen Entfaltung des Kapitalismus, den Risiken und Kosten, die damit einhergehen, entgegenzusetzen vermögen, werden wirkungslos".[18]

Andererseits muss gerade angesichts der historischen Verfallsformen eines politisierten RU das politische Lernen erst in Begründung (1), bildungstheoretischem (2) und politiktheoretischem (3) Hintergrund sowie in seiner Gestalt (4) vor einem abschließenden Fazit (5) neu aufgewiesen werden.[19] Dabei aber geht es insgesamt bei der Frage nach dem Politischen Lernen weder um eine Beschränkung auf Methodische als Bestandteil eines komplexen vielfältiges Methodenarsenals oder um die Hypertrophie des Politischen zu einem politischen RU. Es geht um nicht mehr, aber auch nicht weniger als um eine politische Dimension des RU.[20]

1.   Begründungen

Vor allem drei ineinander streng verwobene Begründungslinien sind zu nennen, die die Ausformulierung einer politischen Dimension des RU unverzichtbar machen.

1.1   Theologische Wurzeln

Das Christentum ist die Praxis einer Hoffnung, die in dem Juden Jesus von Nazareth ihre Sinnmitte, ihren Grund und ihr Ziel gefunden hat. Entsprechend der

---

16   Dressler 2004, 1373; vgl. Benner 2014, 15–80.
17   Vgl. Sander, 2004.
18   Beck 2008, 150.
19   Zu Hintergründen vgl. Grümme 2015a, 93–112.
20   Vgl. Grümme/Sander 2008, 143–158; vgl. Schlag 2010; Grümme, 2015b.

Einheit von Gottes- und Nächstenliebe ist Gott in der liebenden Zuwendung zum Nächsten zu finden, die unausweichlich in den Prozessen von Geschichte und Gesellschaft situiert ist. Glaube und Leben, Erkenntnis und Handeln, Mystik und Politik sind schlechthin untrennbar, auch wenn sie nicht aufeinander reduziert werden dürfen. Die Dialektik von Theorie und Praxis, von Erkenntnis und Nachfolge wird in gesellschaftlich-strukturellen Kategorien vermittelt.[21] So sehr damit die politische Dimension christlichen Glaubens deutlich wird, so sehr würde freilich der christliche Glaube selber durch seine Politisierung gefährdet. Es sind prophetische Impulse, es sind die Traditionen innerbiblischer Religionskritik und des biblischen Bilderverbotes, es ist eine Theologie des je größeren Gottes, eine negative Theologie im eschatologischen Vorbehalt, es ist das Eröffnetsein von Alterität, die letztlich die politische Instrumentalisierbarkeit des Glaubens bleibend konterkarieren und zur kritischen Relativierung politischer Macht, herrschender politischer, kultureller oder auch ökonomischer Ideologien, Weltanschauungen und auch zivilreligiöser Anmutungen beitragen.[22]

1.2   Ideologiekritische Selbstreflexivität

Kein anderes Fach wird im gleichen Maße durch politische Vorgaben begründet und reglementiert. Nach GG Art. 7 ist es der Staat, der den RU trägt, damit dieser seinen Beitrag zur Werteordnung der demokratischen Gesellschaft leisten möge, der aber aus Gründen der weltanschaulichen Neutralität dessen konkrete Durchführung an die Religionsgemeinschaften delegiert. Andererseits sind Versuche der Politik, eigene Positionen durch Rekurs auf religiöse Hintergrundannahmen zu legitimieren oder durch den Eintrag in einen religiösen Horizont ihres politischen Charakters zu entkleiden, nicht zu übersehen. Die Kompensation gesellschaftlicher Orientierungsdefizite und der angeblichen Auflösung verbindlicher Werte wird in grassierenden gesellschaftlichen Krisenerfahrungen zu einer gesellschaftlichen Aufgabenzuschreibung an den RU. Der Grad zivilreligiöser Anmutungen ist groß. Schulpädagogisch ist festzuhalten, dass selbst in der traditionell religionskritischen politischen Bildung dem RU vor dem Hintergrund eines weiten Politikbegriffs eine nicht unerhebliche Bedeutung beigemessen wird.[23] Bildet der Politikunterricht als Fach das Proprium der politischen Didaktik, so realisiert sich politische Bildung als Unterrichtsprinzip in jedem Fach – bewusst oder unbewusst.[24]

Umso mehr wird die Frage einer Öffentlichen Religionspädagogik immer wichtiger, wie die befreienden wie kritischen Impulse des Evangeliums in den diversen Öffentlichkeiten von Politik, Zivilgesellschaft, Kirche und Schule wirksam werden

---

21   Mette 1994, 258f.
22   Metz 1997, 185; vgl. Metz 2006; Mannemann 2008, 84–86.
23   Vgl. Frech/Juchler 2010; Grümme/Sander 2008.
24   Rickers 1985, 96; vgl. Sander 1999, 634–638; vgl. Widmaier/Overwien 2013.

können. Vom RU ist also eine kritische Selbstreflexivität des eigenen Ortes in den diversen Öffentlichkeiten von Staat, Gesellschaft, Kirche und Schule gefordert.[25]

1.3   Bildungstheoretische Profilierung

Unter den Bedingungen der Spätmoderne ist der RU an der öffentlichen Schule nicht katechetisch, sondern bildungstheoretisch zu rechtfertigen. Deshalb muss sich die politische Dimension des RU bildungstheoretisch aufweisen lassen. Sie kann nicht nur aus der politischen Pointe des Glaubens selber abgeleitet sein. Es muss sich nachweisen lassen, dass die politische Dimension wesentlich zu religiöser Urteilsfähigkeit und Handlungsfähigkeit und so zur Menschwerdung des Menschen gehört. Damit soll das angegangen werden, was Karl-Ernst Nipkow als Dringlichkeit einer „bildungspolitisch selbstreflexiven Bildungstheorie" innerhalb der Religionsdidaktik einschärft.[26] Die Potenziale des RU für den Bildungsauftrag der Schule würden nicht hinreichend ausgelotet, würde er nicht auch in politisch sensiblen Kategorien formuliert. Denn es geht auch in der Religionspädagogik nicht nur um den intersubjektiv-individuellen Bereich, sondern um die gesellschaftlich-strukturelle Komponente religiöser Erziehung,[27] folglich also um eine „politische Religionspädagogik".[28]

Damit kristallisiert sich aus diesen drei Begründungslinien „eine unabweisbar pol.(itische) Bildungsaufgabe" der Religionspädagogik und des RU mit einer theoretischen wie praktischen Seite heraus.[29] Würden sie diese nicht wahrnehmen, wäre dies aus einem doppelten Grund prekär. Zum einen lauerte in einer solchen Unbewusstheit das Problem einer unbewussten Affirmation des Gegebenen. Überdies läge darin eine gefährliche Tendenz zur politischen Indoktrination und zur eigenen Ideologisierbarkeit. Zum anderen würden die Potenziale des RU für den Bildungsauftrag der Schule nicht hinreichend ausgelotet, würde er nicht auch in politisch sensiblen Kategorien, sondern vorwiegend in sozial-ethischen formuliert.[30]

2.   Bildungstheoretischer Hintergrund

Im Hintergrund eines solchen politisch dimensionierten RU steht ein Bildungsbegriff, der diese Dimension bildungstheoretisch profiliert und ins rechte Verhältnis zu anderen Dimensionen setzt. Bildungsprozesse sind zutiefst verwickelt in

---

25   Vgl. Schröder 2012; Grümme 2018.
26   Nipkow 2003, 156.
27   Vgl. Mette 1994, 12–126.
28   Wuckelt 2000, 28.
29   Rickers 2001, 1532.
30   Vgl. Wohnig 2017, 357–391; Greco, Lange 2017.

soziale, kulturelle, politische Zusammenhänge, die selber Gegenstand kritischer Bildungsprozesse sind. Bildung geschieht von Alterität her, besteht letztlich in der Wahrnehmung des Anderen in seiner Andersheit und ist deshalb alteritätstheoretisch zu fassen.[31] Sie hat einen kritisch-transformativen Grundzug und lässt sich normativ als jenes geschichtlich unabschließbare Handeln bestimmen, das im befreiten wie befreienden Vorgriff auf eine biblische Vision des Lebens in Fülle auf die Konstituierung freier Subjekte und deren Befähigung zur „Identität in universaler Solidarität" abzielt.[32] Die „Ethik der intersubjektiven Kreativität" als dem normativen Kern von Bildungs- wie Erziehungsprozessen ist deshalb als eine innovative, kreativ-transformatorische wie kritische Praxis zu bestimmen, die als freiheitsstiftende Praxis auch die gesellschaftlichen wie institutionellen Ausgestaltungen von Erziehung und Bildung wie die gesellschaftlich-geschichtlichen Bedingungen der solidarischen Existenz der Subjekte anvisiert.[33] Die pädagogische Praxis wird vom Glauben insofern qualifiziert, als danach die Wirklichkeit Gottes als „Dimension jedem kommunikativen Handeln innewohnt, sofern in seinem Vollzug sich die Partner eine unverfügbare Freiheit gegenseitig zumuten und zugestehen" und genau darin schließlich Gott für die anderen behaupten und im Handeln zu bewahrheiten suchen.[34]

3. Politiktheoretischer Kontext

Ein solcher Bildungsbegriff kann in seiner politischen Dimension allerdings erst dann verstanden werden, wenn er auf einen hinreichend begründeten Begriff des Politischen bezogen wird. Innerhalb der Politischen Wissenschaft ist der Politikbegriff höchst umstritten. Er hängt ganz entscheidend von wissenschaftstheoretischen und kontextuellen Faktoren ab.[35] Gegenwärtig wird mit besonderer Vehemenz die Differenz zwischen der Politik und dem Politischen diskutiert und gegenüber einer liberalen Konsensorientierung eine konfliktorientierte antagonistische Demokratietheorie ins Feld geführt. Diese könne durch ihren Rückgriff auf poststrukturalistische Diskursanalysen besser die hegemonialen Strukturen der Gegenwart analysieren und einen komplexen Begriff der Kritik ermöglichen.[36] Darum eigne sich diese politikdidaktisch in einem besonderen Maße für die Fundierung und Entfaltung einer Kritischen Politischen Bildung, die eben die Diffe-

---

31   Grümme 2007, 269–280.
32   Mette 1994, 139; Peukert 1988, 177–184.
33   Peukert 1987, 82.
34   Mette/Steinkamp 1983, 23; vgl. zur Bildungstheorie Grümme 2015a, 15–76 und 175–206.
35   Meyer 2006, 41–51.
36   Vgl. Mouffe 2010, 42–47; Bedorf/Röttgers 2010.

renz eines sozialen und politischen Lernens unterlaufe und deren ideologiekritische Selbstreflexivität forciere.[37]

Dagegen wären allerdings kritische Bedenken zu erheben, etwa ob hier neben einer überraschend ungebrochenen Adaption des Antagonismustheorems Carl Schmitts nicht durch die poststrukturalistische Aushöhlung von Geltungsansprüchen der intrinsische Zusammenhang von „Normativität und Macht" unterschätzt und damit das Potenzial der Kritischen Theorie für Politik und Demokratie über die Maßen eingeschränkt wird.[38] Kritische Theorie wirft die Frage auf, „weshalb eine moderne Gesellschaft nicht dazu in der Lage ist, rationale Formen der gesellschaftlichen Ordnung hervorzubringen. Kritische Theorie ist der Versuch, an dieser Frage festzuhalten, dabei aber den verwendeten Begriff der Vernunft selbst kritisch auf seine ‚Unvernunft' und seine Herrschaftspotenziale zu befragen".[39] So gesehen bekäme vor dem Hintergrund der Kritischen Theorie das Profil des Politikbegriffs erst seine Tiefenschärfe.

Dieser basiert auf der Ausdifferenzierung und Verselbstständigung eines politischen Sektors mit seinen Institutionen und Prozeduren in den Prozessen der funktionalen Differenzierung in der Moderne.[40] Politik gehört dabei wesentlich der öffentlichen Sphäre an. Freilich kommt es in der fortschreitenden Moderne zunehmend zu einer „Entgrenzung von Politik" (Ulrich Beck). Der Staat wird vom Handlungs- zum Verhandlungsstaat, indem er sich etwa zunehmend aus vielen Handlungsfeldern zurückzieht. Das Politische wandert aus dem politischen System in andere soziale Zusammenhänge wie insbesondere der Zivilgesellschaft aus.[41]

Vor diesem Hintergrund lässt sich die „Logik des Politischen" (Thomas Meyer) als ein mehrdimensionales Geschehen begreifen:[42]

1.   Die Polity-Dimension

Diese bezeichnet die gegebenen Handlungsgrundlagen des politischen Gemeinwesens. Dazu sind nicht allein die Verfassung, der Staat, das politische System oder die Institutionen zu rechnen. Dazu zählen wesentlich auch die Menschenrechtsdefinitionen und die politische Kultur. Gerade durch sie werden Einstellungen, Wertorientierungen und unsichtbare Handlungsmuster der Bevölkerung gesteuert.

---

37   Vgl. Wohnig 2017, 80–95 und 392–400.
38   Vgl. Forst 2015, 9–85.
39   Forst 2011, 18.
40   Vgl. Gabriel 2005, 21–30.
41   Vgl. Grümme, 2018; Habermas 2008, 165; vgl. Meyer 2006, 263–271.
42   Meyer 2006, 85.

2. Die Policy-Dimension

Abgesehen von rein symbolischen Formen von Politik, wobei diese auch noch einmal ideologiekritisch zu analysieren wären, umgreift die Policy-Dimension die inhaltliche Seite von Politik. Es geht um das zu lösende Problem, den Gegenstand der Auseinandersetzungen, es geht um programmatische Ausrichtungen, um Interessen und Werthaltungen.

3. Die Politics-Dimension

Überall dort, wo Politik geschieht, findet sich diese Dimension. Sie bezeichnet den Prozess der Durchsetzung politischer Handlungsprogramme und Interessen. Dabei kommen die Akteure mit ihren Werthaltungen ins Spiel, Kategorien wie Macht, Konsens, Konflikt und Legitimationen. Vor dem Hintergrund einer solchen Mehrdimensionalität des Politischen und der genannten Ausdifferenzierung von Wirtschaft, Zivilgesellschaft und Staat kann nun Politik verstanden werden als „eine Denk und Handlungsform"[43], in der das allgemeine Zusammenleben der Menschen und menschlichen Gruppen problematisch geworden ist. Politik stellt einen „Produktionsprozess verbindlicher Entscheidungen" dar, mit der Aufgabe der „Erzeugung der notwendigen verbindlichen Regelungen durch Diskussion und gemeinsame Entscheidung"[44].Demnach beschränkt sich der Politikbegriff nicht lediglich auf den Staat und dessen Institutionen. Auch nichtstaatliche Institutionen wie Parteien, Gewerkschaften, Massenmedien, Wirtschaftsunternehmen, aber auch die Kirchen verfolgen immer auch politische Zwecke und stehen in politischen Kontexten und Interdependenzen. Ein umfassender, weiter, nicht institutionell und auf staatliches Handeln kurzgeschlossener Politikbegriff bietet ein analytisch-hermeneutisches wie normativ-kritisches Instrumentarium, um sowohl das Handeln von Institutionen in Politik, Ökonomie, Gesellschaft wie auch zivilgesellschaftliches Engagement zu erfassen und zugleich diskursiv den politischen Charakter einer Angelegenheit zu bestimmen.

Aber Politik hat in den verschiedenen Lebensbereichen unterschiedliche Intensität. Politik und Gesellschaft, Politik und Privatheit, Politik und Moral sind voneinander abzuheben. Diese Spannung lässt sich auf die von Wolfgang Sander entwickelte Formel bringen, dass in allem Politik, aber nicht alles Politik ist.[45] Es gibt nichts Unpolitisches, ohne doch Wirklichkeit aufs Politische reduzieren zu dürfen.

---

43   Böckenförde 2005, 3.
44   Vgl. Meyer 2006, 235 und 294.
45   Sander 1985, 21.

4.   Ein mehrdimensionaler Religionsunterricht

Für den RU bedeutet die Inanspruchnahme eines solchen kritischen Politikbegriffs zweierlei:

1. Er muss sich über die machtförmigen, hegemonialen wie identitätslogischen Strukturen aufklären, in denen er kontextuell je schon steht; 2. er muss sich über jene Mechanismen der Exklusion, der Stigmatisierung, der Macht aufklären, die möglicherweise in ihm selber auch dann noch in seinem Bemühen um Gerechtigkeit und Anerkennung der Subjekte in den verschiedenen Orten religiöser Erziehung und Bildung wirksam werden, wenn er dem intentional widerspricht.[46]

Dies lässt sich im Schema der genannten Dimensionen des Politik-Begriffs artikulieren.

Ein politisch dimensionierter Religionsunterricht ist innerhalb der Polity-Dimension auf die Handlungsgrundlagen institutioneller und vorinstitutioneller, zivilgesellschaftlicher Art zu befragen. Aspekte des politischen Systems, der Verfassung, vor allem aber sein Beitrag zur Genese von Werteinstellungen, von Handlungsbereitschaften, zum zivilgesellschaftlichem und politischem Engagement, kurzum: sein Beitrag zur politischen Kultur fordern in heraus.

Die Policy-Dimension von Politik macht den Religionsunterricht auf die inhaltliche Komponente aufmerksam, auf das Proprium religiöser Traditionen mit deren spezifischen Interessen, Perspektiven, ihren Sinnhorizont und ihren befreienden wie kritisch-transformativen Heilszusagen, die er einbringen kann. Dies kann Problemlagen in ihrer Tiefendimension anschärfen helfen. Es kann zur Problematisierung des Selbstverständlichen, zur Politisierung des Unpolitischen, zur Unterbrechung unhinterfragter Mentalitäten und Ideologien ebenso beitragen wie zur inhaltlichen Orientierung und Perspektivierung. Hier kann der RU mit seinen humanisierenden Impulsen für Politik und Demokratie die Diskurse innerhalb der Politikdidaktik irritieren.[47]

Der Religionsunterricht rekurriert wesentlich auf eine Tradition, auf eine Zusage mit Wahrheitsanspruch, der in Bildungsprozessen eingespielt und einer kritischen Beurteilung zugeführt wird. Insofern ist dem RU die Politics-Dimension wesentlich, geht es ihm doch um Legitimation, um spezifische Interessen, um einen Wahrheitsanspruch, der mit anderen Wahrheitsansprüchen konkurriert. Der konkrete Religionsunterricht ist hier auch in seiner formalen, prozesshaften Gestaltung angefragt. Ob ein RU autoritär oder dialogisch gestaltet wird, ob die Schülerinnen und Schüler an der Themenfindung, an der Auswahl der Medien und Methoden beteiligt, ob sie in ihren Beiträgen als wesentliche Träger des Unterrichts gesehen werden und damit bereits im RU selber wesentliche Züge demokra-

---

46   Vgl. Grümme 2017, 100–150.
47   Vgl. Themenheft: Religion und Politik, politische bildung 2 (2012).

tischer Partizipation einüben oder nicht, ob Schüler lernen, Konflikte in geregelter Weise auszutragen, andere Meinungen wahrzunehmen und Kompromisse auszuhandeln, dies ist politisch höchst relevant.

Mit dieser Klärung gewinnt nun die politische Dimension des RU ihr Profil wie ihre angemessene Zuordnung zu anderen Dimensionen. Die politische Dimension wird demnach dann am stärksten entfaltet, wenn sie sich einbinden lässt in das spannungsvolle Gefüge verschiedener Dimensionen religiöser Bildung. „Der Religion sind die Wirklichkeit als Ganze erhellende sinnstiftende kognitive und ethisch orientierende, soziale und ästhetische Seiten eigen. Sie sind daher auch religiöser Bildung gleichursprünglich inhärent. Die ethische, soziale und politische Seite religionspädagogisch grundsätzlich festzuhalten, entspricht insbesondere den Sachstrukturen unserer biblisch-christlichen Gesamtüberlieferung".[48] Angezielt wird deshalb ein konstruktiv-kritisches, also korrelatives Gefüge politischer, wahrnehmungstheoretisch-ästhetischer, konstruktivistischer und kommunikativ-reflexiver Dimensionen in einem alteritätstheoretisch strukturierten Bildungsbegriff.[49]

Der Ertrag liegt auf der Hand: Beispielsweise würden sich ästhetische Elemente dann unter der Konfrontation mit politischen Kategorien reflexiv aufschließen für die politischen Instrumentalisierungszusammenhänge, in denen sie stehen. Kulturhermeneutik würde kritisch wie produktiv mit Kriterien konfrontiert, die dieser erst eine trennscharfe „Unterscheidung der Geister" erlaubte. Sie würde damit nicht nur faktisch, sondern eben vor allem intentional ihre ideologiekritische Potenz in gesellschaftlich-strukturellen Kategorien entfalten können. Sie könnte so die lebensweltliche Wahrheit auch gegen kulturindustrielle Übergriffe einklagen, die sich in den populärkulturellen Symbolisierungen artikuliert. Kognitive Prozesse würden durch Korrelation mit Elementen von Wahrnehmung eine Erfahrungsgrundlage und damit eine stärkere lebensweltliche Verwurzelung erhalten. Der damit verbundene Aspekt von Orientierung und Beheimatung, der in den pluralisierten Lebenskontexten religionspädagogisch immer wichtiger wird, würde durch gesellschaftlich-politische Kategorien vor einem individualistisch-privatistischen Reduktionismus geschützt. Umgekehrt könnten ästhetische Aspekte gegenüber einer strukturell-gesellschaftstheoretischen Annäherung Momente von Verlangsamung, Non-Funktionalität und Spiritualität einbringen. Erst ein solcher mehrdimensionaler Zugang kann die politische Dimension religiöser Bildung in ihrer eigentlichen Schärfe zur Geltung bringen.

---

48   Nipkow 2003, 246.
49   Vgl. auch zum folgenden Grümme 2009, 148–156.

5.   Ertrag und Perspektiven

Es sollte zu denken geben, wenn Josef Senft es im Hinblick auf Formen sozialen Lernens im RU es für eine der „fatalsten Illusionen" hinsichtlich der Dialektik zwischen der individuellen Bereitschaft zur Korrektur des alltäglichen Lebens und dem Einsatz für strukturelle Veränderungen in Christentum und Gesellschaft hält, dass „individuelle Verhaltensänderung allein schon zur gesellschaftlichen Veränderung führen werde (obschon die individuelle Einsicht und Bereitschaft natürlich Vorbedingung für solche Veränderungen ist)".[50] Auch wenn von Schule und Religionsunterricht keine politischen Transformationen zu erwarten sind, so unterläuft doch die Reduktion der christlichen Botschaft aufs Soziale deren grundstürzende, transformatorische, kritisch-befreiende Pointe. Die Relevanz ideologiekritischer Reflexion der strukturellen politischen wie ökonomischen Bedingungen für das Compassion-Projekt erhöht sich mit dem empirischen Konkretisierungsgrad der Beispiele, wie anhand der eingangs eingespielten Lebenswelt der Altenheime deutlich werden sollte. „Die durchaus vorhandenen (beschränkten) Möglichkeiten zum Empowerment durch Beteiligungsprojekte können nur eingelöst werden, wenn gleichzeitig die begrenzte Wirkmächtigkeit ebenso wie die Schicht- und Bildungsselektivität dieser Instrumente kritisch reflektiert wird".[51] Das spricht für die elementare Verwurzelung des Politischen Lernens im Religionsunterricht, allerdings nur unter der Bedingung ihrer korrelativen Einordnung als Dimension im Konzert der anderen Dimensionen.

Die gegenwärtige Religionspädagogik ringt um eine angemessene Selbstartikulation vor dem Hintergrund sich intensivierender Heterogenität, deren Herausforderungen nicht mehr mit dem überkommenen Pluralismusparadigma zu bewältigen sind.[52] Doch was bedeutet dies für die politische Dimension des RU, was für Projekte Sozialen Lernens, wenn man stärker soziale, kontextuelle, ökonomische Aspekte in deren Wechselwirkung mit kulturellen und religiösen beachtete? Hier kristallisieren sich Aufgaben für Religionspädagogik wie für Projekte Sozialen Lernens heraus, deren Brisanz sofort deutlich wird, zeichnete man dies exemplarisch in den Horizont der Flüchtlingsfrage ein.

Literatur

Beck, Ulrich, Der eigene Gott. Von der Friedensfähigkeit und dem GewaltPotenzial der Religionen, Frankfurt a.M./Leipzig 2008.

Bedorf, Thomas/Röttgers, Kurt (Hrsg.), Das Politische und die Politik, Berlin 2010.

---

50   Senft 2006, 119.
51   Eis 2017, 30.
52   Vgl. Grümme 2017, 5–100.

Benner, Dietrich, Bildung und Religion. Nur einem bildsamen Wesen kann ein Gott sich offenbaren, Paderborn 2014.

Bittlingmayer, Uwe/Gerdes, Jürgen/Sahrai, Diana/Scherr, Albert, Entpolitisierung wider Willen? Anmerkungen zum Spannungsverhältnis von schulischen Social- und Life Skills-Programmen und politischer Bildung, in: Bremer, Helmut/Kleemann-Göhring, Mark/Teiwes-Kügler, Christel/Truman, Jana (Hrsg.), Politische Bildung zwischen Politisierung, Partizipation und politischem Lernen. Beiträge für eine soziologische Perspektive, Weinheim/Basel 2013, 253–275.

Böckenförde, Ernst Wolfgang, Was heißt heute eigentlich ‚politisch‘?, in: Jahrbuch Politische Theologie (1995), 1, 2–5.

Dressler, Bernhard, Rezension: Knauth, Thorsten: Problemorientierter Religionsunterricht. Eine kritische Rekonstruktion, Göttingen 2003, in: Theologische Literaturzeitung 129 (2004), 1369–1373.

Dressler, Bernhard, Religiöse Bildung und Schule, in: Schreiner, Peter/Sieg, Ursula/Elsenbast, Volker (Hrsg.), Handbuch Interreligiöses Lernen, Gütersloh 2005, 85–100.

Eis, Andreas, Mythos Mündigkeit? Partizipation und politisches Handeln: Selbst(des) illusionierung als Aufgabe emanzipatorischer Bildung?, in: Greco, Sara Alfia/Lange, Dirk (Hrsg.), Emanzipation. Zum Konzept der Mündigkeit in der Politsichen Bildung, Schwalbach/Ts. 2017, 22–33.

Forst, Rainer, Normativität und Macht. Zur Analyse sozialer Rechtfertigungsordnungen, Berlin 2015.

Forst, Rainer, Kritik der Rechtfertigungsverhältnisse. Perspektiven einer kritischen Theorie der Politik, Berlin 2011.

Frech, Siegfried/Juchler, Ingo (Hrsg.), Dialoge wagen. Zum Verhältnis von politischer Bildung und Religion, Schwalbach/Ts. 2009.

Gabriel, Karl, Pluralisierung und Individualisierung in Gesellschaft, Religion und Kirche, in: Münk, Hans J./Durst, Michael (Hrsg.), Christliche Identität in pluraler Gesellschaft, Freiburg (Schweiz) 2005, 21–58.

Greco, Sara Alfia/Lange, Dirk (Hrsg.), Emanzipation. Zum Konzept der Mündigkeit in der Politischen Bildung, Schwalbach/Ts. 2017.

Grümme, Bernhard, Vom Anderen eröffnete Erfahrung. Zur Neubestimmung des Erfahrungsbegriffs in der Religionsdidaktik, Gütersloh/Freiburg i.Br. 2007.

Grümme, Bernhard, Religionsunterricht und Politik. Bestandsaufnahme – Grundsatzüberlegungen – Perspektiven für eine politische Dimension des RU, Stuttgart 2009.

Grümme, Bernhard, Öffentliche Religionspädagogik. Bildung in pluralen religiösen Lebenswelten, Stuttgart 2015a.

Grümme, Bernhard, Art. Politik, Religionsunterricht, in: WiReLex [online] (2015b), verfügbar unter: https://www.bibelwissenschaft.de/stichwort/100097/[Zugriff: 24.08.2017].

Grümme, Bernhard, Heterogenität in der Religionspädagogik. Grundlagen und konkrete Bausteine, Freiburg i.Br. 2017.

Grümme, Bernhard, Der Begriff der Öffentlichkeit, Bielefeld 2018, i.E.

Grümme, Bernhard/Sander, Wolfgang, Von der „Vergegnung" (Martin Buber) zum Dialog? Das Verhältnis von Religionsdidaktik und Politikdidaktik, in: Theo-web 1 (2008), 143–158.

Habermas, Jürgen, Ach, Europa. Kleine politische Schriften XI, Frankfurt a.M. 2008.

Herdegen, Peter, Soziales und politisches Lernen in der Grundschule. Grundlagen – Ziele – Handlungsfelder. Ein Lern- und Arbeitsbuch, Donauwörth 1999.

Kuld, Lothar, Compassion – Konzept und Wirkungen des Projektes, in: Kuld, Gönnheimer, Praxisbuch Compassion 2004, 9–18.

Kuld, Lothar, „Menschsein für andere" – Das Projekt Compassion, in: Soziales Engagement an Schulen. Eine Handreichung, Rottenburg-Stuttgart 2008, 13–18.

Kuld, Lothar, Art. Compassion, in: WiReLex [online] (2016), verfügbar unter: https://www.bibelwissenschaft.de/stichwort/100124/[Zugriff: 24.08.2017].

Kuld, Lothar/Gönnheimer, Stefan, Compassion – Sozialverpflichtetes Lernen und Handeln, Stuttgart u.a. 2000.

Manemann, Jürgen, Über Freunde und Feinde. Brüderlichkeit Gottes, Kevelaer 2008.

Massing, Peter, Politische Bildung in der Grundschule – Überblick, Kritik, Perspektiven, in: Richter, Dagmar (Hrsg.), Politische Bildung von Anfang an, Bonn 2007, 18–35.

Mette, Norbert, Religionspädagogik, Düsseldorf 1994.

Mette, Norbert/Steinkamp, Hermann, Sozialwissenschaften und Praktische Theologie, Düsseldorf 1983.

Metz, Johann Baptist, Zum Begriff der neuen Politischen Theologie 1967–1997, Mainz 1997.

Metz, Johann Baptist, Memoria passionis. Ein provozierendes Gedächtnis in pluralistischer Gesellschaft, Freiburg i.Br. 2006.

Meyer, Thomas, Was ist Politik?, Wiesbaden 2006.

Mouffe, Chantal, Über das Politische. Wider die kosmopolitische Illusion, Bonn 2010.

Nipkow, Karl Ernst, Zur Bildungspolitik der evangelischen Kirche. Eine historisch-systematische Studie, in: Biehl, Peter/ders., Bildung und Bildungspolitik in theologischer Perspektive, Münster 2003, 153–251.

Peukert, Helmut, Die Frage nach der Allgemeinbildung als Frage nach dem Verhältnis von Bildung und Vernunft, in: Pleines, Jürgen-Eckardt (Hrsg.), Das Problem des Allgemeinen in der Bildungstheorie, Würzburg 1987, 69–88.

Peukert, Helmut, Praxis universaler Solidarität, in: Schillebeeckx, Edward (Hrsg.), Mystik und Politik, Mainz 1988, 172–185.

Rickers, Folkert, Religion, in: Sander, Wolfgang (Hrsg.), Politische Bildung in den Fächern der Schule, Beiträge zur politischen Bildung als Unterrichtsprinzip, Stuttgart 1985, 96–115.

Rickers, Folkert, Art. Politische (Erziehung; Sozialisation) Bildung, Politisches Lernen, in: LexRp 2001, 1528–1534.

Sander, Wolfgang, Politische Bildung als Fach und Prinzip. Aspekte und Probleme politischer Bildung im fächerübergreifenden Zusammenhang, in: ders. (Hrsg.), Politische Bildung in den Fächern der Schule. Beiträge zur politischen Bildung als Unterrichtsprinzip, Stuttgart 1985, 7–33.

Sander, Wolfgang, Politische Bildung als Unterrichtsprinzip aller Fächer, in: Mickel, Wolfgang u.a. (Hrsg.), Handbuch zur politischen Bildung, Bonn 1999, 634–638.

Sander, Wolfgang, Politik in der Schule. Kleine Geschichte der politischen Bildung in Deutschland, Marburg 2004.

Sander, Wolfgang, Demokratie-Lernen und politische Bildung. Fachliche, überfachliche und schulpädagogische Aspekte, in: Beutel, Fauser, Demokratiepädagogik, Schwalbach/Ts. 2007, 71–85.

Sander, Wolfgang, Politik entdecken – Freiheit leben. Didaktische Grundlagen politischer Bildung, Schwalbach/Ts. [3]2008.

Schlag, Thomas, Horizonte demokratischer Bildung, Evangelische Religionspädagogik in politscher Perspektive. Freiburg i.Br. 2010.

Schröder, Bernd, Religionspädagogik, Tübingen 2012.

Senft, Josef, Subjektwerden in Solidarität. Sozialethische Rücksichtnahmen im Religionsunterricht fördern, Münster 2006.

Widmaier, Benedikt/Overwien, Bernd (Hrsg.), Was heißt heute kritische Politische Bildung?, Schwalbach/Ts. 2013.

Wohnig, Alexander, Zum Verhältnis von sozialem und politischem Lernen. Eine Analyse von Praxisbeispielen politischer Bildung, Wiesbaden 2017.

Wuckelt, Agnes, Armut als religionspädagogische Herausforderung, in: KatBl 1 (2000), 27–33.

Zur Notwendigkeit, das Politische im sozialen Lernen zu reflektieren – Bausteine einer Didaktik zur Verbindung von sozialem und politischem Lernen

Alexander Wohnig

1. Einleitung: Warum soziales und politisches Lernen verbinden?

Das 2002 bis 2007 geförderte BLK-Programm „Demokratie lernen und leben" und die von Wolfgang Edelstein und Peter Fauser dazu verfasste Expertise[1] haben nicht nur einen maßgeblichen Anteil an dem Ausbau und der Verbreitung demokratie-pädagogischer Denkweisen, Projekte und Maßnahmen sondern ebenso an einer ab 2002 entfachten Diskussion um Demokratie- und/oder Politik-Lernen, in die die Politische Bildung maßgeblich involviert war. Dabei ging es neben der Kontroverse nach dem geeigneten Bezugsbegriff „Demokratie" oder „Politik" zentral um die Frage der Übertragbarkeit von Erfahrungen von Schülerinnen und Schülern von der Mikro- zur Makroebene. Kritisiert wurde von Seiten der politischen Bildung, dass Erfahrungen, die auf der Mikroebene, bspw. durch Projekte in der Gemeinde, gemacht würden, nicht automatisch auf die Ebene des politischen Lernens, also auf die Makrowelt des Politischen, übertragbar seien.[2] Die Politikdidaktikerin Sibylle Reinhardt hat in einem Aufsatz anhand empirischer Daten ermittelt, dass soziales Lernen nicht per se politisches Lernen sei[3] und damit dem vom Demokratie-Lernen behaupteten „automatischen Transfer sozialen Lernens im Nahraum auf politisches Lernen für das staatliche politische System"[4] widersprochen.

Auf der Grundlage dieser Überlegungen entstand die These, Erfahrungslernen, das in sozialen Projekten, bspw. des Service Learnings, betrieben wird, befördere allenfalls soziale Lernprozesse und verzichte auf die Analyse von gesellschaftlichen, ökonomischen und gesellschaftlichen Strukturen. Während Vertreterinnen und Vertreter der traditionellen Politischen Bildung kritisierten, die Projekte würden zwar Erfahrungen ermöglichen, jedoch keine Wege zur Reflexion anbieten und somit den Schülerinnen und Schülern keine Möglichkeit bieten, die politische Welt zu durchdringen[5], betonten Vertreterinnen und Vertreter des Demokratie-Lernens, durch Verantwortungslernen und konkrete Erfahrungen werde Wissen

---

1   Edelstein/Fauser 2001.
2   Röken 2011, 202ff., Sander 2007, 78ff.
3   Reinhardt 2011.
4   Reinhardt 2013, 164.
5   Breit 2005, 54ff.

über die Demokratie, demokratische Werthaltung und die Bereitschaft zum Engagement für die Demokratie vermittelt und eingeübt[6].

Diese Gemengelage war der Ausgangspunkt für das Modellprojekt „Soziale
Praxis & Politische Bildung – Compassion und Service Learning politisch denken", das von 2011 bis 2013 an der Akademie für politische und soziale Bildung
Haus am Maiberg/Heppenheim angesiedelt war. Es verfolgte zum einen das Ziel,
Schülerinnen und Schüler im Anschluss an Sozialprojekte[7] die Möglichkeit der
politischen Reflexion dieser zu geben und diente zum anderen als Forschungsfeld,
um herauszufinden, ob und wie soziale Erfahrungen und soziales Lernen zu politischem Lernen[8] und politischem Engagement führt/führen kann.

Ich werde im Folgenden auf die in diesem Kontext entstandenen Forschungsergebnisse rekurrieren[9] und vor allem die Frage fokussieren, wie aus sozialen Erfahrungen politisches Lernen entstehen kann. Dabei möchte ich die These voran-
stellen, dass soziale Erfahrungen, die Schülerinnen und Schüler in Sozialprojekten
machen, in ihrer Wirkung politisches Lernen und politischen Engagement verhindern und entpolitisierende Tendenzen sowie das Denkmuster der Alternativlosigkeit unterstützen und verstärken, wenn diese nicht dezidiert politisch und politikdidaktisch angeleitet reflektiert werden. Diese These soll nicht als Generalangriff
auf Sozialprojekte im Bildungskontext verstanden werden, denn diese haben ohne
Zweifel positive Effekte. Vielmehr geht es mir darum aus der Sicht *politischer* Bildung zu fragen, welche Erfahrungen Schülerinnen und Schüler in solchen Projekten machen und ob diese zu politischem Lernen und Handeln führen bzw. wie sie
als Ausgangspunkt für politisches Lernen dienen können. Die These nimmt daher
eines meiner Forschungsergebnisse vorweg: Den automatischen Spillover-Effekt
gibt es nicht![10]

In den folgenden Kapiteln wird zunächst das Modellprojekt und die begleitende Forschung beschrieben (2), um anschließend zwei zentrale Wirkungen von
Sozialerfahrungen bei Schülerinnen und Schülern im Anschluss an Sozialprojekte
zu fokussieren (3). Diese Wirkungen bilden den Ausgangspunkt, um eine Didaktik zur Verbindung von sozialem und politischem Lernen zu skizzieren (4) und
in einem Fazit die Notwendigkeit politischer Reflexion von Sozialerfahrungen zu
betonen.

---

6   Beutel 2010, 71.

7   Unter „Sozialprojekte" subsumiere ich der Einfachheit halber Service Learning,
     Compassion, Sozialpraktikum usw. Mir ist bewusst, dass diese Ansätze sich unter-
     scheiden. Siehe dazu Wohnig 2017, 42–64.

8   Wenn im Folgenden von politischem Lernen, politischer Reflexion usw. gespro-
     chen wird, so liegt dem ein integratives Verständnis politischer Bildung zu Grunde,
     d.h. ein Verständnis sozialwissenschaftliche Bildung, das politisches, soziologisches
     und ökonomisches Lernen miteinander verbindet.

9   Wohnig 2017.

10   Wohnig 2017, 285–295.

2.   Das Modellprojekt „Soziale Praxis & Politische Bildung – Compassion und Service Learning politisch denken"

In diesem Kapitel werden zunächst die Grundannahmen und der Anspruch des Modellprojektes dargestellt. Anschließend wird der Ablauf und abschließend das Forschungssetting der begleitenden Forschung skizziert.

2.1   Grundannahmen im Modellprojekt

Eine maßgebliche Grundannahme bei der Konzeption des Modellprojektes war, dass in Sozialprojekten eine große Chance für politisches Lernen und politische Bildung liegt, diese aber selten genutzt wird. Dies ließ sich beispielsweise aus einer Vorarbeit des Autors ableiten, in der 14 Projekte des Demokratie-Lernens mithilfe einer immanenten Kritik hinsichtlich ihres Gehaltes für politisches Lernen befragt wurden. Dabei konnte gezeigt werden, dass in nur einem Fall eine Form der kritischen politischen Analyse in Ansätzen vorhanden war. Alle anderen Projekte stellten schwerpunktmäßig soziales caritatives Engagement und das Vollbringen einer guten Tat in den Mittelpunkt, ohne dass strukturelle gesellschaftliche, ökonomische und politische Hintergründe des dem Engagement zu Grunde liegenden Themenfeldes analysiert wurden[11].

Die Sozialprojekte sollten im Modellprojekt durch die Kooperation mit Partnern der außerschulischen politischen Jugendbildung mit einem Schwerpunkt auf politische Inhalte nachbereitet und als Einstieg und Motivation zur Reflexion über „das Politische" genutzt werden. Daher standen die jeweils subjektiv gemachten Erfahrungen in dem jeweiligen Projekten im Mittelpunkt. So sollte soziales Lernen und soziales Engagement gezielt durch politisches Lernen ergänzt werden. Eine weitere Grundannahme betraf die Institutionen: Aufgrund des besonderen Bildungs- und Politikverständnisses der außerschulischen politischen Bildung, das offener ist als das, auf welchem der schulische politische Unterricht basiert, und aufgrund besonderer institutioneller (Zeit, Ort, keine Notengebung usw.) und didaktisch-methodischer Voraussetzungen, ist diese in der Lage, direkt an die individuellen Erfahrungen von Schülerinnen und Schüler anzusetzen. Der Anspruch des Projektes bestand darin, in der außerschulischen politischen Bildung Möglichkeiten und Gelingensbedingungen der Verbindung von sozialer Erfahrung und sozialem Lernen mit politischem Lernen zu eruieren und zu erproben, um mit dem forschenden Blick dann weitergehend Gelingensbedingungen für die schulische politische Bildung theoretisch und empirisch formulieren zu können.

---

11   Wohnig 2010.

2.2   Ablauf der außerschulischen Bildungsseminare im Modellprojekt

In insgesamt 31 Seminaren der außerschulischen politischen Bildung wurden mit 746 Schülerinnen und Schülern aus Haupt-, Real-, Gesamt-, Berufsschul- und Gymnasialklassen ihre Sozialerfahrungen reflektiert. Nachdem sich die Schülerinnen und Schüler in schulisch organisierten Sozialprojekten sozial engagiert hatten – dies fand vor allem im Form eines Sozialpraktikums in Pflegeeinrichtungen, Lebensmitteltafeln, Obdachlosenteestuben, Krankenhäusern usw. statt –, besuchten sie ein zweitägiges außerschulisches politisches Bildungsseminar. In diesem Seminar wurde zunächst an die Erfahrungen der Schülerinnen und Schüler mithilfe einer Reflexion, die durch Leitfragen (zum Beispiel nach Betreuungszeiten, nach der Anerkennung der Berufsgruppen, nach Arbeitszeiten usw.) strukturiert war, angeknüpft. Anschließend sollten die Schülerinnen und Schüler in der sogenannten Kritikphase mithilfe der Frage „Ich fand doof, dass …" formulieren, was ihnen negativ in den Sozialeinrichtungen aufgefallen war.[12] Dadurch entstanden verschiedene Schwerpunktthemen, indem die jeweiligen Kritikpunkte der Schülerinnen und Schüler geclustert wurden. Je nach Zielgruppe wurden diese Schwerpunktthemen, denen sich die Schülerinnen und Schüler selbst zuordnen konnten, entweder mit der Methode der Zukunftswerkstatt oder konfliktdidaktisch weiterbehandelt[13]. So arbeiteten die Schülerinnen und Schüler beispielsweise zu gesellschaftlich-politischen Problemen wie dem Pflegenotstand, dem Fachkräftemangel, der Anerkennung des Erzieherinnen- und Erzieherberufes, der Notwendigkeit von Tafeleinrichtungen usw. Nach der Präsentation der Analyseergebnisse und der Formulierung eines Urteils zu dem jeweils behandelten Problem bekamen die Schülerinnen und Schüler die Möglichkeit mit einer Akteurin und/oder einem Akteur des Problemfeldes (bspw. einer Lokalpolitikerin, einem Pflegeeinrichtungsleiter, einer Gewerkschaftsfunktionärin) zu sprechen und diese Person mit dem eigenen Urteil zu konfrontieren. Hier kann vom Ermöglichen politischer Partizipationserfahrungen gesprochen werden. Die konkreten Möglichkeiten eigenen sozialen und politischen Handelns wurden zum Ende des Seminares reflektiert. Abbildung 1 stellt den Ablauf des außerschulischen politischen Nachbereitungsseminares gerafft dar:

---

12   Götz 2013, 192.
13   Konzepte und Methoden werden konkret in Kapitel 4 beschrieben.

Abbildung 1: Ablauf des außerschulischen politischen Nachbereitungsseminars

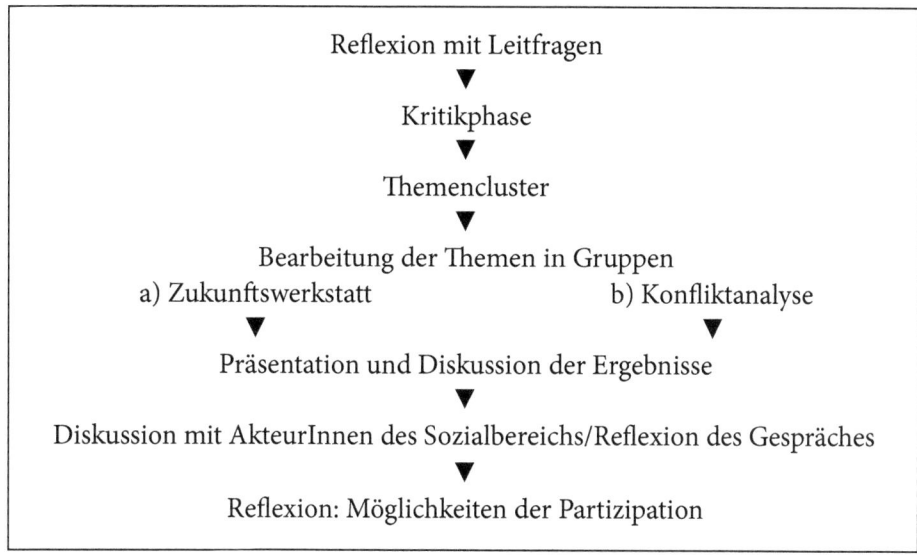

Quelle: Wohnig 2017, 177.

2.3   Forschungssetting im Modellprojekt

Insgesamt wurden sieben Gruppen von Schülerinnen und Schülern der Schulformen Haupt-, Realschule und Gymnasium der Klassenstufen 7 bis 11 und drei Gruppen von Berufsschülerinnen und Berufsschülern der Fachrichtung Sozialassistenz in ihrem ersten Ausbildungsjahr teilnehmend beobachtet. Diese fand in der Vorbereitung der Sozialprojekte in der Schule, in der Durchführung der Praktika in den Sozialeinrichtungen und am zeitintensivsten, mit einem Umfang von ca. 120 Stunden, in der Nachbereitung in den Seminaren der außerschulischen politischen Bildung statt. Mit 21 Schülerinnen und Schülern wurden nach den Seminaren und mit neun die Sozialprojekte betreuende Lehrerinnen und Lehrer vor den Seminaren qualitative Interviews durchgeführt.

Die Arbeit orientiert sich an der Tradition und Methodik der Rekonstruktiven Sozialforschung.[14] Die Protokolle der teilnehmenden Beobachtung wurden durch Mitschriften und mithilfe der Transkription von Audioaufnahmen der außerschulischen Nachbereitungsseminare erstellt. Die Protokolle wurden in Orientierung an der qualitativen Inhaltsanalyse ausgewertet.[15] Die problemzentrierten Interviews mit Schülerinnen und Schülern wurden nach der rekonstruktiven Methode von Jan Kruse analysiert.[16] Dies machte es möglich, die subjektiven Deutungsmus-

---

14   Bohnsack 2007.
15   Lamnek 2010, 460ff.
16   Kruse 2014.

ter, Sinnstrukturen und Relevanzsysteme zu erschließen, die von den Schülerinnen und Schülern geäußert wurden. Die zentralen Motive und Deutungsmuster konnten anschließend mit aus den Protokollen der teilnehmenden Beobachtung und anderen Interviews bereits analysierten in Verbindung gebracht bzw. kontrastiert werden, wodurch Gemeinsamkeiten und Unterschiede erschlossen und in verschiedenen Fällen dargestellt werden konnten.

3.   Soziale Erfahrungen und politisches Lernen

In diesem Kapitel kann nicht auf alle in der Studie erarbeiteten und den Themenkomplex betreffenden Aspekte eingegangen werden. Beschrieben werden daher zwei sich zunächst gegenüberstehende Phänomene, die in der Wirkung von Sozialprojekten zu beobachten sind und auf die die didaktischen Überlegungen zur Verbindung von sozialen Erfahrungen und sozialem Lernen mit politischem Lernen reagieren: Die Gefahr der reflexionslosen Sozialerfahrung für politisches Lernen auf der einen (3.1) und das Potenzial der Sozialerfahrungen für politisches Lernen durch die Herstellung politischer Responsivität bei Schülerinnen und Schülern auf der anderen Seite (3.2).

3.1   Die Gefahr der reflexionslosen Sozialerfahrung für politisches Lernen

Die sozialen Erfahrungen, die Schülerinnen und Schüler in Sozialprojekten machen, haben durchaus eine positive Wirkung, wenn vor allem die Entwicklung sozialer Kompetenzen und das Erkennen und Bearbeiten individueller Vorurteile betrachtet wird.[17] Blickt man über diese Ebene hinaus, so lässt sich jedoch aus einer kritischen Perspektive ebenso feststellen, dass unreflektierte Sozialerfahrungen problematische Denkmuster verfestigen. In einigen Darstellungen von Service Learning Projekten lässt sich dieses Potenzial exemplarisch andeuten. So heißt es beispielsweise in zwei Projektbeschreibung aus dem Jahr 2014 bzw. 2016:

> „Grundschulkinder üben in der Klasse das betonte Vorlesen und veranstalten Märchen-Vorlesetage in der öffentlichen Bücherei – denn Veranstaltungen für Kleinkinder sind in der Stadt weitgehend dem Rotstift zum Opfer gefallen."[18]

> „Schülerinnen und Schüler gestalten für die Tafel einen vegetarischen Aktionstag, um Bedürftigen zu zeigen, dass eine gesunde, vollwertige Ernährung auch ohne teures Fleisch möglich ist."[19]

---

17   Wohnig 2017, 254ff.
18   Seifert/Nagy 2014, 3.
19   Seifert 2016, 65.

Beide Projektbeschreibungen wirken auf den ersten Blick positiv und reagieren auf einen realen Bedarf – der erste Qualitätsstandard von Service Learning Projekten.[20] Wird jedoch die Herkunft des realen Bedarfes in den Blick genommen und nach Gründen für diesen gefragt, so wird schnell deutlich, dass gesellschaftliche, ökonomische und politische Ursachen zu Grunde liegen: Die Kommune streicht Mittel für kulturelle Veranstaltungen und Menschen leben in Armut, sodass sie kein Geld für eine selbstbestimmte Ernährung zur Verfügung haben. Kinder und Jugendliche reagieren auf diese Probleme, indem sie mit ihrem Engagement einspringen: Für die Leseveranstaltungen muss die Kommune nun ebenso wenig aufkommen wie für die soziale Absicherung bedürftiger Menschen der Staat bzw. die Gesellschaft. Dies entspricht einer entpolitisierten Vorstellung von Zivilgesellschaft, vorangetrieben durch die Ideologie der Aktivierung, die den Umbau des Wohlfahrtsstaates begleitet, wie es der Soziologe Stephan Lessenich treffend beschrieben hat.[21] Gekennzeichnet ist dieser davon, dass nicht mehr die Gesellschaft für die Bereitstellung wohlfahrtstaatlicher Leistungen für den bedürftigen Einzelnen verantwortlich ist, sondern jeder Mensch durch entsprechendes Handeln zur Wohlfahrtsproduktion beitragen soll.

Die empirische Studie des Autors im Kontext des Modellprojektes zeigt, wie Schülerinnen und Schüler durch ihre Engagementerfahrungen diese Denkmuster reproduzieren und mit den ebenso gesellschaftlich dominanten Vorstellungen von einer vermeintlichen Alternativlosigeit verbinden: Da es keine Alternative zur kommunalen Sparpolitik gäbe und soziales Handeln Armut effektiver bekämpfen könne als politisches, gilt erstere Handlungsoption der zweiteren als überlegen. Geht es beispielsweise im Anschluss an ein Sozialprojekt in einer Obdachloseneestube mit Kleiderladen um die Bekämpfung von Armut, so äußert eine Schülerin einer siebten Klasse:

> „[I]ch glaub das Einzige, was wir machen können zum Beispiel [zur Bekämpfung von Armut], wenn wir jetzt alte Spielsachen oder Kleidung ham, dass wir's dort [Kleiderladen einer Obdachloseneestube] abgeben, dass…, umso mehr die [von Armut betroffene Menschen] haben, umso mehr Freude die dann bekomm'n."

Dieser empirische Befund stellt für politisches Lernen eine Herausforderung dar, denn die Schülerinnen und Schüler werden in Sozialprojekten zunächst einmal zu einem sozial-caritativen Handeln aktiviert, das ein individualisiertes sozial-caritatives Verständnis von Verantwortungsübernahme vermittelt.[22] Abbildung 2 beschreibt einen typischen, im empirischen Material der Studie rekonstruierten Fünfschritt der Denkmuster von Schülerinnen und Schülern nach der Absolvie-

---

20   Seifert/Zentner/Nagy 2012, 14.
21   Lessenich 2012.
22   Wohnig 2017, 253–275.

rung eines Sozialprojektes. Auf das eigene soziale Engagement erfolgt ein Lob
– bspw. durch Mitarbeiterinnen und Mitarbeiter oder zu pflegende Personen in
Pflegeeinrichtungen. Daraus folgern die Schülerinnen und Schüler, soziales und
ehrenamtliches Engagement sei wichtig und positiv zu bewerten. Auf beobachtete
Missstände in den Einrichtungen folgt die Forderung nach mehr gesamtgesell-
schaftlichem ehrenamtlichem sozialem Engagement – bspw. durch die Einführung
eines sozialen Pflichtjahres.

Abbildung 2: Die Gefahr der reflexionslosen Sozialerfahrung

Eigenes soziales Engagement

▼

Lob für soziales Engagement (Selbstwirksamkeit)

▼

Soziales (ehrenamtliches) Engagement ist wichtig und gut

Wahrnehmung von Problemen in sozialen Einrichtungen

Lösung: mehr ehrenamtliches soziales Engagement

Quelle: Wohnig 2017, 266.

Darüber hinaus ist das zweite oben zitierte Service Learning Projektbeispiel des
Tafelengagements junger Menschen aus vielerlei Perspektiven kritisch zu sehen.
Die Frage ist nämlich auch, auf welches Problem das Engagement reagiert und ob
nicht die „falschen" Fragen gestellt werden: Der „Service" postuliert, das Problem
armer Menschen, die auf Lebensmittel angewiesen sind, die die Mehrheitsgesell-
schaft nicht mehr kaufen und konsumieren möchte, sei, dass diese nicht über das
Wissen verfügten, wie sie sich kostengünstig vollwertig ernähren können und
dass dies ihnen gezeigt werden müsse. Das Problem besteht nicht in den strukturellen gesellschaftlichen Armuts- und Ungleichheitsverhältnissen. Wenn arme
Menschen erlernten, dass teures Fleisch nicht notwendig sei – sich im Verzicht
übten –, so könnten sie auch mit ihren begrenzten finanziellen Mitteln gesund und
vegetarisch leben. Sicherlich sind dies nicht die realen und vordergründigen Probleme von Tafelnutzerinnen und Tafelnutzern, denn der Gang zur Tafel und das
dort vorfindbare Ungleichheitsverhältnis von Geberinnen und Gebern sowie Neh-
merinnen und Nehmern werden von letzteren als äußerst demütigend empfun-

den.[23] Hier ist zu fragen, welches Bild von Politik, Wohlfahrtsstaat und Zivilgesellschaft Schülerinnen und Schülern zur Übernahme nahegelegt wird, wenn solche Projekte hinsichtlich politischer, gesellschaftlicher und ökonomischer Strukturen unreflektiert bleiben.

3.2   Das Potenzial der Sozialerfahrungen für politisches Lernen[24]

Der grundlegende Ansatzpunkt für politische Bildung in Sozialprojekten ist die Wahrnehmung und Erfahrung politischer Probleme durch die Schülerinnen und Schüler. Dadurch kann eine Form der politischen Responsivität entstehen, womit die Eigenschaft gemeint ist, sich ansprechen zu lassen und auf Probleme zu reagieren. Grundsätzlich lässt sich feststellen, dass die Schülerinnen und Schüler in Sozialprojekten Beobachtungen und Erfahrungen machen, die sie als problematisch definieren können. In dem Modellprojekt hat sich das Zusammentragen dieser Beobachtungen und Erfahrungen in Form der Kritikphase (s.o.) als hilfreich erwiesen. Dabei werden verschiedene, subjektiv erfahrene Missstände formuliert, bspw. von Siebtklässlerinnen und Siebtklässlern einer Gemeinschaftsschule, dass sehr knappe Betreuungszeiten in Pflegeeinrichtungen aufgefallen seien. Aus diesen Erfahrungen werden Vermutungen über die Gründe für die Missstände angestellt. In dem genannten Fall wird ein Mangel an Personal in den Einrichtungen diagnostiziert. Hier zeigen sich Anknüpfungspunkte für die Behandlung politischer Probleme und Themen, die politisches Lernen aus der subjektiven sozialen Erfahrung heraus anstoßen können. Die politischen Probleme und ausgetragenen Konflikte um den Fachkräftemangel, Pflegenotstand, die Ausgestaltung des Sozialstaats oder die Wahrung der Menschenwürde in sozialen Einrichtungen unter den gegebenen Bedingungen sind aktuelle politische Themen, die nahezu alle Sozialpraktikumsstellen betreffen. Sie können als exemplarische gesellschaftlich-politische Konflikte in diesem Bereich gelten und eignen sich daher für eine politische Analyse.

4.   Didaktische Überlegungen zur Verbindung von sozialem und politischem Lernen

Aus dem bisher Gesagten wurde deutlich, dass eine politische Reflexion während oder im Anschluss an Sozialprojekte nicht von alleine stattfindet, es den Spillover-Effekt nicht gibt, ein Sozialprojekt jedoch politische Bildungsanlässe und politische Bildungsgelegenheiten darstellen kann. Aus dem in der Einleitung und Kapitel 3.1 formulierten, lässt sich jedoch ergänzen, dass diese Anlässe und Gelegenheiten auch aufgegriffen werden müssen, da die Erfahrungen ansonsten zu einer Ent-

---

23   Selke 2013.
24   Ähnlich aber ausführlicher in Wohnig 2017, 275–283.

politisierung führen (können). An dieser Stelle könnte von einer Überforderung von Sozialprojekten gesprochen werden. Eine solche Argumentation würde sich auf die positiven Wirkungen von Sozialprojekten auf die Sozialkompetenzen der Schülerinnen und Schüler stützen, die wichtiger seien, als eine Überfrachtung der Projekte durch einen politisch-bildenden Anspruch vorzunehmen. Dieses Denkmuster herrscht bei vielen die Sozialprojekte betreuenden Lehrerinnen und Lehrern vor.[25]

Schaut man auf die theoretische Begründung des Sozialprojekts „Compassion" und hier vor allem auf die Publikationen von Johann Baptist Metz, so lässt sich feststellen, dass dieses Projekt selbst als „politisch" wahrgenommen wird. Auch Lothar Kuld und Stefan Gönnheimer schreiben Compassion eine politische Funktion und Bedeutung zu. Sie verstehen darunter, im Rahmen der Compassion-Projekte Fragen zu den bestehenden Verhältnissen aufzuwerfen und entsprechende Alternativen zu entwickeln, Ursachen von Ungerechtigkeit aufzuspüren sowie „gewissenhafte Weltpolitik" zu unterstützen.[26] Die Autoren stellen fest, reine Zuwendung zum Nächsten könne gesellschaftliche Krisenphänomene nicht lösen. Diese Krisenphänomene seien auch ein Ausdruck sozialer Kälte. Die politische Dimension des Compassion-Projektes sei als Gegenmaßnahme zu gesellschaftlichen Krisenphänomenen zu verstehen.[27]

Bei Johann Baptist Metz lässt sich der Anspruch nach einer Analyse der gesellschaftlichen Verhältnisse in Compassion-Projekten erkennen, in der auffindbare gesellschaftliche Entwicklungen kritisiert werden und eine Positionierung stattfindet. Compassion ist, so Metz, eine Form des Widerstandes und zwar „gegen die Ursachen ungerechten und unschuldigen Leidens in der Welt"[28]. Hier geht es also um die Herstellung und den Erhalt der Möglichkeit politischen Verhaltens im Sinne politischer Analyse, Urteilsbildung und Widerstand mit der Perspektive einer gesellschaftspolitischen Veränderung.

Vor dem Hintergrund, dass Sozialerfahrungen erstens unreflektiert zur Entpolitisierung führen (können) und nicht automatisch in politisches Lernen übergehen, sie jedoch zweitens als Bildungsgelegenheit und -anlass begriffen werden sollten, ergibt sich aus Sicht der politischen Bildung die Notwendigkeit einer didaktischen Strukturierung der politischen Begleitung und Reflexion dieser Erfahrungen. Hier lassen sich einige Anmerkungen zu einer Konzeption politischer Bildung machen, die individuelle und gesellschaftliche Lernvoraussetzungen, Ziele, Inhalte und Methoden berücksichtigt.[29]

---

25   Wohnig 2017, 215ff.
26   Kuld/Gönnheimer 2000, 11.
27   Ebd., 10; Kuld 2000, 89f.
28   Metz 2000, 16.
29   Zu den Aufgaben von Fachdidaktik siehe etwa Gagel 1983, 26–35 und zu den Eigenschaften fachdidaktischer Konzeptionen Hertelt/May 2016, 121.

(1)   Individuelle und gesellschaftliche Lernvoraussetzungen

Deutlich wurde, dass das Alternativlosigkeitsparadigma dominant ist, das gesellschaftliche Verhältnisse naturalisiert, als gegeben und unveränderlich postuliert, wenn junge Menschen über ihre Sozialerfahrungen sprechen. Dieser Befund der Studie gilt weder alleine für junge Menschen noch für Sozialprojekte. Vielmehr kann davon ausgegangen werden, dass diese Diagnose überhaupt als individuelle und gesellschaftliche Lernvoraussetzung angesehen werden muss und sie als Regierungsstrategie die Vorstellung von Politik und Demokratie (mit)prägt und einschränkt.[30] Das Alternativlosigkeitsparadigma als politisches Programm wurde im Kontext seines historischen Siegeszuges von den Individuen verinnerlicht und versubjektiviert. Sie übertragen es auf nahezu alle Politik-, Gesellschafts- und Lebensbereiche, womit eine Entpolitisierung und Privatisierung von gesellschaftlichen, ökonomischen und politischen Problemen einhergeht.[31]

(2)   Zielebene

Im Sinne kritischer politischer Bildung und einer Erziehung zur Mündigkeit als normativer Leitidee politischer Bildung ist die Bearbeitung des Alternativlosigkeitsparadigmas das erste Ziel, steht dieses doch der Mündigkeit diametral entgegen. Mündigkeit bedeutet Kritik der bestehenden Verhältnisse, eigenständige politische Urteilsbildung und politisches Engagement.[32] Das Politische ist der permanente und nicht zu tilgende Konflikt um Hegemonieprojekte, die sich nicht in Konsens auflösen lassen[33] und Demokratie ist nie als abgeschlossener Prozess zu verstehen, in dem es keine Alternativen gibt. Im Sinne Rolf Schmiederes wirkt politische Bildung mit an der Demokratisierung der Gesellschaft, andernfalls ist sie affirmativ: „Sie kann einerseits eine in die Zukunft weisende, fortschrittliche, den bestehenden gesellschaftlichen Zustand transzendierende, und andererseits eine affirmative, den Status quo konservierende und die bestehenden Herrschaftsverhältnisse verteidigende Funktion haben."[34] Schmiederer formuliert, sich auf die Möglichkeit fortschrittlicher politischer Bildung fixierend, „Demokratisierung

---

30   Vgl. zu der Macht von Sachzwang- und Alternativlosigkeitsdenkmuster etwa Knobloch 1998 und Séville 2017.

31   So zeigt bspw. eine Studie von Sophie Schmitt über die Orientierungen junger Menschen zu Arbeit und Arbeitslosigkeit, wie Schülerinnen und Schüler, auch aus Gründen, die dem Paradigma der Alternativlosigkeit zuzurechnen sind, gesellschaftlicher Problemlagen entpolitisiert und privatisiert denken. Vgl. Schmitt 2017.

32   Adorno 1971/1969, siehe auch Jann/Wohnig 2018.

33   Mouffe 2007.

34   Schmiederer 1971, 22.

und Emanzipation"[35] sowie „Engagement und politische Praxis"[36] als Ziele politischer Bildung. Beides ist schwer vorstellbar, ohne das Alternativlosigkeitsparadigma zu hinterfragen und als falsch zu entlarven. Mit Andreas Eis lässt sich ergänzen, dass junge Menschen lernen müssen, soziale Kämpfe um politische Alternativen zu verstehen und diese auch zu gestalten.[37]

(3)   Inhaltsebene

Die Funktion gesellschaftlicher Partizipation im Sinne sozialen Engagements unter den bestehenden gesellschaftlichen und politischen Bedingungen (d.h. hier: der Umbau des ver- und vorsorgenden zu einem aktivierenden Wohlfahrtsstaat) muss von Schülerinnen und Schülern im Kontext des Sozialprojektes reflektiert werden, denn nur dann setzen auch kritische und reflexive politische Lernprozesse ein. Dabei geht es nicht darum, gesellschaftlich wichtiges Engagement abzuwerten, sondern vielmehr um das Aufgreifen der Erfahrungen der Schülerinnen und Schüler als Lerngelegenheit für politische Bildung und um das Aufzeigen der Ambivalenz der rein caritativen Aktion.[38] Dabei spielen u.a. folgende Fragen eine Rolle: Kann Ehrenamt den Wohlfahrtsstaat ersetzen? Welche Funktion kann/sollte ehrenamtliches Engagement einnehmen? Ist der Abbau des Wohlfahrtsstaats wirklich alternativlos?

Bei einer solchen Analyse muss das Soziale, das Politische und das Ökonomische in den Sozialerfahrungen aufgedeckt werden. Werden die Missstände als Ausdruck und Folgen gesellschaftlich-politischer Konflikte begriffen, geraten u.a. antagonistisch gegenüberstehende Interessen sowie Macht- und Herrschaftsverhältnisse in den Blick. Es bietet sich daher an, die politischen Konflikte im Kontext des Wohlfahrtsstaats, wie den Fachkräftemangel oder den Pflegenotstand, die für Schülerinnen und Schüler bspw. in Sozialprojekten sichtbar werden, mit Hilfe konfliktorientierter politikdidaktischer Ansätze zu analysieren[39].

So kann für das Engagement in Lebensmitteltafeln, das in einem der beiden oben genannten Beispiele auftaucht und das in der vom Autor durchgeführten empirischen Studie untersucht wurde, festgehalten werden: Alle beobachteten Schülerinnen und Schüler sind nach einem Sozialprojekt in Lebensmitteltafeln von diesen begeistert: Sie verwerten Lebensmittel, die sonst weggeworfen würden und bekämpfen Armut, so das Denkmuster. Im Sinne politischer Bildung setzt in dem Projekt „Soziale Praxis & Politische Bildung – Compassion und Service Learning politisch denken" ein weiterer Schritt ein: Schülerinnen und Schüler werden

---

35   Ebd., 32.
36   Ebd., 44.
37   Eis 2018.
38   van Dyk et al. 2016.
39   Bspw. Giesecke 1997.

befähigt, ihr eigenes Engagement vor dem Hintergrund gesellschaftlicher und politischer Strukturen und Entwicklungen zu betrachten, ohne dass das Engagement
abgewertet wird. Dies kann zum Beispiel geschehen, indem die Frage „Sind Tafeln
in unserer Gesellschaft notwendig?" oder „Sind Tafeln ein geeignetes Instrument
zur Armutsbekämpfung?" bearbeitet wird und nicht die Frage, wie von Armut
betroffenen Menschen beigebracht werden kann, auf teure Lebensmittel zu ver-
zichten (s.o.). Neben das notwendige und wichtige gesellschaftliche Engagement
tritt Wissen, das hilft gesellschaftliche und politische Interessen, Ungleichheits-,
Macht- und Herrschaftsverhältnisse zu durchschauen, gegebenenfalls zu kritisie-
ren und mit einem Urteil an die Öffentlichkeit zu treten. So können aus dem gesellschaftlichen Engagement auch die Suche nach Alternativen und das Bedürfnis
nach politischem Engagement und politischer Veränderung entstehen.

(4)   Methodenebene

Abschließend werden noch einige Methoden beschrieben, die die Verknüpfung
von sozialer Erfahrung und sozialem Lernen mit politischem Lernen unterstützen.
Diese sind nicht speziell für die politische Reflexion von Sozialprojekten entwickelt worden. Sie werden auch in anderen Bildungskontexten angewandt, haben
sich jedoch für den hier behandelten Bereich und die verfolgten Ziele als besonders geeignet erwiesen.

Zukunftswerkstatt40

Durch die Methode der Zukunftswerkstatt kann das Paradigma der Alternativlosigkeit bewusst methodisch ausgeblendet werden. In dem Modellprojekt konnten
Schülerinnen und Schüler unter der Überschrift „Wenn ich König von Deutschland wär'" das aus der Reflexion der Sozialerfahrungen in einer Kritikphase identi-
fizierte Problem angehen. In der Utopiephase hatten sie die Möglichkeit, losgelöst
von finanziellen, institutionellen und anderen Zwängen, eine utopische Lösung für
die Probleme zu entwerfen, beispielsweise indem sie die perfekte Pflegeeinrich-
tung konzipierten. Die Utopien wurden anschließend auf ihre Verwirklichungs-
optionen überprüft, wofür die Schülerinnen und Schüler sich wiederum Wissen
aneignen mussten. Daraufhin konnte eine Urteilsbildung zu dem Problem stattfinden und das Urteil in Praxis (bspw. in den bereits erwähnten Expertinnen- und
Expertengesprächen) überführt werden.

---

40   Für eine ausführliche Darstellung der Methode siehe Kuhnt/Müllert 2006.

Konfliktanalyse mithilfe von Forschungs-Leitfragen und Kategorien41

Die Konfliktanalyse, wie sie im Modellprojekt modifiziert angewandt wurde, reagiert ebenfalls auf den Umstand, dass Schülerinnen und Schüler die beobachteten
Probleme aufgrund des Alternativlosigkeitsparadigmas ausschließlich als durch sozial-caritatives Handeln bearbeitbar definieren. Die Intention ist, die strukturellen
gesellschaftlichen, ökonomischen und politischen Hintergründe der beobachteten
Probleme sichtbar zu machen und „das Politische" – den politisch-gesellschaftli-
chen Konflikt – in den Mittelpunkt des Analyse- und damit des Bildungsprozesses
zu stellen. Wie bereits beschrieben, setzt eine didaktisch strukturierte Reflexion
der Sozialerfahrungen bei diesen an und transformiert sie in der Kritikphase in
Kritik an dem bestehenden erlebten Zustand. So können die Erfahrungen strukturiert und bearbeitbar gemacht werden. Sie verweisen auf gesellschaftlich politische
Probleme und Konflikte, die als solche in Frageform formuliert werden können.
Als Beispiele können gelten: Sollte die Pflege stärker finanziert werden? Sollte die
gesellschaftliche Anerkennung der Sozialberufe verbessert werden? In Gruppen
arbeiten die Schülerinnen und Schüler zu bestimmten politischen Kategorien
(Interesse, Recht, Macht, Geschichtlichkeit etc.[42]), die zur Analyse des Konfliktes
wichtig sind und präsentieren die Ergebnisse im Plenum. Eine Phase der Urteilsbildung schließt an die Präsentationen an.

Ein solches Vorgehen kann auch mithilfe der folgenden Leitfragen, die an die
Kategorien Gieseckes angelehnt sind, strukturiert werden:[43]

- Ursachenforschung: Warum sind die erlebten Bedingungen so, wie sie sind?
- Bewertung: Ist es gut, so wie es ist?
- Alternative: Wie müsste es sein? Wie könnte es besser sein?
- Akteure und Macht: Wer bestimmt, wie die Bedingungen sind?
- Akteure und Interessen: Wer oder was verhindert mit welchem Interesse, dass
  die Bedingungen besser/anders werden?
- Veränderung: Was müsste geschehen, damit die Bedingungen besser/anders
  werden?
- Solidarität: Wer müsste sich mit wem zusammen tun, um die Bedingungen zu
  verbessern/zu verändern?
- Mitbestimmung: Was können wir tun, um die Bedingungen zu verbessern/zu
  verändern?

---

41   Grob orientierte sich das Vorgehen an dem konfliktorientierten Modell von Frank
      Nonnenmacher. Nonnenmacher 1996.
42   Giesecke 1972, 159ff.
43   Wohnig 2017, 371.

Handlungsorientierung

In Anlehnung an das oben erwähnte Ziel „Engagement und politische Praxis" Rolf Schmieders wurde auch im Modellprojekt die Auffassung vertreten, dass der politischen Praxis im Anschluss an die soziale Praxis mehr Gewicht zukommen müsste. In diesem Sinne bekamen die Schülerinnen und Schüler die Möglichkeit, ihre Anliegen öffentlich zu artikulieren, dafür einzustehen und in einzelnen Fällen auch zu versuchen, diese durchzusetzen. Politische Bildung, die Schülerinnen und Schüler zur Urteilsbildung anregen möchte, sollte auch Wege bereithalten, sie dabei zu unterstützen ihre Urteile in die Öffentlichkeit zu tragen, wenn sie dieses Bedürfnis artikulieren. Frank Nonnenmacher hat Bedingungen beschrieben, unter denen politische Aktionen ausgehend aus dem politischen Schulunterricht theoretische und pädagogische Legitimität gewinnen[44], auf die hier nur verwiesen werden kann. Zentral ist, dass politisches Handeln und politische Aktion in der hier vertretenen Auffassung nicht nur ein Aktionsfeld sondern zumindest ebenso ein Lernfeld darstellen. Politisches Handeln gilt nicht nur als Ziel politischer Bildung, sondern auch als Weg, dieses Ziel zu erreichen.[45] In einem Folgeprojekt wird gerade erprobt, wie dieses Ziel und dieser Weg didaktisch angeleitet werden kann.[46]

Fazit

Abschließend soll das bisher Erarbeitete in Bezug auf den Beutelsbacher Konsens[47], der oftmals als der Kern des Professionsverständnisses politischer Bildung beschrieben wird, zusammengefasst werden. Erst durch eine Analyse der politischen Konflikte, die Schülerinnen und Schüler im Rahmen des Sozialprojektes erfahren, können die drei Prinzipien, die im Beutelsbacher Konsens festgeschrieben sind (Überwältigungsverbot, Kontroversitätsgebot, Schülerinnen- und Schülerorientierung), verwirklicht werden. Denn es wäre überwältigend, das Ziel der Steigerung der Bereitschaft zu individueller Verantwortungsübernahme bei Schülerinnen und Schülern durch mit schulischem Zwang durchgeführte Sozialprojekte erreichen zu wollen, ohne mit Schülerinnen und Schülern eine Analyse der strukturellen Bedingungen und Hintergründe (die Aktivierungsideologie, die Problematik des Ab- und Umbaus des Sozialstaates) zu leisten. Ein Sozialprojekt, das den Schülerinnen und Schülern ohne politische Analyse den Eindruck vermittelt, die erfahrenen Probleme im Sozialbereich seien durch mehr individuel-

---

44   Nonnenmacher 2011, 95–98.
45   Für einer mögliche politisch-theoretische Begründung siehe Gloe/Oeftering 2017, 431.
46   Wohnig 2018.
47   Wehling 1977. Für eine gelungene Kritik am Beutelsbacher Konsens und vor allem seiner Instrumentalisierung siehe Nonnenmacher 2011.

les soziales Engagement zu lösen, ist überwältigend, im Sinne der herrschenden Ideologie. Solche Erfahrungen von vermeintlichen Bildungsprozessen erfüllen die Anpassungsfunktion von Pädagogik und Schule. Die zweite Funktion, die Fähigkeit zu Mündigkeit und Widerstand, wird ausgeschlossen. Dies gilt im gleichen Maße für das Kontroversitätsgebot, gerade in Verhältnissen, die durch eine vermeintlich „Alternativlosigkeit" in Gesellschaft und Politik das hegemoniale politisch-gesellschaftliche Projekt als etwas nahezu „Natürliches" definieren. Hier gilt es auch im Sinne der Ziele „Demokratisierung" und „politisches Engagement" zu analysieren, inwiefern ein Abbau des Wohlfahrtsstaates diesen Zielen nicht zuwiderläuft und sich zu positionieren. Das dritte Prinzip des Beutelsbacher Konsens, Schülerinnen und Schüler sollen dazu „in die Lage versetzt werden eine politische Situation und seine eigene Interessenlage zu analysieren sowie nach Mitteln und Wegen zu suchen, die vorgefundene politische Lage im Sinne seiner Interessen zu beeinflussen"[48], verweist auf eine solche politische Konfliktanalyse. Dies ist noch signifikanter, wenn die sozialen Erfahrungen in gesellschaftspolitischen Feldern (dem Sozialbereich, Institutionen des Sozialstaates) zur Ausgangslage politischen Lernens gemacht werden sollen.

Am Ende dieses Beitrages steht daher die Aufforderungen an Pädagoginnen und Pädagogen, in Sozialprojekten nicht nur eine Chance für die Ausbildung sozialer Kompetenzen und die Steigerung von Engagementbereitschaft zu sehen, sondern die dort gemachten Erfahrungen strukturell gesellschaftlich, ökonomisch und politisch zu reflektieren und vor der darin enthaltenen Kritik an den bestehenden Verhältnissen nicht zurückzuschrecken. Soll *politische* Bildung in Sozialprojekten erreicht werden, so ist dies unvermeidlich!

Literatur

Adorno, Theodor W., Erziehung zur Mündigkeit, in: Ders. (Hrsg.), Erziehung zur Mündigkeit, Frankfurt am Main 1971/1969, 110–125.

Bohnsack, Ralf, Rekonstruktive Sozialforschung. Einführung in qualitative Methoden. 6. Auflage, Opladen 2007.

Beutel, Wolfgang, Demokratiepädagogik und Verantwortungslernen, in: Lange, Dirk/ Himmelmann, Gerhard (Hrsg.), Demokratiedidaktik. Impulse für die politische Bildung, Wiesbaden 2010, 70–85.

Breit, Gotthard, Demokratiepädagogik und Politikdidaktik – Gemeinsamkeiten und Unterschiede, in: Weißeno, Georg (Hrsg.), Politik besser verstehen. Neue Wege der politischen Bildung, Wiesbaden 2005, 43–61.

Edelstein, Wolfgang/Fauser, Peter, Demokratie lernen und leben. Gutachten für ein Modellversuchsprogramm der BLK, Bonn 2001.

---

48   Wehling 1977, 179.

Eis, Andreas, Soziale Kämpfe um politische Alternativen verstehen und gestalten: Hegemoniekritik als Ansatz emanzipatorischer Europabildung, in: Eis, Andreas/ Moulin-Doos, Claire (Hrsg.), Kritische politische Europabildung. Die Vielfachkrise Europas als kollektive Lerngelegenheit?, Immenhausen 2018, 118–132.

Gagel, Walter, Einführung in die Didaktik des politischen Unterrichts, Opladen 1983.

Giesecke, Hermann, Didaktik der politischen Bildung. 7. völlig neubearbeitete Auflage, München 1972.

Gloe, Markus/Oeftering, Tonio, Politische Bildung meets Politische Theorie – eine Conclusio, in: Dies. (Hrsg.), Politische Bildung meets Politische Theorie, Baden-Baden 2017, 413–435.

Götz, Michael, Projekt: Soziale Praxis und politische Bildung. Compassion und Service Learning politisch denken, in: Juchler, Ingo (Hrsg.), Projekte in der politischen Bildung, Bonn 2013, 186–200.

Hertelt, Willi/May, Michael, Kritische politische Bildung ohne didaktische Konzeption. Rekonstruktion didaktischer Grundzüge kritischer politischer Bildung, in: zdg 14 (2016), 119–129.

Jann, Olaf/Wohnig, Alexander – Kritik und Konflikt. Für eine non-konformistische Multiperspektivität, in: zdg 17 (2018), 94–112.

Knobloch, Clemens, Moralisierung und Sachzwang – Politische Kommunikation in der Massendemokratie, Duisburg 1998.

Kuhnt, Beate/Müllert, Norbert R., Moderationsfibel: Zukunftswerkstätten verstehen-anleiten-einsetzen. Das Praxisbuch zur Sozialen Problemlösungsmethode Zukunftswerkstatt. 3. Aufl., Neu-Ulm 2006.

Kuld, Lothar, Dimensionen der Compassion-Initiative, in: Metz, Johann Baptist/Kuld, Lothar/Weisbrod, Adolf (Hrsg.), Compassion. Weltprogramm des Christentums. Soziale Verantwortung lernen, Stuttgart 2000, 89–96.

Kuld, Lothar/Gönnheimer, Stefan, Compassion – Sozialverpflichtendes Lernen und Handeln, Stuttgart 2000.

Kruse, Jan, Qualitative Interviewforschung. Ein integrativer Ansatz, Weinheim/Basel 2014.

Lamnek, Siegfried, Qualitative Sozialforschung. 5. überarbeitete Auflage, Weinheim/ Basel 2010.

Lessenich, Stephan, „Aktivierender" Sozialstaat: eine politisch-soziologische Zwischenbilanz, in: Bispinck, Reinhard/Bosch, Gerhard/Hofemann, Klaus/Naegele, Gerhard (Hrsg.), Sozialpolitik und Sozialstaat, Wiesbaden 2012, 41–54.

Metz, Johann Baptist, Compassion. Zu einem Weltprogramm des Christentums im Zeitalter des Pluralismus der Religionen und Kulturen, in: Ders./Kuld, Lothar/ Weisbrod, Adolf (Hrsg.), Compassion. Weltprogram des Christentums. Soziale Verantwortung lernen, Freiburg 2000, 9–20.

Mouffe, Chantal, Über das Politische. Wider die kosmopolitische Illusion, Frankfurt am Main 2007.

Nonnenmacher, Frank, Sozialkunde – vom Schulfach zum Lernbereich, in: Ders. (Hrsg.): Das Ganze sehen. Schule als Ort politischen und sozialen Lernens, Schwalbach/Ts. 1996, 11–30.

Nonnenmacher, Frank, Handlungsorientierung und politische Aktion in der schulischen politischen Bildung. Ursprünge, Grenzen und Herausforderungen, in: Widmaier, Benedikt/Nonnenmacher, Frank (Hrsg.), Partizipation als Bildungsziel. Politische Aktion in der politischen Bildung, Schwalbach/Ts. 2011, 83–99.

Reinhardt, Sibylle, Basieren die Schülerkonzepte über Demokratie auf deren Partizipationserfahrungen im Nahraum? Eine Suche nach empirischen Indizien, in: Lange, Dirk (Hrsg.), Entgrenzungen. Gesellschaftlicher Wandel und Politische Bildung, Schwalbach/Ts. 2011, 289–296.

Reinhardt, Sibylle, Das Private ist (noch) nicht das Politische: Zum Verhältnis und Unterschied von sozialem und politischem Lernen, in: Hufer, Klaus-Peter/Länge, Theo W./Menke, Barbara/Overwien, Bernd/Schudoma, Laura (Hrsg.), Wissen und Können. Wege zum professionellen Handeln in der politischen Bildung, Schwalbach/Ts. 2013, 164–166.

Röken, Gernod, Demokratie-Lernen und demokratisch-partizipative Schulentwicklung als Aufgabe für Schule und Schulaufsicht, Münster 2011.

Sander, Wolfgang, Demokratie-Lernen und politische Bildung. Fachliche, überfachliche und schulpädagogische Aspekte, in: Beutel, Wolfgang/Fauser, Peter (Hrsg.), Demokratiepädagogik. Lernen für die Zivilgesellschaft, Schwalbach/Ts. 2007, 71–85.

Schmiederer, Rolf, Zur Kritik der Politischen Bildung. Ein Beitrag zur Soziologie und Didaktik des Politischen Unterrichts. 2. Auflage, Frankfurt am Main 1971.

Schmitt, Sophie, Jenseits des Hängemattenlandes. Arbeit und Arbeitslosigkeit aus der Sicht von Jugendlichen – eine Rekonstruktion ihrer Orientierungen und ihre Bedeutung für die Politische Bildung, Schwalbach/Ts. 2017.

Seifert, Anne, Bildung, die verändert? Transformatorische Bildungsprozesse im Kontext einer Bildung für nachhaltige Entwicklung, in: Bittner, Alexander/Pyhel, Thomas/Bischoff, Vera (Hrsg.), Nachhaltigkeit erfahren. Engagement als Schlüssel einer Bildung für nachhaltige Entwicklung, München 2016, 53–66.

Seifert, Anne/Nagy, Franziska, Demokratische Bildung im Unterricht. Schulische Engagement-Projekte und ihr Beitrag zu Demokratiekompetenz, Wiesbaden 2016.

Selke, Stefan, Schamland. Die Armut mitten unter uns, Berlin 2016.

Séville, Astrid, „There is no Alternative". Politik zwischen Demokratie und Sachzwang, Frankfurt/New York 2017.

van Dyk, Silke/Dowling, Emma/Haubner, Tine, Dilemmata von Freiwilligenarbeit oder Rebellisches Engagement ist gefragt, in: Blätter für deutsche und internationale Politik 711 (2016), 37–40.

Wehling, Hans-Georg, Konsens à la Beutelsbach? Nachlese zu einem Expertengespräch, in: Schiele, Siegfried/Schneider, Herbert (Hrsg.), Das Konsensproblem in der politischen Bildung. Anmerkungen und Argumente, Stuttgart 1977, 173–184.

Wohnig, Alexander, Zum Stellenwert von Demokratie und Kritik in Konzepten des Demokratie-Lernens. Unveröffentlichte Examensarbeit, Frankfurt am Main 2010.

Wohnig, Alexander, Zum Verhältnis von sozialem und politischem Lernen. Eine Analyse von Praxisbeispielen politischer Bildung, Wiesbaden 2017.

Wohnig, Alexander, Demokratiebildung durch politische Aktionen in der Kooperation von Schulen und außerschulischer politischer Bildung, in: Lange, Dirk/Kenner, Steve (Hrsg.): Citizenship Education. Konzepte, Anregungen und Ideen zur Demokratiebildung, Schwalbach/Ts. 2018, 269–281.

Dynamik der Selbsttranszendenz

Zum Verhältnis von religiöser und sozialer Praxis

Tobias Braune-Krickau

1. „Nun sag, wie hast du's mit der Religion?" – Das Verhältnis von Religiosität und sozialem Handeln als Schlüsselproblem sozialer Bildungskonzepte

Früher oder später stellt sich für jede Form sozialer Bildung die vielzitierte Gretchenfrage: „Nun sag, wie hast du's mit der Religion?" Für konfessionell bzw. religiös geprägte Konzepte liegt das auf der Hand. Wer in Bildungsprozessen Religiöses und Soziales zusammenführen will, muss sich Rechenschaft darüber ablegen, was er oder sie unter Religion versteht und vor allem, wie diese sich zum Feld des Sozialen verhält. Und in der Tat werden solche Fragen in der Diakonie- und Caritaswissenschaft auch intensiv diskutiert:[1] Wie unterscheiden sich beispielsweise ein religiöses und ein nichtreligiöses Helfen voneinander? Und was soll es überhaupt bedeuten, auf religiöse Weise zu helfen? Machen religiöse Menschen etwas Anderes oder zumindest dasselbe anders als die Anderen? Und wo innerhalb des Helfens wäre das Religiöse dann anzusiedeln: in einer vorgelagerten Motivation, in einer nachträglichen Deutung, im organisatorischen Rahmen, in den Zielen der Arbeit, in der Methodik des Handelns, in einem moralischen Urteil, in der Gemeinschaft der Helfenden, in einer geschichtlichen Prägung, im Auftrag der Kirche, in heiligen Texten oder im Antlitz des anderen Menschen? Und wenn man das Religiöse irgendwo dingfest gemacht hat: Was heißt das dann für das eigene Verhältnis zu Menschen, die helfen, ohne religiös zu sein? Könnte ein religiöses Motiv am Ende gar das Helfen in seiner Selbstzweckhaftigkeit korrumpieren?

Diese und weitere Fragen sind gleichwohl nicht nur für religiös gedachte Konzepte sozialer Bildung von Belang, sondern auch für diejenigen, die sich selbst als nichtreligiös oder religionsneutral verstehen. Schließlich ist auch von diesem Standpunkt aus nicht zu übersehen, dass Religion – wie auch immer man persönlich zu ihr stehen mag – im Feld des Sozialen eine gewichtige Rolle spielt. Diakonie und Caritas sind hierzulande die größten Arbeitgeber und haben auch sozialpolitisch einigen Einfluss. Unter den Ehrenamtlichen, beispielsweise in der Flüchtlingshilfe, trifft man laut jüngsten Umfragen ebenfalls sehr häufig religiöse Menschen an – hier übrigens besonders aus muslimischen Gemeinden.[2] Überhaupt

---

1   Vgl. zur Einführung: Schneider-Harpprecht 2007; Haslinger 2009; Sigrist/Rüegger 2011; Eurich/Schmidt 2016.
2   Nagel/El-Menouar 2017.

ist der Konnex von Helfen und Religion kulturell tief verwurzelt: bis in Sprache, Gesten und Habitus hinein finden sich bis heute die Spuren einer jahrhundertelangen Prägung des Helfens durch das Christentum. Noch immer genießen kirchlich-soziale Einrichtungen bei vielen Menschen einen gewissen Vertrauensvorschuss. Figuren wie der barmherzige Samariter, St. Martin oder Mutter Teresa – jüngst wohl auch Papst Franziskus – sind aus dem kulturellen Bildrepertoire, auch von eher säkular geprägten Schülerinnen und Schülern, nicht wegzudenken. Überdies wächst mittlerweile auch in den zuständigen Wissenschaften der Sozialpädagogik, Psychologie usw. das Bewusstsein, dass Religion auch auf Seiten der Adressaten des Helfens mitunter ein bedeutender Faktor sein kann.[3] Wenn laut Religionsmonitor[4] rund dreiviertel der Menschen in Deutschland religiös sind – freilich in ganz verschiedenen Graden und auf ganz unterschiedliche Weisen –, dann ist die statistische Wahrscheinlichkeit groß, auch im Zusammenhang des Helfens darauf zu stoßen, zumal sich die Menschen hierbei vielfach in existentiellen Krisensituationen befinden. Kurzum: Religion ist im Feld des Sozialen derart präsent, dass eine ergebnisoffene Beschäftigung mit ihr wenn nicht eine Notwendigkeit, so doch zumindest einen deutlichen Reflexionsgewinn auch für religionsneutrale Konzepte sozialer Bildung darstellt.

Im Folgenden möchte ich einen Vorschlag zum Verständnis von Religion im Zusammenhang des Helfens entwickeln, von dem ich hoffe, dass er für religiöse und für religionsneutrale Konzepte sozialer Bildung gleichermaßen aufschlussreich und anschlussfähig ist. Er soll gleichsam der einen Seiten erklären können, warum so viele Menschen das Helfen mit Religion in Verbindung bringen und der anderen, warum man dafür dennoch nicht religiös sein muss. Er soll möglichst ohne steile theologische Voraussetzungen auskommen und dennoch ins Zentrum dessen führen, was das Helfen, zumindest im Christentum, religiös bedeutet. Er soll sich mithin auf die säkularisierten, wohlfahrtsstaatlichen Bedingungen einlassen, unter denen das Helfen heute zumeist stattfindet, um Religion gerade dort als eine innere Möglichkeit dieser Praxis zu erschließen.[5]

Zu diesem Zweck greife ich ein Motiv auf, mit dem das Christentum seit seinen Anfängen die religiöse Bedeutsamkeit des Helfens zum Ausdruck gebracht hat und ich will versuchen, es im Laufe meiner Argumentation einer kritischen Aktualisierung zu unterziehen. Dieser Ansatzpunkt bei der gelebten Religion soll sicherstellen, dass das Verständnis des Religiösen nicht bloß vom Schreibtisch der Religionstheorie aus dekretiert wird, sondern praktischen Anhalt am religiösen Selbstverständnis – in diesem Falle des Christentums – hat. Der folgende Abschnitt

---

3   Vgl. aber Bohmeyer 2009; Kiesel/Lutz 2016; Karic/Ehlke 2017; Nauert u.a. 2017.
4   Bertelsmannstiftung 2007.
5   Detaillierter ausgeführt habe ich diesen Vorschlag in Braune-Krickau 2015b, sowie anschließend in Braune-Krickau 2015a, 2016 und 2017.

wird schlaglichtartig in den Gehalt und die Geschichte dieses Motivs einführen (2). Daran schließt ein Abschnitt an, der unter dem Stichwort der ‚Säkularisierung des Helfens' die kritischen Bedingungen namhaft macht, die beim Versuch einer weiterführenden Aktualisierung zu berücksichtigen sind (3). Anschließend wird mir das Konzept der Selbsttranszendenz, wie es bei Hans Joas und anderen zu finden ist, dazu dienen, dieses diakonietheologische Motiv unter heutigen religions- und sozialphilosophischen Bedingungen zu reformulieren und als Vorschlag in die Diskussion um soziale Bildung einzubringen (4).

2.   „Das habt ihr mir getan" – Historische Schlaglichter auf ein altes diakonietheologisches Motiv

Die Geschichte des christlichen Helfens ist reich an Motiven, die die Gläubigen inspirieren und in denen sie zum Ausdruck bringen, was ihnen ihr Tun und Erleben bedeutet.[6] Man könnte an das Vorbild Christi denken oder an die christliche Mahlgemeinschaft, an die Mission, die nicht auf bloße Wortverkündigung beschränkt ist, an das göttliche Gebot der Nächstenliebe, an das Almosen samt seiner sühnetheologischen Rahmung, an die Liebesgemeinschaft der Gemeinde, an die Barmherzigkeit Gottes, an die prophetische Forderung nach wahrer Gerechtigkeit – und an viele Weitere mehr. Häufig sind auch mehrere Auslegungsmotive im Spiel, wo das Christentum, wie man heute sagen würde, diakonisch oder karitativ tätig ist. Nichtsdestotrotz rücken zu bestimmten Zeiten bestimmte Motive in den Vordergrund, weil sie angesichts der sich historischen wandelnden Praktiken des Helfens als besonders plausibel und deutungskräftig erlebt werden.

Dasjenige Motiv, an das ich mit meinem Vorschlag anknüpfen möchte, hat seine Wurzeln im Matthäusevangelium, in Kapitel 25, der sogenannten Rede Jesu vom Weltgericht.[7] Darin findet sich jene markante Passage, in der Jesus, hier in seiner künftigen Rolle als Weltenrichter sprechend, zu den Gerechten sagt: „Ich bin hungrig gewesen und ihr habt mir zu essen gegeben. Ich bin durstig gewesen und ihr habt mir zu trinken gegeben. Ich bin ein Fremder gewesen und ihr habt mich aufgenommen. Ich bin nackt gewesen und ihr habt mich gekleidet. Ich bin krank gewesen und ihr habt mich besucht. Ich bin im Gefängnis gewesen und ihr seid zu mir gekommen." (Mt 25,35–36) Daraufhin fragen die Gerechten verwundert zurück, wann sie dies alles getan haben sollen. Und Jesus antwortet ihnen: „Wahrlich, ich sage euch: Was ihr getan habt einem von diesen meinen geringsten Brüdern, das habt ihr mir getan." (Mt 25,40)

---

6   Vgl. dazu die umfassende Quellensammlung von Krimm 1960ff. sowie die klassischen Gesamtdarstellungen von Uhlhorn 1895 und Liese 1922.
7   Luz 2012, 515ff.

Dieses Motiv – dass im Nächsten auf geheimnisvolle und mitunter auch überraschende Weise Christus zu finden ist – entfaltet in der Geschichte der christlichen Diakonie eine weitverzweigte Wirkungsgeschichte. Nicht nur, dass sich hieraus die sog. ‚sieben Werke der Barmherzigkeit' entwickeln, die später sowohl in der theologischen Tugendlehre, als auch in deren Anverwandlung durch die christliche Kunst eine wichtige Rolle spielen werden. Vor allem findet es in vielfältigen Variationen Eingang in religiöse Legenden und Geschichten, wie etwa in diejenige des Heiligen Martin von Tours, die auf das vierte Jahrhundert zurückgeht und die bis heute im Mittelpunkt des St.-Martin-Festes steht. Demnach bekehrt sich Martin als Soldat zum Christentum und teilt in einer kalten Winternacht seinen Soldatenmantel mit einem frierenden Bettler. In derselben Nacht erscheint ihm Christus im Traum, angetan mit der Hälfte des Mantels, den er eben noch dem Bettler geschenkt hatte. Ein ähnliches Beispiel findet sich auch bei der Heiligen Elisabeth von Thüringen aus dem dreizehnten Jahrhundert: Als eines Tages ein Aussätziger an ihre Türe klopft, ist sie zutiefst erschüttert von seinem Anblick. Weil in ihrem Spital kein Platz mehr ist, bringt sie ihn in ihre privaten Gemächer und pflegt ihn im Bett ihres Ehegatten, des Kurfürsten. Die böse Schwiegermutter erfährt davon, sie ruft den Kurfürsten und will ihm den Frevel zeigen, den Elisabeth begangen hat. Sie führt ihn an das Ehebett, doch als der Kurfürst den Aussätzigen anschaut, erblickt er an seiner statt schlagartig den gekreuzigten Christus. Auch die Märchen und Volkssagen sind voll solcher Geschichten, in denen Menschen anderen helfen und dabei – meist ohne es zu wissen – dem Höchsten selbst begegnen.

Auch in der heutigen diakonischen Religiosität spielt dieses Motiv eine nicht zu unterschätzende Rolle. Ein Beispiel dafür geben die populären Schriften des niederländischen Seelsorgers Henri Nouwen. Als erfolgreicher Theologieprofessor in Harvard gerät in eine spirituelle und Lebenskrise. Auf der Suche nach einer intensiveren Frömmigkeit schließt er sich, zunächst noch aus dem Impuls heraus, etwas geben zu wollen, der kanadischen ‚Arche-Gemeinschaft' an, in der Menschen mit und ohne Behinderung zusammenleben. Dort, in der Pflege des schwerstbehinderten Adam, weicht seine Selbstgewissheit als Helfender zunehmend der Erfahrung, dass es vielmehr sein Gegenüber ist, das – ohne auch nur sprechen zu können – vielmehr ihm den Sinn des Christentums neu aufschließt. In Anlehnung an Matthäus 25 fasst er diese Erfahrung schließlich in den literarischen Versuch, im Leben Adams zugleich das Leben Jesu als Gottes verborgene Gegenwart in der Welt sichtbar zu machen.[8]

Diese wenigen Schlaglichter müssen genügen, um anzudeuten, dass und wie sich dieses Motiv – neben vielen anderen – durch die Geschichte des christlichen Helfens zieht und noch in der Gegenwart das diakonische Handeln erschließen kann. Seine Transformation in die Moderne mag dabei mit begünstigt worden

---

8   Nouwen 1998.

sein von jener Sakralisierung der Individualität, wie sie etwa in der bekannten Wendung vom ‚unendlichen Wert einer jeden Menschenseele‘ (Harnack) bzw. in der Vorstellung, dass jedem Menschen etwas Göttliches, Heiliges innewohnt, zum Ausdruck kommt.[9] Auch die Befreiungstheologie dürfte im Übrigen zur Fortschreibung jenes Motivs einen wichtigen Beitrag geleistet haben.

Nichtsdestotrotz haften ihm im Ganzen doch auch gewisse Schwierigkeiten an, die man beim Versuch einer systematischen Aktualisierung berücksichtigen müsste. Wer beispielsweise den Heiligen Martin als Vorbild für eine heutige soziale Praxis hinstellen will, wird schnell merken, dass sich die Gestalt des Helfens seitdem so grundlegend gewandelt hat, dass bei seiner Übertragung in die Gegenwart meist nur ein blasser moralischer Apell übrigbleibt. Die Teilung des Soldatenmantels hat mit dem heutigen Alltag im Jugendamt oder Altenheim eben nur relativ wenig gemeinsam. Doch nicht nur das Helfen hat sich gründlich verändert, auch das Christentum selbst hat in der Neuzeit einen tiefgreifenden Transformationsprozess durchlaufen, in dessen Folge den meisten Zeitgenossen Heiligenviten, Christusvisionen und dergleichen eher fremd geworden sind. Es liegt, so könnte man mit Lessing sagen, ein ‚garstiger breiter Graben‘ auch zwischen jenem ursprünglichen Motiv und unserer Gegenwart.

3.   „Von der Berufung zum Beruf“ – Die Säkularisierung des Helfens

Lange Zeit wird das Helfen in Europa wie selbstverständlich in den größeren Rahmen des Christentums eingeordnet. Erst langsam löst sich die soziale Praxis in der Neuzeit – zumindest auf einer prinzipiellen Ebene – aus dem engen Verbund mit religiösen Deutungen und Praktiken. Die Reformation mit ihrer Unterscheidung von geistlichem und weltlichem Reich mag dazu ihren Teil beigetragen haben, genau wie die Aufklärungsphilosophie mit ihrem Insistieren auf der Autonomie des Moralischen. Vor allem aber ist die Entwicklung moderner Wohlfahrtsstaaten seit dem 19. Jh. ein entscheidender Motor für die Veränderung der Hilfepraxis. Sie hat seitdem einen umfassenden Säkularisierungsprozess durchlaufen, der eng verwoben ist mit anderen Prozessen gesellschaftlicher Modernisierung. Er bringt das Religiöse, wie eingangs schon angedeutet, nicht einfach zum Verschwinden, verändert aber seinen Status grundlegend: von einer gesellschaftlichen Selbstverständlichkeit zu einer Deutungsoption neben anderen, die sich je individuell an den Erfahrungen des Helfens zu bewähren hat. So führt dieser historische Wandel zu dem komplexen, mitunter widersprüchlichen Verhältnis von Religiösem und Sozialem, wie es für die Gegenwart kennzeichnend ist. Es steht eine starke Präsenz des Religiösen neben seiner prinzipiellen Nichtnotwendigkeit und beides vermischt

---

9   Vgl. Joas 2011.

sich empirisch zu den vielfältigsten Formen individualisierter und pluralisierter Deutungen des Helfens: von hochgradig religiös bestimmten Praktiken, etwa von Diakonissen, charismatischen Gruppen oder auch manchen Moscheegemeinden, über ein weites Feld von eher ‚diskreten‘[10] und undogmatischen Formen, in denen Religiöses und Nichtreligiöses fließend ineinander übergeht, bis zu Akteuren, die keinen Bezug zum Religiösen sehen oder ihn auch bewusst ablehnen. In dem hier gesteckten Rahmen muss es genügen, diesen historischen Prozess nicht in seinem Verlauf nachzuzeichnen, sondern bloß seine Ergebnisse knapp zu resümieren. Dafür bietet es sich an, den Blick auf drei zentrale ‚Haftpunkte‘ zu richten, an denen viele Vorstellungsgehalte jener einst christlich-selbstverständlichen Rahmung des Helfens hingen.[11]

Da ist zunächst ein institutioneller Haftpunkt: Auch wenn Diakonie und Caritas nach wie vor die größten Anbieter sozialer Hilfeleistungen sind, hat sich das Helfen doch auf einer prinzipiellen Ebene längst von den Kirchen und Klöstern gelöst und ist zu einem elementaren Moment moderner Staatlichkeit geworden. Den allermeisten Zeitgenossen ist, auch wenn sie die Feinheiten des deutschen Wohlfahrtssystems nicht kennen mögen, doch klar, dass soziale Hilfeleistung ein Anrecht ist, dass allen qua Bürgerstatus – und nicht aus Gründen spontaner Barmherzigkeit – zusteht, und eine Pflicht, derer Erfüllung zuvorderst dem Staat obliegt.

Zweitens, ein moralisch-motivationaler Haftpunkt: Zu den elementaren Einsichten der neuzeitlichen Philosophie gehört, dass moralische, prosoziale Einstellungen auch ohne Religion begründet werden können. Und auch empirisch lässt sich die zum Teil bis heute begegnende Vorstellung, dass Christen eine Art privilegierten Zugang zum moralisch richtigen Urteil oder eine grundsätzlich ergiebigere Quelle der Motivation zur Verfügung haben, nicht aufrechterhalten. Damit aber wird ein weiterer Haftpunkt für einen großen Teil traditioneller diakonietheologischer Motive fraglich.

Ein dritter Haftpunkt schließlich ist eher methodisch-praktischer Art: Denn auch das jeweiligen Tun selbst gehorcht unter heutigen, wohlfahrtsstaatlichen Bedingungen in erster Linie den verallgemeinerten, professionellen Maßstäben der jeweiligen Berufsbilder. Ließ sich im 19. Jahrhundert noch so etwas wie eine dezidiert christliche Sozialpädagogik ausmachen, so legen heutige christliche Träger großen Wert gerade darauf, diejenigen ‚säkularen‘ Standards in höchstem Maße zu erfüllen, die auch für die anderen Träger in gleichem Maße gelten.

Betrachtet man nur diese drei elementaren Haftpunkte, an denen einst ein Gutteil der religiösen Vorstellungen einer selbstverständlich-christlichen Rahmung des Helfens hing, so fällt auf, dass sie allesamt mehr oder weniger porös geworden

---

10   Fechtner 2015.

11   Vgl. dazu Luhmann 1977, 264ff.; Müller 2013; eine ausführlichere Darstellung findet sich in Braune-Krickau 2015b, Teil B sowie Braune-Krickau 2016, 389ff.

sind. Ob man an die institutionelle Rahmung, an das innere moralisch-motiva-
tionale Gefüge oder an die Form der praktischen Tätigkeiten selbst denkt, jeweils
zeigt sich, dass eine christlich-religiöse Deutung zwar unter Umständen noch
möglich, jedoch keineswegs mehr selbstverständlich oder gar zwingend ist. Die
Säkularisierung des Helfens bedeutet denn auch zunächst einmal dies, dass das
Helfen vielfältig deutungsoffen geworden ist. Wenn das Christentum einmal der
Rahmen war, in den das Helfen wie selbstverständlich eingeordnet wurde, dann
könnte man für die Gegenwart zugespitzt sagen, dass das Helfen selbst derart an
Selbstverständlichkeit und Plausibilität gewonnen hat, dass nunmehr in seinem
Rahmen das Religiöse je individuell zu suchen wäre. Mithin stellt sich also die
Frage, ob neben jenen drei klassischen noch andere Haftpunkte – und mit ihnen
auch andere Motive zur religiösen Auslegung des Helfens – gibt, die unter heuti-
gen Bedingungen an Plausibilität gewinnen.

Wenn man Menschen heute fragt, warum sie beruflich oder ehrenamtlich im
sozialen Feld tätig sind, so erhält man – übrigens auch in einer Umfrage unter freiwilligen Helfern der Diakonie – in der Regel keine explizit religiösen Antworten:
Weil man es gut und wichtig findet; weil man etwas Sinnvolles tun will; weil man
hier das Gefühl haben kann, aus der Alltagsroutine herauszukommen und etwas
zu tun, das von Bedeutung ist; weil es einen vielleicht lebendiger macht oder man
den Eindruck gewinnt, näher an dem zu sein, worum es im Leben eigentlich geht.
– Antworten, die weit eher als eine theoretische Begründung, warum man hilft,
jene intuitive Sinnhaftigkeit und Plausibilität des Helfens zum Ausdruck bringen,
die man auch bei Schülerinnen und Schülern in sozialen Bildungsprozessen immer
wieder beobachten kann.[12] Wo aber ist hier das Religiöse zu finden? Meine These
lautet: genau dort. Im Erleben jener intuitiven Sinnhaftigkeit des Helfens findet
man, wenn man sie auseinanderlegt, einen zentralen ‚Haftpunkt' für gegenwärtige
religiöse, auch christliche Deutungen des Helfens, die zwar nicht mehr notwendig,
aber nach wie vor möglich und auch weit verbreitet sind. Denn der besonderen
Erfahrungsdichte des Helfens, die man auch ganz säkular erleben und beschreiben
kann, wohnt etwas inne, das man als Religionsaffinität bezeichnen könnte.[13] Das,
was man im Helfen erlebt, mag keine spektakuläre Christusvision sein, rührt aber
doch an zutiefst menschliche, existentielle Fragen. Diese Fragen sind insofern religionsaffin, als sie eine Tendenz ins Religiöse aufweisen. Sie müssen nicht religiös
beantwortet oder ergriffen werden, reichen aber an das Feld der Religion heran.

---

12   Diakonisches Werk der EKD 2012; Oelschlägel 2008.
13   Osthövener 2015.

4.   „Religionsaffinität" –
Soziale Praxis als Erfahrung von Selbsttranszendenz

Damit dürfte sich bereits andeuten, in welcher Hinsicht ich das eingangs vorgestellte diakonietheologische Motiv für besonders erschließungskräftig für die gegenwärtige Praxis des Helfens halte: eine solche soziale Praxis ist auch unter heutigen, säkularisierten Bedingungen potenziell ein Ort religiöser Erfahrung. Um allerdings im Kontext ganz unterschiedlicher sozialer Bildungskonzepte anschlussfähig zu sein, müsste es sich auch jenseits der anschaulichen Beispiele von St. Martin bis Henri Nouwen im Medium der Religionstheorie, und damit allgemeiner, reformulieren lassen. Dafür erscheint mir das Konzept der Selbsttranszendenz, wie es in den religionsbezogenen Wissenschaften vielfältige Verwendung findet, besonders geeignet zu sein. Im Folgenden orientiere ich mich an der Variante dieses Konzepts, die auf Hans Joas zurückgeht.[14]

Bei Joas ist das Wort Selbsttranszendenz hauptsächlich auf eine bestimmte Gattung von Erfahrungen bezogen. Erfahrungen von Selbsttranszendenz sind demnach solche „Erfahrungen, in denen eine Person sich selbst übersteigt [...] im Sinne eines Hinausgerissenwerdens über die Grenzen des eigenen Selbst, eines Ergriffenwerdens von etwas, das jenseits meiner selbst liegt, einer Lockerung oder Befreiung von der Fixierung auf mich selbst. Diese Selbsttranszendenz ist zunächst also nur bestimmt als eine Richtung weg von sich selbst, wie es ja in dem etwas altväterlichen Wort ‚Ergriffensein' schön zum Ausdruck kommt."[15]

Solche Erfahrungen von Selbsttranszendenz können Menschen in ganz unterschiedlichen Bereichen machen: etwa in der Natur, in der Kunst, in der Liebe, in der Unbedingtheit der Moral, im Sport, im Spiel, allerdings auch in der Gewalt, in der Angst, im Selbstverlust und – so würde ich hinzusetzen – auch in der Praxis des Helfens.[16] Gemeinsam ist all diesen Beispielen, neben der charakteristischen Tendenz ‚weg von sich selbst', ein starkes Moment von Widerfahrnis und der intensive, mitunter persönlichkeitsprägende Charakter solcher Erfahrungen, der mehr und anderes hervorbringt als ein abstraktes Wissen.

Erfahrungen von Selbsttranszendenz sind nach Joas selbst noch keine Religion, aber etwas, ohne das man Religion nicht verstehen kann. Denn neben dem, was Religionen sonst noch tun, deuten, artikulieren und provozieren sie Erfahrungen von Selbsttranszendenz. Religion, so könnte man sagen, ist eine bestimmte Art des Umgangs mit und der Kultivierung von Erfahrungen der Selbsttranszendenz.

Gerade im Hinblick auf Bildungsprozesse ist es wichtig, dabei das komplexe Zusammenspiel von Erfahrung, Deutung und Artikulation im Blick zu behalten.

---

14   Joas 1997; Joas 2004; Joas 2012.
15   Joas 2004, 17.
16   A.a.O., 20f.

Auch wenn sie im inneren Erleben oft kaum mehr auseinanderzuhalten sind, ist es doch gerade im Zusammenhang des Helfens von Bedeutung, dass mitunter ganz ähnliche Erfahrungen, etwa der Erschütterung oder der Verbundenheit, für den einen zur religiösen Erfahrung werden und für den anderen nicht. Aus dem innigen Wunsch, es möge doch gut werden mit dem Anderen, mag für die eine ein Gebet werden, für die andere nicht. Das Gefühl des Leidens und Mitleidens mag in der einen Person etwas auch religiös zum Klingen bringen, in der anderen nicht – wobei die Übergänge zwischen religiös und nichtreligiös, auch darauf soll das Stichwort der Religionsaffinität hinweisen, in der Realität vielfach fließend sind.[17]

Um ein komplexes Wechselspiel geht es dabei insofern, als nicht nur eine Deutung zu einer Erfahrung hinzutreten kann, sondern auch umgekehrt bestimmte Deutungsmuster eine Sensibilität für bestimmte Erfahrungen erst ermöglichen. Überdies ist auch der Aspekt der Artikulation und damit der intersubjektiven Verständigung über Erfahrung und Deutung nicht zu vernachlässigen: Oft erscheint eine vergangene Erfahrung im Prozess der Artikulation in einem neuen Licht und entfaltet erst von daher ihre prägende Kraft. Manche Erfahrungen treten auch erst in der Artikulation recht ins Bewusstsein und finden so ihren inneren Abschluss.

Am eingangs bereits erwähnten Beispiel Henri Nouwens lässt sich dieser Zusammenhang noch einmal veranschaulichen. Sucht man nach einem allgemeineren Begriff für das, was ihm in der Pflege Adams widerfährt, so legt es sich nahe, hier von einer intensiven Erfahrung der Selbsttranszendenz zu sprechen. Die eindrückliche Begegnung mit Adam, die ihn anfangs völlig überfordert und dann zusehends mit neuer Lebendigkeit erfüllt, führt ihn schrittweise heraus aus der Selbstbezüglichkeit seiner inneren Lebenskrise und führt ihn gerade so wieder zurück zu sich selbst. Dass er diesen über Monate andauernden Prozess zugleich als eine intensive Gottesbegegnung erlebt, ist sicherlich nicht logisch zwingend. Es ist zunächst einmal seine subjektive Deutung dieser Erfahrung vor dem Hintergrund seines – wiederum biographisch gewachsenen – christlichen Glaubens. Gleichwohl wohnt der Frage nach dem Wie und Wozu des eigenen Lebens, aber auch dem Gefühl, etwas zu tun, das von echter Bedeutung ist, die beide durch die Erfahrung des Helfens in ihm ausgelöst werden, doch auch aus sich heraus eine deutliche Tendenz ins Religiöse inne. So lässt sich eben nicht feinsäuberlich trennen, was hier schon Deutung und was noch Erfahrung ist. Beides greift im Subjekt ununterbrochen ineinander und wird zusätzlich noch geformt durch den Prozess der Artikulation, wie er beispielsweise im Gespräch mit den anderen Bewohnern seiner Arche-Gemeinschaft oder im Schreiben seines Buches liegen mag.

---

17 In Braune-Krickau 2015b habe ich dies anhand der Erfahrungen des Leidens, Liebens, der moralischen Verpflichtung und des Hoffens eingehender zu entfalten versucht.

Was aber bedeutet dies nun im Zusammenhang sozialer Bildungsprozesse? Zunächst einmal kann man auf diesem Wege erklären, warum so viele Menschen das Helfen mit Religion in Verbindung bringen und gleichzeitig andere das nicht tun: Beim Helfen stellen sich potenziell Erfahrungen von Selbsttranszendenz ein, die von vielen als besonders eindrücklich und persönlichkeitsprägend erlebt werden. Diese Erfahrung teilen religiöse und nichtreligiöse Menschen miteinander, auch wenn sich ihre Deutungs- und Artikulationsweisen unterscheiden. Sowohl an dieser Gemeinsamkeit, als auch an den Unterschieden können soziale Bildungsprozesse ansetzen, denen es um die reflexive Erschließung des modernen, deutungsoffen gewordenen Helfens in der Vielfalt unterschiedlicher Subjektperspektiven geht.

Zudem kann ein solches Verständnis von der misslichen Suche nach den äußeren Unterscheidungskriterien zwischen religiösem und nichtreligiösem Helfen wegführen. Vielmehr kann man in einer Umkehrung der Fragerichtung die Rückwirkungen der sozialen Erfahrungen auf den eigenen Glauben oder das eigene Weltbild thematisieren. So würde sich zugleich das übliche Themenspektrum sozialer Bildung erweitern, ginge es doch nun um das gesamte Feld von eigener und fremder Lebenserfahrung, wie es sich aus dem besonderen Blickwinkel sozialer Praxis darstellt.

Nicht zuletzt könnte ein solches Verständnis von Religion im Kontext des Helfens auch Auswirkungen auf den Stellenwert von Theologie in sozialen bzw. diakonischen Bildungsprozessen haben. Diakonietheologie wäre dann nicht nur etwas, das gleichsam ,von oben‘, also schon vorher feststehend den Schülerinnen und Schülern nur noch vermittelt werden müsste. Hinzu könnte eine ,Diakonietheologie von unten‘ kommen, die ihren Ausgang bei den Erfahrungen des Helfens nimmt und von den Schülerinnen und Schülern in der Deutung und Artikulation dieser Erfahrung selbst entwickelt wird. Versteht man das Helfen als einen möglichen Ort religiöser Erfahrung, dann hätte das eine Aufwertung der praktischen Erfahrungen nicht nur aus didaktischen, sondern gerade aus theologischen Gründen zur Folge. Die Erfahrungen stünden dann der theologischen Reflexion nicht nur gegenüber, sondern trügen den Keim ihrer theologischen Auslegung bereits in sich. Diesen je individuell zur Entfaltung kommen zu lassen bzw. die eigenen Erfahrungen hermeneutisch im Horizont der christlichen Tradition zu artikulieren, wäre dann die Aufgabe einer diakonischen oder sozialen Bildung, die bei den Subjekten selbst, also ,von unten‘ ihren Ansatzpunkt wählt.

Literatur

Bertelsmannstiftung (Hrsg.), Religionsmonitor 2008, Gütersloh 2007.

Bohmeyer, Axel, Soziale Arbeit und Religion – sozialwissenschaftliche und anthropologische Spurensuche in postsäkularer Gesellschaft, in: Neue Praxis 5 (2009), 439–450.

Braune-Krickau, Tobias, Eine Diakonietheologie von unten. Zur Theologie diakonischer Bildungsprozesse, in: Praktische Theologie 50/4 (2015a), 213–220.

Braune-Krickau, Tobias, Religion und Anerkennung. Ein Versuch über Diakonie als Ort religiöser Erfahrung, Tübingen 2015b.

Braune-Krickau, Tobias, Die gelebte Religion der Diakonie. Praktisch-theologische Perspektiven auf diakonisches Handeln, in: Zeitschrift für Theologie und Kirche 113/4 (2016), 384–406.

Braune-Krickau, Tobias, Diakonik, in: Fechtner, Kristian/Hermelink, Jan/Kumlehn, Martina/Wagner-Rau, Ulrike (Hrsg.), Praktische Theologie. Ein Lehrbuch, Stuttgart 2017, 222–242.

Diakonisches Werk der EKD (Hrsg.), Freiwilliges Engagement in Einrichtungen und Diensten der Diakonie. Eine repräsentative Studie, Stuttgart 2012.

Eurich, Johannes/Schmidt, Heinz (Hrsg.), Diakonik. Grundlagen – Konzeptionen – Diskurse, Göttingen 2016.

Fechtner, Kristian, Diskretes Christentum. Religion und Scham, Gütersloh 2015.

Haslinger, Herbert, Diakonie. Grundlagen für die soziale Arbeit der Kirche, Paderborn u.a. 2009.

Joas, Hans, Die Entstehung der Werte, Frankfurt a.M. 1997.

Joas, Hans, Braucht der Mensch Religion? Über Erfahrungen von Selbsttranszendenz, Freiburg 2004.

Joas, Hans, Die Sakralität der Person. Eine neue Genealogie der Menschenrechte, Berlin 2011.

Joas, Hans, Glaube als Option. Zukunftsmöglichkeiten des Christentums, Freiburg 2012.

Karic, Senka/Ehlke, Carolin, Religion, in: Graßhoff, Gunther/Renker, Anna/Schröer, Wolfgang (Hrsg.), Soziale Arbeit. Eine elementare Einführung, Wiesbaden 2017, 95–111.

Krimm, Herbert, Quellen zur Geschichte der Diakonie, 3 Bde., Stuttgart 1960.

Liese, Wilhelm, Geschichte der Caritas, 2 Bde., Freiburg i.Br. 1922.

Luhmann, Niklas, Funktion der Religion, Frankfurt a.M. 1977.

Lutz, Ronald/Kiesel, Doron (Hrsg.), Sozialarbeit und Religion. Herausforderungen und Antworten, Weinheim/Basel 2016.

Luz, Ulrich, Evangelisch-Katholischer Kommentar zum Neuen Testament. Das Evangelium nach Matthäus, Band I/3: Mt 18–25, Neukirchen 2012.

Müller, C. Wolfgang, Wie Helfen zum Beruf wurde. Eine Methodengeschichte der Sozialen Arbeit, 6. Aufl., Weinheim 2013.

Nagel, Alexander-Kenneth/El-Menouar, Yasemin, Engagement für Geflüchtete – eine Sache des Glaubens? Die Rolle der Religion für die Flüchtlingshilfe, Gütersloh 2017.

Nauerth, Matthias/Hahn, Kathrin/Tüllmann, Michael/Kösterke, Sylke (Hrsg.), Religionssensibilität in der Sozialen Arbeit. Positionen, Theorien, Praxisfelder, Stuttgart 2017.

Nouwen, Henri, Adam und ich. Eine ungewöhnliche Freundschaft, 1998.

Oelschlägel, Christian, Diakonie. Aktivitäten, Image, Finanzierung, in: Hermelink, Jan/Latzel, Thorsten, Kirche empirisch. Ein Werkbuch zur vierten EKD-Erhebung über Kirchenmitgliedschaft und zu anderen empirischen Studien, Gütersloh 2008, 239–260.

Osthövener, Claus-Dieter, Religionsaffinität. Erkundungen im Grenzbereich von Theologie und Kulturwissenschaften, in: Zeitschrift für Theologie und Kirche 112 (2015), 358–377.

Rüegger, Heinz/Sigrist, Christoph, Diakonie – eine Einführung. Zur theologischen Begründung helfenden Handelns, Zürich 2011.

Schneider-Harpprecht, Christoph, Diakonik, in: Grethlein, Christian/Schwier, Helmut (Hrsg.), Praktische Theologie. Eine Theorie- und Problemgeschichte, Leipzig 2007, 733–792.

Uhlhorn, Gerhard, Die christliche Liebestätigkeit, ND d. 2. Aufl. Stuttgart 1895, Neukirchen-Vluyn 1959.